8° R 6987 3

Paris
1869

Kant, Immanuel

Critique de la raison pure

janvier

J. SCHMITT 1963

IDÉALISME SCEPTIQUE DE KANT

CRITIQUE

DE

LA RAISON PURE

DÉGERMANISÉE
ET MISE A LA PORTÉE DE QUICONQUE A REÇU UNE ÉDUCATION
LIBÉRALE

Felix qui potuit rerum
cognoscere causas.

TOME TROISIÈME

PARIS
GERMER BAILLÈRE, LIBRAIRE-ÉDITEUR
rue de l'École de Médecine, n° 17.

IDÉALISME SCEPTIQUE

DE KANT

Alais, Typ. et lith. C. VEIRUN. — CASTAGNIER frères, gérants.

IDÉALISME SCEPTIQUE DE KANT

CRITIQUE

DE

LA RAISON PURE

DÉGERMANISÉE
ET MISE A LA PORTÉE DE QUICONQUE A REÇU UNE ÉDUCATION
LIBÉRALE

Felix qui potuit rerum
cognoscere causas.

TOME TROISIÈME

PARIS
GERMER BAILLÈRE, LIBRAIRE-ÉDITEUR
rue de l'École de Médecine, n° 17.

IDÉALISME SCEPTIQUE DE KANT

CRITIQUE

DE

LA RAISON PURE

dégermanisée et mise à la portée
de quiconque a reçu une éducation libérale

—-o-o⦂⊙⦂o-o—-

Felix qui potuit rerum
cognoscere causas.

LIVRE QUATRE-VINGT-DIX-HUITIÈME

COSMOLOGIE DE KANT. — DE L'ANTINOMIE DE LA RAISON PURE.

CHAPITRE CMXXX

BUT QUE S'EST PROPOSÉ KANT DANS SA COSMOLOGIE.

Dans sa physiologie, Kant s'est proposé de discuter les raisonnements dialectiques, relatifs à l'unité absolue des conditions subjectives de toutes les représentations en général, du sujet ou de l'âme.

Dans sa cosmologie, il va pareillement discuter les sophismes relatifs à l'unité absolue des conditions objectives du phénomène, du cosmos.

CHAPITRE CMXXXI

DE L'APPARENCE PSYCHOLOGIQUE COMPARÉE AUX APPARENCES COSMOLOGIQUES.

En psychologie, et par rapport à l'idée du sujet de notre pensée, il est à remarquer que le paralogisme transcendental ne produit d'apparence que d'un seul côté, le spiritualisme. L'assertion contraire, le matérialisme, ne reçoit pas la moindre apparence des concepts rationnels.

Malgré cet avantage, le spiritualisme ne peut cependant nier le vice originel qui le condamne à se dissiper en fumée au creuset de la critique, quelque spécieuse que soit l'apparence dont il se flatte. Les raisons morales peuvent seules le sauver.

En cosmologie il en est autrement. Lorsque nous appliquons la raison pure à la synthèse objective des phénomènes, les apparences se trouvent partagées. La raison croit d'abord pouvoir faire valoir avantageusement son principe de l'unité absolue ; mais bientôt elle s'engage en de telles contradictions que l'avantage se trouve égal du côté opposé. Elle est donc forcée de renoncer à toutes prétentions en matière cosmologique.

CHAPITRE CMXXXII

DU COMBAT DE LA RAISON AVEC ELLE-MÊME.

En effet, il se manifeste ici un nouveau phénomène de la raison humaine, son combat avec elle-même. Cette antithétique est toute naturelle. Nul n'a besoin de nous y entraîner au moyen de piéges habilement tendus, la raison y tombe d'elle-même et inévitablement.

Celle-ci se trouve sans doute préservée par là de l'assoupissement d'une persuasion imaginaire, produite par une apparence quelconque. Mais elle court aussi le risque de tomber tantôt dans le désespoir du scepticisme, tantôt dans une confiance dogmatique aveugle. Elle peut s'entêter dans certaines assertions; elle peut refuser d'ouvrir ses oreilles, et de rendre justice aux assertions contraires.

Dans l'un et l'autre cas, toute saine philosophie est frappée de mort. Le premier cependant peut être regardé comme une belle mort, comme l'*euthanasie* de la raison pure.

CHAPITRE CMXXXIII

UN MOT SUR NOTRE MÉTHODE D'EXPOSITION.

Nous allons exposer la scène de discorde et de déchirement à laquelle donne lieu ce conflit des lois, — cette antinomie, — de la raison pure. Mais nous présenterons auparavant quelques explications destinées à éclairer et à justifier la méthode dont nous nous servons dans l'exposition de notre objet.

En tant que les idées transcendentales concernent l'absolue totalité dans la synthèse des phénomènes, nous les appelons des concepts cosmologiques. En partie, à cause de cette totalité absolue sur laquelle se fonde le concept de l'univers, qui n'est lui-même qu'une idée. En partie, parce qu'elles tendent simplement à la synthèse empirique des phénomènes. Au contraire, l'absolue totalité, dans la synthèse des conditions de toutes les choses possibles en général, produira un idéal de la raison pure entièrement différent du concept du monde, bien qu'il y soit lié.

Nous avons vu les paralogismes de la raison servir de fondement à une psychologie dialectique. Nous allons montrer maintenant que l'antinomie de la raison pure a pour fondements les principes transcendentaux d'une prétendue cosmologie rationnelle. Sans doute la philosophie ne les fera pas valoir et ne se les appropriera pas. Mais — l'expression d'antinomie ou de conflit de la raison nous l'indique déjà, — la critique les présentera dans leur apparence fausse, quoique éblouissante, comme une idée qui ne saurait se concilier avec les phénomènes. Nous donnerons également le système des idées cosmologiques.

CHAPITRE CMXXXIV

RÉSUMÉ DU LIVRE QUATRE-VINGT-DIX-HUITIÈME.

Ici nous effectuons réellement le passage de la psychologie rationnelle à la cosmologie rationnelle. Dans les deux cas il s'agit d'apparences; mais ici se manifeste un nouveau phénomène de la raison humaine. Dans la psychologie rationnelle, l'apparence est toute d'un côté, du côté du spiritualisme; la thèse contraire, celle du matérialisme n'en reçoit pas la moindre du côté des concepts rationnels. Au contraire, à l'égard des problèmes que la cosmologie rationnelle tente de résoudre, ces concepts produisent une double apparence. Il en résulte une lutte de la raison avec elle-même. Celle-ci se trouve placée entre une thèse et une antithèse, appuyées sur des arguments d'égale puissance, qui conduisent à des résultats contraires, et qui cependant nous semblent tous être également bien démontrés. Ce conflit d'arguments contraires, mais tous rationnels, auquel Kant donne le nom d'antinomie de la raison pure, produit une scène de déchirement et de discorde. La critique seule peut y mettre fin, en dissipant la double illusion qui donne lieu à cette antinomie, et avec elle cette antinomie elle-même.

Ceci se trouvera expliqué par la suite.

LIVRE QUATRE-VINGT-DIX-NEUVIÈME

SYSTÈME DES IDÉES COSMOLOGIQUES.

CHAPITRE CMXXXV

LES IDÉES TRANSCENDENTALES CONSIDÉRÉES COMME AUTANT DE CATÉGORIES SÉRIELLES ASCENDANTES, S'ÉLEVANT PROGRESSIVEMENT JUSQU'A L'ABSOLU.

Avant d'exposer le conflit des idées transcendentales au sein de la raison pure, il est de notre devoir de les énumérer dans leur ordre systématique. Pour cela, nous ferons remarquer d'abord que, bien que les idées transcendentales soient le champ et le domaine de la raison pure proprement dite, ce n'est cependant pas en elle qu'elles trouvent leur origine, mais dans la faculté qui lui est immédiatement inférieure, l'entendement. Le rôle propre de la raison proprement dite n'est pas de produire par elle-même aucun concept. Il est d'affranchir les concepts de l'entendement des restrictions inévitables d'une expérience possible. Ainsi elle cherche à les étendre au delà des bornes des choses empiriques, tout en les maintenant en rapport avec elles.

C'est ce qui a lieu par cela même que, pour un conditionnel donné, la raison exige la totalité absolue du côté des conditions, auxquelles l'entendement soumet tous les phénomènes de l'unité synthétique. Elle fait ainsi de la catégorie une idée transcendentale. Elle donne par là une absolue perfection à la synthèse empirique en la poursuivant jusqu'à l'inconditionnel. Celui-ci ne se trouve jamais dans l'expérience, mais seulement dans l'idée.

La raison l'exige en vertu de ce principe : si le conditionnel est donné, la somme entière des conditions l'est aussi, et par conséquent l'inconditionnel absolu, par lequel seul le conditionnel est possible.

Ainsi d'abord les idées transcendentales ne sont proprement rien autre chose que des catégories élevées jusqu'à l'absolu ; elles peuvent se ramener à un tableau ordonné suivant les titres de ces dernières.

Ensuite il faut dire que toutes les catégories ne sont pas bonnes pour cela, mais seulement celles où la synthèse constitue une série. En outre il faut que ce soit une série de conditions, non pas coordonnées, mais subordonnées entre elles par rapport à un conditionnel.

L'absolue totalité des conditions n'est exigée qu'autant qu'elle porte sur la série ascendante des conditions d'un conditionnel donné. Elle ne l'est plus lorsqu'il s'agit de la ligne descendante des conséquences, ni même de l'assemblage des conditions coordonnées de ces conséquences.

En effet quand un conditionnel est donné, on en présuppose déjà les conditions, et on les regarde même comme étant données avec lui. Mais les conséquences ne rendent pas leurs conditions possibles, elles les présupposent plutôt. Dans la progression des conséquences, en descendant de la condition donnée au conditionnel on n'a donc pas à s'inquiéter si la série cesse ou non. En général, la question relative à leur totalité n'est nullement une supposition de la raison.

CHAPITRE CMXXXVI

EXEMPLE.

Nous concevons nécessairement comme donné, quoique nous ne puissions pas le déterminer, un temps entièrement écoulé jusqu'au moment présent. Mais, pour ce qui est du temps à venir, il n'est pas la condition nécessaire pour arriver au présent. Pour comprendre celui-ci, il est donc indifférent de traiter l'avenir de telle ou telle façon. On peut le faire cesser à n'importe quel moment, on peut le prolonger à l'infini.

Soit la série M, N, O, où N est donné comme conditionnel par rapport à M, et en même temps comme la condition de O. La série est ascendante du conditionnel N à M (L, K, I, etc.); elle est descendante au contraire de la condition N au conditionné O (P, Q, R, etc.). Il faut supposer la première série pour pouvoir considérer N comme donné; N n'est possible suivant la raison, la totalité des conditions, qu'au moyen de cette série; mais sa possibilité ne repose pas sur la série suivante O, P, Q, R, qui par conséquent ne pouvait pas être considéré comme donnée, mais seulement comme *donnable*.

CHAPITRE CMXXXVII

DES SÉRIES RÉGRESSIVES ET DES SÉRIES PROGRESSIVES.

Nous appellerons régressive la synthèse d'une série de conditions, c'est-à-dire celle qui part de la condition la plus rapprochée du phénomène donné, pour remonter aux conditions plus éloignées. Nous appellerons progressive, celle qui, s'attachant au conditionnel, descend de la conséquence la plus proche aux conséquences les plus lointaines.

La première espèce de séries va vers les antécédents, la seconde vers les conséquents.

Les idées cosmologiques s'occupent de la totalité de la synthèse régressive, elles aussi vont vers les antécédents et nullement vers les conséquents.

Suivre l'ordre inverse, ce ne serait pas traiter un problème nécessaire de la raison pure, ce serait s'en créer un arbitrairement. Pour comprendre parfaitement ce qui est donné dans le phénomène, nous n'avons pas besoin des conséquences, mais des principes.

CHAPITRE CMXXXVIII

THÉORÈME.

« Pour pouvoir dresser le tableau des idées cosmolo-
« giques d'après la table des catégories, il faut s'adresser
« à celles qui seules peuvent donner lieu à des séries
« régressives, d'abord quant au temps et à l'espace, con-
« sidérés comme des quantums, puis quant à la matière,
« à la cause et à la contingence ; la liste faite ainsi sera
« complète, c'est la liste des catégories qui nous l'aura
« donnée. »

CHAPITRE CMXXXIX

PREUVES QUANT AU TEMPS.

Le temps est en soi une série, et la condition formelle de toutes les séries. On y peut distinguer à priori, par rapport à un *présent* donné, l'antécédent (le passé), comme condition du conséquent (de l'avenir).

L'idée transcendentale de l'absolue totalité de la série des conditions pour un conditionnel exige tout le temps écoulé, mais elle n'exige que lui.

D'après l'idée de la raison, tout le temps passé est nécessairement conçu comme donné; il est la condition du moment donné.

CHAPITRE CMXL

PREUVES QUANT A L'ESPACE.

Quant à l'espace, il n'y a pas à distinguer en lui de progressions et de régressions. Toutes ses parties existent simultanément; en lui-même il ne constitue pas de série, mais un agrégat.

Nous ne pouvons considérer le moment présent que comme conditionnel par rapport au temps passé. Nous ne pouvons pas le considérer comme la condition de ce temps; ce moment n'a été amené que par le temps écoulé, ou plutôt par l'écoulement du temps passé. Mais les parties de l'espace sont coordonnées au lieu d'être subordonnées, une partie n'est pas la condition de la **possibilité** d'une autre; il ne constitue pas en soi une série comme le temps.

Cependant nous n'appréhendons l'espace que successivement et au moyen de la synthèse de ses diverses parties. Cette synthèse a lieu dans le temps, et constitue une série. Il faut parcourir successivement des mètres ajoutés les uns aux autres pour arriver à faire un kilomètre. Dans cette série, les espaces ajoutés les uns aux autres, à partir d'un espace donné, sont toujours la condition qui sert à limiter les précédentes. La mesure d'un espace doit donc aussi être considérée comme la synthèse d'une série de conditions aboutissant à un conditionnel donné. Seulement le côté des conditions n'est pas en soi différent de celui auquel appartient le conditionnel; la régression et la progression semblent être identiques dans l'espace.

Toutefois une partie de l'espace n'est pas donnée, mais seulement limitée par les autres; nous devons regarder chaque espace limité comme étant conditionnel à ce titre, c'est-à-dire comme supposant un espace qui serve à le limiter lui-même et ainsi de suite.

Au point de vue de la limitation, la progression dans l'espace est aussi une régression. L'idée transcendentale de l'absolue totalité de la synthèse dans la série des conditions concerne donc aussi l'espace. Nous pouvons tout aussi bien élever une question sur l'absolue totalité des phénomènes dans l'espace que sur leur totalité dans le temps écoulé. Nous verrons plus tard s'il y a en général une réponse possible à cette question.

CHAPITRE CMXLI

PREUVES QUANT A LA MATIÈRE.

La réalité dans l'espace, c'est-à-dire la matière, est le conditionnel dont les parties de l'espace sont les conditions internes, et les parties des parties les conditions éloignées. Il y a ici une synthèse régressive dont la raison exige l'absolue totalité. Elle n'est possible qu'au moyen d'une division complète. La réalité de la matière s'y réduit soit à rien, soit à quelque chose qui n'est plus matière, c'est-à-dire au simple.

Il y a donc ici encore une série de conditions, et une progression vers l'inconditionnel.

CHAPITRE CMXLII

PREUVES QUANT A LA CAUSE.

Nous venons de voir ce qu'il est possible de tirer des deux catégories de quantité et de qualité; voyons maintenant ce que nous tirerons des catégories de la relation, de celles du rapport réel entre les phénomènes.

La catégorie de la substance et de ses accidents ne convient point à une idée transcendantale. Par rapport à cette catégorie, la raison n'a pas sujet de rétrograder vers certaines conditions.

Les accidents, en tant qu'ils sont inhérents à une substance unique, sont coordonnés entre eux et ne forment point une série. Ils ne sont donc pas proprement subordonnés à la substance, ils sont la manière d'exister de la substance même.

Ce qui pourrait paraître ici une idée de la raison transcendentale, ce serait le concept du substantiel. Mais il ne faut entendre par là rien autre chose que le concept de l'objet en général. Il subsiste tout entier lorsqu'on ne fait que concevoir en lui le sujet transcendental, indépendamment de tous ses prédicats. Il ne s'agit ici que de l'inconditionnel dans la série des conditions, il est clair que le substantiel ne saurait former un membre de cette série.

La même chose s'applique aux substances dans leurs rapports de réciprocité; elles sont à cet égard de simples agrégats, et n'ont pas des exposants d'une série; elles ne sont pas subordonnées les unes aux autres, comme conditions de leur possibilité; on ne peut pas dire d'elles ce qu'on peut dire des espaces, dont la limite ne peut jamais être déterminée en soi, mais toujours par un autre espace.

Des trois catégories de relation, il ne nous reste donc que celle de la causalité. Elle présente en effet une série de causes pour un effet donné. On peut remonter de tel effet comme conditionnel à telles causes comme en étant les conditions; on pourra répondre à la question élevée par la raison.

CHAPITRE CMXLIII

PREUVES QUANT A LA CONTINGENCE.

Venons aux catégories de la modalité. Les conceptions du possible, du réel et du nécessaire ne conduisent à aucune série, sinon dans le sens de la contingence. Le contingent dans l'existence doit toujours être considéré comme conditionnel. Suivant la règle de l'entendement, il indique une condition qui nous renvoie nécessairement à une autre plus élevée, celle-ci à une troisième, et ainsi de suite, jusqu'à ce que la raison trouve dans la totalité de cette série la nécessité absolue.

CHAPITRE CMXLIV

PREUVES DE L'IMPOSSIBILITÉ DE TIRER D'AUTRES IDÉES COSMOLOGIQUES DE LA TABLE DES CATÉGORIES.

Cette preuve, nous l'avons déjà donnée; elle résulte du voyage dans le pays des catégories que nous venons de terminer à l'instant même.

CHAPITRE CMXLV

TABLE DES IDÉES COSMOLOGIQUES.

Il n'y a donc que quatre idées cosmologiques, suivant les quatre titres des catégories. Bien entendu si l'on s'en tient à celles qui impliquent nécessairement une série dans la synthèse du divers.

1° La catégorie de quantité nous donne l'intégralité absolue de l'assemblage de tous les phénomènes donnés, au sein de ces deux quantums, l'un extensif, l'autre intensif, qui se nomment l'espace et le temps;

2° La catégorie de qualité nous donne l'intégralité absolue de la division d'un tout donné dans le phénomène ;

3° La catégorie de relation nous donne l'intégralité absolue de l'origine et des causes d'un phénomène en général ;

4° La catégorie de la modalité nous donne l'intégralité absolue de la contingence, autrement dit de la dépendance de l'existence de ce qu'il y a de changeant dans le phénomène.

CHAPITRE CMXLVI

SCOLIE.

Il faut le remarquer, l'idée de l'absolue totalité ne concerne que l'exposition des phénomènes. Par conséquent elle n'a rien de commun avec le concept purement intellectuel d'un ensemble des choses en général.

Des phénomènes sont ici considérés comme donnés. La raison exige l'intégralité absolue des conditions qui les rendent possibles, en tant qu'ils constituent une série. Elle exige une synthèse absolument complète sous tous les rapports, qui permette d'exposer le phénomène suivant les lois de l'entendement.

CHAPITRE CMXLVII

L'INCONDITIONNEL DANS LES SÉRIES RÉGRESSIVES.

C'est l'inconditionnel seul que la raison recherche dans cette synthèse des conditions dont la série est régressive; c'est à peu près ainsi qu'elle exige l'intégralité dans la série des prémisses, qui réunies, n'en supposent plus d'autres.

Cet inconditionnel est toujours représenté dans la totalité absolue des séries, telle qu'on se la représente dans l'imagination.

Mais cette synthèse absolument complète n'est à son tour qu'une idée. On ne peut savoir, d'avance du moins, si elle est possible aussi sans les phénomènes.

Nous représentons-nous un tout au moyen des seuls concepts purs de l'entendement, indépendamment des conditions de l'intuition sensible? Alors ce sera exactement que nous dirons que, pour un conditionnel donné, la série entière des conditions subordonnées est donnée aussi. Le premier n'est donné que par celles-ci.

Dans les phénomènes, il y a quelque chose qui restreint tout particulièrement la manière dont les conditions sont données. Elles ne le sont qu'au moyen de la synthèse successive des éléments divers de l'intuition; la régression de cette synthèse doit être complète.

C'est encore un problème de savoir si cette intégralité est possible au point de vue sensible. L'idée de cette intégralité n'en réside pas moins dans la raison; elle est indépendante de la possibilité ou de l'impossibilité de lui trouver des concepts empiriques parfaitement adéquats.

L'inconditionnel est donc nécessairement renfermé dans l'absolue totalité de la synthèse régressive des éléments divers compris dans le phénomène, cela suivant la direction des catégories qui la représentent comme une série de conditions pour un conditionnel donné. On peut d'ailleurs laisser indécise la question de savoir si et comment cette totalité peut se réaliser. La raison prend ici la détermination de partir de l'idée de la totalité, bien qu'elle ait proprement pour but final l'inconditionnel, soit dans toute la série, soit dans une partie.

CHAPITRE CMXLVIII

DEUX MANIÈRES DE CONCEVOIR L'INCONDITIONNEL.

On peut concevoir l'inconditionnel de deux manières.

L'ensemble absolu de la série des conditions pour un conditionnel donné est toujours inconditionnel; en dehors de lui, il n'y a plus de conditions relativement auxquelles il puisse être conditionnel.

Cet ensemble absolu d'une série de ce genre n'est qu'une idée ou plutôt qu'un concept dont la réalisation est problématique; il faut en rechercher la possibilité, ne fût-ce que relativement à la manière dont peut y être compris l'inconditionnel; ce dernier est proprement l'idée transcendentale à laquelle il se rapporte.

Quoiqu'il en soit, l'inconditionnel peut être conçu comme résidant simplement dans la série totale. Tous les membres de cette série sont conditionnels, l'ensemble seul est absolument inconditionnel; alors la régression est dite infinie.

Mais l'inconditionnel peut également être conçu d'une tout autre manière. Il peut être lui-même une partie de la série. En dignité, il en est la plus haute; tous les autres membres de la série lui sont subordonnés, mais la série elle-même n'est soumise à aucune autre condition.

Dans le premier cas, la série est sans premier terme et sans commencement, elle est infinie et pourtant donnée entièrement. Mais la régression n'y est jamais achevée; elle ne peut être appelée infinie que virtuellement.

Dans le second cas la série a un premier terme. Ce premier terme s'appelle, par rapport au temps écoulé, le commencement du monde; par rapport à l'espace, les limites du monde; par rapport aux parties d'un tout donné dans ses limites, le simple; par rapport aux causes, la spontanéité absolue ou la liberté; par rapport à l'existence, la nécessité naturelle absolue.

CHAPITRE CMXLIX

DU VÉRITABLE SENS DES MOTS : MONDE, NATURE, CAUSE, ETC.

Nous avons deux expressions, monde et nature qui sont quelquefois prises dans le même sens. La première signifie l'ensemble mathématique de tous les phénomènes, et la totalité de leur synthèse en grand aussi bien qu'en petit, dans le développement progressif de cette synthèse, soit par assemblage, soit par division.

Ce même monde s'appelle nature, en tant qu'il est considéré comme un tout dynamique. On n'a point égard ici à l'agrégation dans l'espace ou dans le temps, pour l'envisager comme une quantité; on n'a égard qu'à l'unité dans l'existence des phénomènes.

On appelle cause la condition de ce qui arrive; on nomme liberté la causalité absolue de la cause dans le phénomène. Par contre on nomme la cause conditionnelle cause naturelle dans le sens étroit du mot.

Le conditionnel dans l'existence en général se nomme contingent, et l'inconditionnel nécessaire. La nécessité inconditionnelle des phénomènes s'appelle nécessité naturelle.

La nature, quant à sa forme, est l'assemblage des déterminations d'une chose opérée suivant un principe interne de la causalité. Prise matériellement, elle signifie l'ensemble des phénomènes, en tant qu'ils sont tous unis en vertu d'un principe interne de la causalité. Dans ce second sens on parle des choses de la nature et l'on pense à un tout subsistant.

CHAPITRE CML

DU SENS DES MOTS : IDÉES COSMOLOGIQUES.

Voici pourquoi Kant nomme cosmologiques les idées dont il s'occupe maintenant. D'abord nous comprenons sous ce mot l'ensemble de tous les phénomènes; nos idées ne poursuivent l'inconditionnel que parmi les phénomènes. En second lieu, dans son sens transcendental, ce mot signifie l'absolue totalité de l'ensemble des choses existantes. Nous avons uniquement en vue la perfection de la synthèse, bien que nous ne l'envisagions proprement que dans sa régression vers les conditions.

En outre ces idées sont toutes transcendantes. Elles ne dépassent pas, il est vrai, l'objet, c'est-à-dire les phénomènes, quant à l'espèce. Il est encore vrai qu'elles portent uniquement sur le monde sensible. Néanmoins elles poussent la synthèse jusqu'à un degré qui dépasse toute expérience possible. C'est pourquoi Kant les nomme concepts cosmologiques.

La régression tend, tantôt vers l'absolu mathématique, tantôt vers l'absolu physique. Au point de vue de cette distinction, Kant appelle les deux premières idées des concepts du monde, dans le sens étroit du mot, concepts du monde en grand et en petit. Il nomme les deux autres des concepts transcendants de la nature.

Cette distinction ne semble pas à présent d'une grande importance, mais elle paraîtra plus importante dans la suite.

CHAPITRE CMLI

RÉSUMÉ DU LIVRE QUATRE-VINGT-DIX-NEUVIÈME.

Ici Kant se borne à nous exposer le système des idées cosmologiques; la critique viendra plus tard.

Dans la production des idées, la raison ne fait, selon Kant, qu'affranchir les notions pures de l'entendement des bornes de l'expérience, en l'élevant à l'absolu conformément à ce principe rationnel : Un conditionnel étant donné, toute la série de ses conditions est donnée avec lui, et par conséquent est donné aussi l'inconditionnel absolu. Les idées ne sont autre chose que les catégories étendues jusqu'à l'absolu. Mais il n'y a que les catégories où la synthèse forme une série de conditions subordonnées qui soient propres à fournir des idées. La totalité absolue n'est exigée par la raison que pour la série ascendante des conditions, et non pour la série descendante des conséquences.

Si l'on appelle régressive la synthèse d'une série de conditions remontant d'un point donné aux antécédents, et progressive une série descendant d'un phénomène donné à ses conséquences, on peut dire que les idées cosmologiques ont pour objet la totalité de la synthèse régressive des conditions. S'occuper des conséquences, ce n'est pas un problème nécessaire de la raison.

CHAPITRE CMLII

SUITE DU RÉSUMÉ.

Dressons maintenant la table des idées cosmologiques, en conformité de celle des catégories.

Nous commencerons par les deux quantités primitives de toute intuition, le temps et l'espace. Le temps est une série, et la condition formelle de toutes les séries. Tout le passé est la condition nécessaire du présent. Dans l'espace il n'y a point en soi de séries; toutes ses parties existent simultanément et sont coordonnées entre elles; mais la synthèse y est néanmoins successive quant à l'appréhension, elle forme ainsi également une série. Toute partie de l'espace étant contenue dans une autre est considérée comme étant limitée par celle-ci. On peut donc aussi bien s'enquérir de la totalité des conditions d'un phénomène dans l'espace que de la totalité de ses conditions dans le temps.

Ensuite la réalité dans l'espace, la matière phénoménale, est un conditionnel dont les parties sont les conditions intrinsèques, les parties des parties les conditions éloignées, les parties des parties de parties les conditions encore plus lointaines, etc. En sorte que, sous ce rapport aussi, il y a lieu à une synthèse régressive dont la raison recherche la totalité absolue. Elle ne peut y parvenir qu'à l'aide d'une division complète, d'une décomposition qui ne s'arrête qu'au néant, ou au moins à quelque chose qui n'est plus la matière, savoir le simple.

Les catégories de substance et d'accident ne peuvent pas fournir des idées transcendentales. Les accidents étant seulement coordonnés entre eux ne forment pas une série. Ils ne sont pas subordonnés à la substance, ils constituent sa manière d'être. La notion de substantialité n'est pas une idée, mais une abstraction.

La catégorie de causalité offre au contraire une série de conditions d'un effet donné, et dont la raison recherche la cause absolue.

Enfin les notions du possible, du réel et du nécessaire n'offrent aucune série. Seulement, le contingent, comme corrélatif du nécessaire, doit toujours être considéré dans l'existence comme conditionnel, par conséquent il nous adresse à une condition qui le rende possible, et qui elle-même suppose une autre condition, etc., jusqu'à ce que la raison trouve, dans la totalité de cette série de conditions le nécessaire absolu.

CHAPITRE CMLIII

FIN DU RÉSUMÉ.

Il n'y a donc que quatre idées cosmologiques :

1º La totalité absolue de la composition de l'ensemble donné de tous les phénomènes;

2º La totalité absolue de la division d'un ensemble donné dans le phénomène ;

3º La totalité absolue de l'origine d'un phénomène en général ;

4º La totalité absolue de la dépendance de l'existence de ce qui est variable dans le phénomène.

L'absolu auquel tend la raison, on peut le concevoir soit comme consistant dans la série tout entière, de telle sorte que tous les membres, quoique conditionnels, chacun pris à part, seraient l'absolu tous pris ensemble, soit comme n'étant que cette partie de la série à laquelle tout le reste est subordonné. Dans le premier cas, la régression serait virtuellement infinie. Dans le second cas, il y a pour chaque série un premier terme. Il est quant au temps le commencement du monde, quant à l'espace la limite de l'univers, quant à la divisibilité d'un tout circonscrit le simple, quant aux causes l'activité spontanée absolue, ou la liberté, et quant à l'existence des choses variables la nécessité absolue.

Le monde est le total mathématique des phénomènes et la totalité de leur synthèse. Ce même monde est appelé nature, en tant qu'il est considéré comme un tout dynamique, et que l'on n'a en vue que l'unité phénoménale.

Les idées dont il s'agit ici sont appelées cosmologiques, parce que le monde est l'ensemble des phénomènes, la totalité absolue des choses existantes. Les deux premières ont pour objet l'absolu mathématique; Kant les désigne sous le nom de concepts du monde. Les deux dernières qui portent sur l'absolu dynamique, il les appelle concepts transcendants de la nature.

LIVRE CENTIÈME

INTRODUCTION A L'ANTITHÉTIQUE DE LA RAISON PURE.

CHAPITRE CMLIV

DÉFINITION DE L'ANTITHÉTIQUE TRANSCENDENTALE.

Kant désigne sous le nom de *thétique* — nom barbare à nos oreilles françaises — tout ensemble de doctrines dogmatiques. Il lui oppose ce qu'il appelle l'antithétique.

Qu'entend-il par ce dernier mot? Est-ce un ensemble d'affirmations dogmatiques du contraire? Non. Il entend le conflit qui s'élève entre des connaissances, toutes également dogmatiques en apparence, sans que l'une ait plus de titres que l'autre à notre assentiment.

L'antithétique ne s'occupe nullement d'assertions dirigées dans un même sens; elle se borne à envisager les connaissances générales de la raison dans leur conflit et dans les causes de ce conflit.

L'antithétique transcendentale est une recherche sur l'antinomie, ou conflit, des lois de la raison pure, sur ses causes et son résultat.

Il est des moments où nous ne nous bornons plus à appliquer notre raison à des objets de l'expérience, nous essayons d'en étendre l'usage au delà; il suffit pour cela d'appliquer à cette dernière les principes de l'entendement. Il en résulte des propositions que Kant appelle dialectiques. Ce sont celles qui n'ont ni confirmation à espérer de l'expérience, ni contradiction à en craindre. Non-seulement chacune est par elle-même exempte de contradiction, mais même elle trouve dans la nature de la raison des conditions qui la rendent nécessaire; malheureusement l'assertion contraire ne repose pas sur des raisons moins bonnes et moins nécessaires.

CHAPITRE CMLV

QUESTIONS A RÉSOUDRE.

Les questions qui se présentent naturellement dans cette dialectique de la raison sont celles-ci :

1º Quelles sont proprement les propositions où la raison pure est inévitablement soumise à une antinomie?

2º Quelles sont les causes de cette antinomie?

3º Quel est l'intérêt de la raison dans ce conflit avec elle-même?

4º La raison peut-elle au milieu de ce conflit trouver un chemin qui la conduise à la certitude et de quelle manière?

CHAPITRE CMLVI

DISTINCTION D'UNE THÈSE DIALECTIQUE D'AVEC UNE PROPOSITION SOPHISTIQUE.

Une thèse dialectique de la raison pure se distingue de toutes les propositions sophistiques par les signes suivants :

D'abord elle a pour objet non une question arbitraire que l'on mettrait en avant à plaisir, mais un problème que toute raison humaine rencontre nécessairement dans sa marche.

Ensuite l'apparence qu'elle présente avec son antithèse n'est pas une de ces apparences artificielles qui s'évanouissent au premier regard. C'est une apparence naturelle et inévitable. Alors même qu'elle ne trompe plus, elle ne cesse pas de faire illusion. On peut la rendre inoffensive, on ne peut jamais la détruire.

CHAPITRE CMLVII

LA DOCTRINE DIALECTIQUE TROP GRANDE POUR L'ENTENDEMENT, TROP PETITE POUR LA RAISON.

Cette doctrine dialectique n'aura point de rapport à l'unité de l'entendement dans les concepts de l'expérience, mais à celle de la raison dans les idées pures. Il faut pourtant que la condition de cette unité s'accorde avec l'entendement, comme synthèse opérée suivant des règles. En outre elle doit s'accorder avec la raison comme unité absolue de cette synthèse.

Mais, si elle est adéquate à l'unité de la raison, elle sera trop grande pour l'entendement. Si au contraire elle est appropriée à l'entendement, elle sera trop petite pour la raison.

De là résulte inévitablement un conflit qu'il est impossible d'éviter, de quelque manière qu'on s'y prenne.

CHAPITRE CMLVIII

DU COMBAT, DE L'ARÈNE, DES JUGES.

Ces assertions captieuses ouvrent donc une arène dialectique, où la victoire appartient au parti auquel il est permis de prendre l'offensive; celui qui est forcé de se défendre doit nécessairement succomber.

Les champions peuvent combattre pour la bonne ou la mauvaise cause, les plus alertes sont sûrs de remporter la couronne triomphale. Il leur suffira pour cela de se ménager l'avantage de la dernière attaque, et de ne pas être obligés de soutenir un nouvel assaut de l'adversaire.

On le pense bien, cette arène a été souvent fouillée jusqu'ici. Grand nombre de victoires y ont été remportées de part et d'autre. Mais la dernière, celle qui devait décider l'affaire, on a toujours pris soin de la réserver au chevalier de la bonne cause. On a toujours interdit à son adversaire de prendre de nouveau les armes; on laissait ainsi le premier seul maître du champ de bataille.

Juges impartiaux du combat, nous n'avons pas à chercher si c'est pour la bonne ou la mauvaise cause que luttent les combattants; nous devons tout d'abord les laisser terminer entre eux leur affaire.

Un moment viendra où ils auront épuisé leurs forces les uns contre les autres, peut-être sans s'être fait aucun mal. Alors ils reconnaîtront la vanité de leurs querelles, et, s'il plaît à Dieu, se sépareront bons amis.

CHAPITRE CMLIX

DE LA MÉTHODE A SUIVRE A TRAVERS CE CONFLIT D'IDÉES.

Ainsi donc, nous avons à assister à un combat d'assertions contraires et peut-être même à le provoquer. Ce ne sera pas avec le parti pris d'avance de nous prononcer en faveur de l'un ou de l'autre parti. Non. Nous examinerons avec soin le double objet de la querelle, la thèse et son antithèse. Nous voulons voir si l'on ne se battrait pas par hasard pour une pure illusion, à laquelle chacun des combattants s'attacherait vainement, sans qu'il y eût rien à gagner, quand même on ne rencontrerait pas de résistance.

Nous désignerons notre manière d'agir sous le nom de méthode sceptique. Une méthode n'est pas une doctrine; la nôtre est tout à fait distincte de la doctrine qu'on appelle le scepticisme. Ce dernier repousse toute certitude; c'est un principe d'ignorance artificielle et systématique, qui mine les fondements de toute connaissance. Il veut, s'il le peut, ne laisser subsister rien de certain.

Au contraire, c'est à la certitude que tend la méthode sceptique. Elle cherche à découvrir le point de dissentiment, dans un combat loyalement engagé; elle le conduit des deux côtés avec intelligence. Elle fait comme ces sages législateurs, qui s'instruisent eux-mêmes, par l'embarras des juges dans les procès, de ce qu'il y a de défectueux, ou de ce qui n'est pas suffisamment déterminé dans leurs lois.

L'antinomie qui se révèle dans l'application des lois est, pour notre sagesse bornée, la première pierre de touche de la *nomothétique*. Dans la spéculation abstraite, la raison ne s'aperçoit pas aisément de ses faux pas. Il faut qu'elle suive l'exemple du sage législateur ; elle rentrera en elle-même, pour devenir plus attentive aux moments à observer dans la détermination de ses principes.

CHAPITRE CMLX

DU OU DES LIEUX OÙ PEUT ÊTRE EMPLOYÉE AVANTAGEUSEMENT LA MÉTHODE SCEPTIQUE.

La méthode sceptique n'est essentiellement propre qu'à la philosophie transcendentale. En tout cas, on peut s'en passer dans tout autre champ d'investigation que celui-ci.

Dans les mathématiques, il serait absurde de l'employer. Il n'y a pas dans cette science d'assertions fausses qui puissent se cacher et rester invisibles. Les preuves y suivent toujours le fil de l'intuition pure, elles procèdent au moyen d'une synthèse toujours évidente.

Dans la philosophie expérimentale, un doute provisoire peut avoir son utilité. Mais il n'y a pas du moins de malentendu qui ne puisse être aisément dissipé ; tôt ou tard on finit toujours par trouver dans l'expérience les derniers moyens de décider le différent.

La morale peut montrer aussi tous ses principes, avec leurs conséquences pratiques, dans l'expérience, au moins dans des expériences possibles. Elle évite ainsi l'équivoque de l'abstraction.

Au contraire, les assertions transcendentales qui prétendent à des connaissances dépassent le champ de toutes les expériences possibles. Elles sont d'une telle nature que leur synthèse abstraite ne saurait être donnée dans quelque intuition à priori. De plus, le malentendu qu'elles occasionnent ne pourrait pas être découvert au moyen d'une expérience toujours impossible dans le champ du transcendental. La raison transcendentale ne nous fournit donc pas d'autre pierre de touche que celle qui consiste à essayer d'unir entre elles ses assertions. Mais avant de cela faire, il nous faut les montrer luttant les unes contre les autres librement et sans obstacles. Nous allons d'abord exposer ce conflit. Nous attendrons pour réconcilier les champions qu'ils aient respectivement épuisé leurs forces.

Nous exposerons les idées cosmologiques dans le même ordre, dans lequel nous avons déjà exposé les idées transcendentales.

CHAPITRE CMLXI

RÉSUMÉ DU LIVRE CENTIÈME.

L'inconditionnel peut résider, ou dans la totalité de la série régressive ascendante, ou seulement dans son terme le plus élevé. Cette alternative est précisément celle où la raison se trouve placée, dans le conflit qui s'élève en elle sur les problèmes cosmologiques.

Kant désigne sous le nom d'antithétique de la raison pure l'exposition de cette antinomie, la recherche de ses causes et de ses résultats.

Cette recherche doit nous éclairer sur le nombre de ces antinomies, leurs causes, leur solution possible et l'intérêt de la raison dans tout ceci.

La dialectique n'est pas la sophistique. Elle n'est pas un jeu artificiel consistant à mettre aux prises des arguments arbitraires sur des questions oiseuses. Il s'agit de problèmes que la raison humaine rencontre nécessairement dans sa marche; mais ces problèmes engendrent un conflit qu'il est impossible d'éviter, de quelque manière qu'on s'y prenne; il a son principe dans la nature même de la raison.

On peut bien montrer que ce principe n'est pas autre chose qu'une illusion dogmatique, mais elle est inévitable. On peut s'en rendre compte et la rendre ainsi inoffensive, on ne saurait la détruire; nul ne peut faire que la lune ne nous paraisse pas plus grande à l'horizon qu'au zénith. Nul ne peut faire que derrière un miroir ne nous apparaisse l'objet, dont ce miroir ne fait cependant que nous réfléter l'image. Il ne s'agit donc pas de détruire une illusion impossible à dissiper. Il s'agit de ne pas en être dupe, et de savoir la prendre pour ce qu'elle est.

Pour parvenir à la bien combattre, Kant emploiera la méthode sceptique, laquelle n'est pas plus le scepticisme que la dialectique elle-même ne l'est.

Le scepticisme veut détruire toute certitude; la méthode sceptique ne tend à dissiper que l'erreur.

Ce conflit ne pouvant porter que sur les quatre idées cosmologiques indiquées au livre précédent, le nombre des antinomies ne saurait être douteux. Notre philosophe va les exposer successivement toutes les quatre. Il mettra en regard la thèse et l'antithèse, ainsi que la preuve qu'on donne habituellement de toutes les deux, ce à quoi il joindra quelques remarques. Il ne donnera les solutions que plus tard.

Nous allons le suivre dans ce premier travail d'exposition.

LIVRE CENT-UNIÈME

SIMPLE EXPOSITION DE LA PREMIÈRE ANTINO-
MIE MATHÉMATIQUE (COSMIQUE), LAQUELLE
EST ÉGALEMENT LA PREMIÈRE DANS L'ORDRE
GÉNÉRAL DES ANTINOMIES.

CHAPITRE CMLXII

THÈSE.

« Le monde a un commencement dans le temps; il
« est limité dans l'espace. »

CHAPITRE CMLXIII

PREUVE DE LA THÈSE.

Le genre de preuves, que Kant nous donne comme
habituellement employées par l'école dans les thèses cosmologiques, est celui que les géomètres appellent la
réduction à l'absurde. Par là on ne démontre pas précisément sa thèse. On se borne à faire voir que la thèse
contraire est insoutenable. D'où l'on conclut que, n'y
ayant que deux alternatives, la thèse proposée est la

seule vraie. Ce genre de preuve n'est donc pas une démonstration directe, remontant jusqu'à la source même de la vérité. Il ne nous donne sur elle aucune lumière. Cela suffirait seul pour nous mettre en défiance. En mathématiques même, ce procédé est aujourd'hui jugé peu satisfaisant. Il ne nous apprend pas comment on est parvenu à découvrir la thèse qu'on cherche à démontrer par ce moyen.

1° Admettons que le monde n'ait pas de commencement dans le temps, à chaque moment donné, il y aura une éternité écoulée, et par conséquent une série infinie d'états successifs des choses du monde.

Or l'infinité d'une série consiste précisément en ce qu'elle ne peut jamais être achevée par une synthèse successive.

Donc une série infinie écoulée dans le monde serait une série achevée; ce qui est contradictoire et par conséquent impossible. Donc un commencement du monde est une condition nécessaire de son existence même. C. Q. F. 1° D.

2° Maintenant, si l'on veut que le monde soit infini dans l'espace, le monde sera un tout infini donné de choses existantes ensemble.

Quand un quantum d'un nombre indéterminé de parties est renfermé dans des limites, nous pouvons néanmoins le percevoir comme un tout; nous n'avons pas besoin de le mesurer pour en construire la totalité, c'est-à-dire la synthèse successive de ses parties. Les limites suffisent pour déterminer cette totalité, elles écartent toute autre grandeur. Mais lorsqu'un quantum n'est pas donné dans de certaines limites propres à son intuition, nous ne pouvons en concevoir la grandeur qu'au moyen de la synthèse de ses diverses parties. La totalité d'un quantum de ce genre ne peut être conçue que par la synthèse complète de ses parties, c'est-à-dire par l'addition répétée de l'unité. Le concept de totalité n'est pas autre chose que la représentation de la synthèse complète des parties. Ce n'est pas de l'intuition impossible d'un tout infini que nous pouvons en tirer le concept. Nous ne pouvons le saisir, au moins en idée, qu'au moyen de la synthèse des parties poussée jusqu'à l'infini.

Donc, voulons-nous concevoir comme un tout le monde remplissant tous les espaces? Il faudra regarder comme complète la synthèse successive des parties d'un monde infini; il faudra qu'un temps infini soit considéré comme entièrement écoulé, dans l'énumération de toutes les choses coexistantes, ce qui est contradictoire et par conséquent impossible.

Donc un agrégat infini de choses réelles ne peut pas être considéré comme un tout donné, ni par conséquent comme donné en même temps.

Donc le monde n'est pas infini quant à son étendue dans l'espace, mais il est renfermé dans des limites. C. Q. F. 2° D.

Donc enfin, le monde est entièrement fini, soit dans le temps, soit dans l'espace.

CHAPITRE CMLXIV

REMARQUES SUR LA PREMIÈRE PARTIE DE LA THÈSE.

Kant commence par se féliciter de s'être borné à exposer sa propre doctrine; il n'a pas cherché à éblouir le lecteur par ce qu'il appelle des preuves d'avocat, en faisant ce que nous nommerions de la polémique, il n'a pas voulu faire tourner à son avantage l'imprudence de ses adversaires, ni profiter de la loi qu'ils invoquent pour, en la réfutant sur ce point, élever des prétentions injustes. Il a tiré chacun de ses arguments de la nature des choses; il laisse de côté l'avantage que pourraient lui offrir les paralogismes où tombent trop souvent les dogmatistes des deux côtés.

S'il avait voulu suivre leur exemple, il aurait pu prouver en apparence sa thèse en mettant en avant le concept suivant, tout vicieux qu'il soit, sur l'infinitude d'une quantité donnée.

Une quantité est infinie quand il ne peut pas y en avoir de plus grande, c'est-à-dire qui dépasse la multitude de fois qu'une unité donnée y est contenue;

Or, il n'y a pas de multitude qui soit la plus grande possible, puisqu'on peut toujours y ajouter une ou plusieurs unités;

Donc une grandeur infinie donnée est impossible;

Donc il ne saurait exister un monde infini, ni sous le rapport du temps écoulé, ni sous celui de l'étendue, ni sous quelque rapport que ce soit.

Donc le monde est limité des deux côtés.

Le vice de ce raisonnement consiste en ce que le concept de l'infini qu'il emploie ne s'accorde pas avec ce qu'on entend par un tout infini.

On ne se représente pas ici en effet combien ce tout est grand, par conséquent le concept que nous en avons n'est pas celui d'un maximum. On ne nous donne par là que son rapport à une unité que l'on peut prendre à volonté, relativement à laquelle il est plus grand que tout nombre.

Suivant que l'on prendrait une unité plus grande ou plus petite, l'infini serait plus grand ou plus petit. Mais l'infinité, résidant uniquement dans le rapport à cette unité donnée, demeurerait toujours la même, bien que la quantité absolue du tout ne fût nullement connue par là, ce dont il n'est pas d'ailleurs ici question.

Le vrai concept transcendental de l'infinité, c'est que la synthèse successive de l'unité dans la mesure d'un quantum ne puisse jamais être achevée. Il contient ainsi, relativement à l'unité donnée, une multitude qui est plus grande que tout nombre. C'est le concept mathématique de l'infini.

Il suit de là très-certainement qu'il ne peut pas y avoir une éternité écoulée d'états réels se succédant les uns aux autres, jusqu'à un état donné (jusqu'au moment actuel), et que par conséquent le monde doit avoir eu un commencement.

CHAPITRE CMLXV

REMARQUES SUR LA SECONDE PARTIE DE LA THÈSE.

Quant au monde dans l'espace, la difficulté relative à une série infinie, et pourtant écoulée, tombe d'elle-même, car les diverses parties d'un monde infini en étendue sont données simultanément. Pour concevoir la totalité d'une telle multitude, nous ne pouvons pas invoquer des limites qui la déterminent par elles-mêmes dans l'intuition. Nous devons rendre compte de notre concept. Ici il ne peut pas aller du tout à la multitude déterminée des parties; il lui faut démontrer la possibilité du tout par leur synthèse successive.

Cette synthèse ne saurait jamais constituer une série complète; on ne peut concevoir une totalité avant elle; on ne peut pas non plus la concevoir par elle.

Le concept de la totalité même est dans ce cas la représentation d'une synthèse achevée des parties. Cet achèvement est impossible, et partant aussi son concept.

CHAPITRE CMLXVI

ANTITHÈSE.

« Le monde n'a ni commencement dans le temps, ni
« limites dans l'espace. Il est infini dans l'un comme
« dans l'autre. »

CHAPITRE CMLXVII

PREUVE DE L'ANTITHÈSE.

Admettons que le monde ait eu un commencement dans le temps. Un commencement est une existence précédée d'un temps où la chose n'était pas; il doit donc, dans cette hypothèse, y avoir un temps antérieur où le monde n'était pas, c'est-à-dire un temps vide.

Or dans un temps vide, il n'y a pas de naissance possible de quelque chose; aucune partie de ce temps ne contient plutôt qu'une autre une condition distinctive de l'existence, qui l'emporte sur celle de la non-existence, soit que l'on suppose que cette condition naisse d'elle-même, soit qu'elle naisse par tout autre cause.

Donc il peut y avoir dans le monde des séries de choses qui commencent, mais le monde lui-même ne saurait avoir de commencement. Par conséquent il est infini par rapport au temps écoulé.

Pour ce qui est du second point, admettons pour un moment que le monde est fini et limité dans l'espace ; alors il est contenu dans un espace plus grand, vide, et qui n'est pas limité. Par conséquent il n'y aurait pas seulement un rapport des choses *dans* l'espace, mais un rapport des choses *à* l'espace.

Or, le monde est un tout absolu, en dehors duquel il n'y a pas d'objet d'intuition ; par conséquent il n'a pas de corrélatif, avec lequel il soit en rapport. Alors le rapport du monde à l'espace vide ne serait pas un rapport à un objet.

Un rapport de ce genre n'est rien. N'est rien non plus la limitation de ce monde par l'espace vide.

Donc le monde n'est pas limité dans l'espace, c'est-à-dire qu'il est infini en étendue comme nous avons déjà vu qu'il l'était en durée.

CHAPITRE CMLXVIII

SCOLIE.

L'espace est seulement la forme de l'intuition extérieure, ou, comme dit Kant, une intuition extérieure formelle ; il n'est pas une chose réelle qui puisse être l'objet d'une intuition extérieure.

Voyons l'espace avant toutes les choses qui le déterminent, le remplissent ou le limitent, ou plutôt qui nous donnent une intuition empirique en harmonie avec sa forme. Nous aurons alors ce qu'on nomme l'espace absolu. Il n'est pas autre chose que la simple possibilité de phénomènes extérieurs, en tant qu'ils peuvent ou exister par eux-mêmes ou s'ajouter à d'autres phénomènes donnés.

L'intuition empirique n'est donc pas composée des phénomènes et de l'espace, de la perception et de l'intuition vide; l'un n'est pas le corrélatif de la synthèse de l'autre, mais ils sont unis dans une seule et même intuition empirique, comme matière et forme de cette intuition.

Veut-on mettre l'un de ces éléments en dehors de l'autre? Veut-on mettre l'espace en dehors de tous les phénomènes? Il en résultera toutes sortes de déterminations vides de l'intuition extérieure, qui ne sont pas des perceptions possibles; par exemple, le mouvement ou le repos du monde dans l'espace vide infini. C'est une détermination du rapport de deux choses entre elles qui ne peut jamais être perçue; par conséquent elle est elle-même le prédicat d'un pur être de raison.

CHAPITRE CMLXIX

REMARQUES SUR L'ANTITHÈSE.

La preuve de l'infinité de la série donnée du monde et de l'ensemble du monde se fonde sur ce que, dans le cas contraire, un temps vide ainsi qu'un espace vide formerait les limites du monde.

On cherche à échapper à cette conséquence, en prétendant qu'il peut bien y avoir une limite du monde, quant au temps et à l'espace. Il n'est pas nécessaire pour cela d'admettre un temps absolu avant le commencement du monde, ou un espace absolu s'étendant en dehors du monde réel, ce qui est impossible.

Kant se déclare parfaitement satisfait de cette dernière partie de l'opinion des philosophes de l'école de Leibnitz.

L'espace est simplement la forme de l'intuition extérieure; il n'est pas quelque chose de réel qui puisse être l'objet de cette intuition, il n'est pas un corrélatif des phénomènes, il est leur forme elle-même.

L'espace ne peut donc par lui seul être un antécédent absolu de l'existence des choses, comme quelque chose de déterminant; il n'est pas un objet, mais seulement la forme d'objets possibles.

Les choses comme phénomènes déterminent bien l'espace; de tous ses prédicats possibles, grandeur et rapport, elles font que ceux-ci ou ceux-là appartiennent à la réalité. Mais l'espace ne peut pas agir comme quelque chose qui existerait par soi-même. Il ne peut pas réciproquement déterminer la réalité des choses sous le rapport de la grandeur ou de la forme; il n'est rien de réel en soi.

Un espace peut être plein ou vide; on peut très-bien admettre dans les deux cas qu'il soit limité par les phénomènes, cela ne contredit en rien les principes transcendantaux. On peut donc admettre au point de vue de ces principes l'espace vide qui est contenu dans l'intérieur du monde; on affirme par là que ce concept n'est pas transcendentalement contradictoire, mais on n'affirme pas par cela même sa possibilité.

Il résulte bien de ce que nous avons dit plus haut que,

plein ou vide, un espace peut être borné par des phénomènes; mais la réciproque n'est pas vraie, des phénomènes ne peuvent pas être bornés par un espace vide, situé en dehors d'eux.

Il en est de même du temps.

CHAPITRE CMLXX

SUITE DE LA REMARQUE. — L'ESPACE ET LE TEMPS VIDES ET LES LIMITES DU MONDE.

Tout cela accordé, persistons-nous à vouloir donner une limite au monde, soit dans l'espace, soit dans le temps? Alors incontestablement il nous faudra nécessairement admettre deux non-êtres, l'espace vide en dehors du monde, et le temps vide avant le monde.

On peut vouloir échapper à cette conséquence qui nous fait dire que, le monde une fois supposé avoir des limites dans le temps et dans l'espace, le vide infini détermine nécessairement l'existence des choses réelles par rapport à leur quantité. Il est évident que ce subterfuge vient, sans qu'on s'en aperçoive, de ce que l'on conçoit, au lieu du monde sensible, nous ne savons quel monde intelligible. Au lieu du premier commencement, — sorte d'existence que précède un temps de non-existence, — on conçoit une existence en général, qui ne présuppose aucune autre condition dans le monde; Au lieu des limites de l'étendue, on conçoit des bornes à l'univers : on sort ainsi du temps et de l'espace.

Mais il n'est ici question que du monde des phénomènes et de sa grandeur; on n'y saurait faire abstraction de ces conditions de la sensibilité sans en détruire l'essence.

Si le monde sensible est limité, il réside nécessairement dans le vide infini.

Laisse-t-on de côté ce vide, et par conséquent l'espace, comme condition à priori de la possibilité des phénomènes? Tout le monde sensible disparaît.

Or, dans notre problème, ce dernier seul nous est donné. Le monde intelligible n'est rien que le concept universel d'un monde en général. On y fait abstraction de toutes les conditions de l'intuition de ce monde; par conséquent il ne peut donner lieu à aucune proposition, soit affirmative, soit négative.

CHAPITRE CMLXXI

RÉSUMÉ DU LIVRE CENT-UNIÈME.

La question que Kant pose ici sous le titre de première antinomie est celle de l'infini considéré dans le monde; pour lui, il ne s'agit pas encore de la résoudre, il ne s'agit que de l'exposer, avec le cortège des preuves que dans l'école on en donne ordinairement; la résolution viendra en son lieu. Nous verrons Kant en agir de même avec les trois autres antinomies.

Il y a longtemps qu'on dispute pour savoir si le monde est ou n'est pas infini soit dans le temps, soit dans l'espace. Laquelle de ces deux thèses voulez-vous qu'on vous prouve? L'école va vous donner pour chacune des arguments d'égale valeur.

Voulez-vous qu'on vous démontre que le monde est fini dans le temps et dans l'espace? Rien de plus facile. Qu'est-ce en effet que le monde? Au point de vue du temps, c'est une série de phénomènes qui se succèdent. Au point de vue de l'espace, c'est une continuité de phénomènes juxta-posés. Or toute succession, quelque longue qu'on la suppose, a une limite; nulle synthèse ne saurait embrasser l'intégralité du nombre infini des parties d'une éternité écoulée. De même toute étendue, ou toute collection de choses étendues, a des bornes quelque loin que la pousse l'imagination; nulle synthèse ne saurait non plus saisir l'intégralité des parties d'un quantum infini.

Voilà pour la thèse.

Maintenant voulez-vous qu'on vous prouve que le monde est infini dans le temps et dans l'espace? Cela n'est pas plus difficile. Le supposer fini dans le temps, c'est admettre qu'il y a une durée en dehors de l'être qui dure, une durée vide. Le supposer fini dans l'espace c'est également reconnaître un espace vide au delà de toute étendue. Or la durée sans l'être qui dure, l'espace sans l'être étendu, c'est le vide absolu, c'est une pure abstraction de la pensée. Donc, — à moins d'aboutir au néant, pure négation sans objet, — au delà des corps, il ne peut y avoir que des corps, au delà de l'être qui dure rien que l'être qui dure. Donc le monde est infini dans l'espace et dans le temps.

Voilà l'antithèse.

Les scolies et remarques qui, dans l'exposition de Kant, suivent la thèse et l'antithèse, contiennent bien sur le temps et l'espace quelques considérations qu'il croit nouvelles; mais sans ajouter rien à la preuve. C'est pourquoi il nous suffira d'en avoir donné l'analyse.

Comme s'en souvenir n'est pas essentiel, il est inutile d'y revenir. C'est pourquoi nous nous dispenserons de le faire, même à l'intention d'un résumé.

LIVRE CENT DEUXIÈME

EXPOSITION DE LA DEUXIÈME ANTINOMIE MATHÉMATIQUE, LA DEUXIÈME ÉGALEMENT DANS L'ORDRE GÉNÉRAL DES ANTINOMIES.

CHAPITRE CMLXXII

THÈSE.

« Dans le monde toute substance composée l'est de
« parties simples. Il n'existe absolument rien que le
« simple ou le composé du simple. »

CHAPITRE CMLXXIII

PREUVE DE LA THÈSE.

Kant emploie toujours son même procédé de démonstration par l'absurde.

Supposons que les substances composées ne le soient pas de parties simples; de plus supprimons par la pensée toute composition ; alors aucune partie composée ne subsistera. Rien de simple ne subsiste non plus, par hypothèse. Dès lors il ne restera plus rien et aucune substance ne sera donnée.

Ou bien, il est impossible de supprimer par la pensée toute composition ; ou bien il faut qu'après cette suppression, il reste quelque chose qui subsiste indépendamment de toute composition, c'est-à-dire le simple.

Or, dans le premier cas, le composé ne serait pas formé de substances; la composition n'est, dans cette hypothèse, qu'une relation accidentelle de substances, qui peuvent subsister sans elle, comme des êtres existant par eux-mêmes. Mais ce cas contredit la supposition ; il ne reste plus que le second, à savoir que le composé substantiel dans ce monde est composé de parties simples.

Donc, les choses du monde sont toutes des êtres simples. La composition n'est qu'un état extérieur de ces choses. Nous ne pourrons jamais faire sortir les substances élémentaires de cet état d'union et les isoler; néanmoins la raison ne doit pas moins les concevoir comme les premiers sujets de toute composition, et par conséquent comme des êtres simples, antérieurement à cette composition.

CHAPITRE CMLXXIV

REMARQUES SUR LA THÈSE.

Lorsque nous parlons d'un tout qui se compose nécessairement de parties simples, nous entendons par là un tout substantiel, un composé propre, une unité accidentelle d'une diversité. Donnée par parties séparées, du moins en pensée, celle-ci est unie par une liaison réciproque des parties, et forme ainsi quelque chose un d'un primitivement divers.

L'espace n'est pas, à proprement parler, un composé, mais un tout; ses parties ne sont possibles que dans le tout, et le tout ne l'est point par les parties. En tout cas, ce ne serait qu'un composé idéal et non un composé réel. Les diverses étendues n'ont qu'une existence idéale et ne sont que des divisions idéales de l'espace. Celui-ci n'est point un phénomène, une chose. Ses divisions ne peuvent être qu'idéales; matériellement, on ne saurait les diviser.

Mais cela est une pure subtilité. L'espace n'est pas un composé de substances, pas même d'accidents réels. Supprimons-nous en lui toute composition, il ne doit rien rester, pas même un point; celui-ci n'est possible que comme limite d'un espace, par conséquent d'un composé.

L'espace et le temps ne se composent donc pas de parties simples.

Ce qui n'appartient qu'à l'état d'une substance, par exemple le changement, a bien une quantité; mais il ne se compose pas non plus du simple. Un certain degré de changement ne se compose pas de l'addition de plusieurs changements simples.

Notre conclusion du composé au simple ne s'applique qu'à des choses existantes par elles-mêmes; or des accidents d'états n'existent point par eux-mêmes.

On a tort d'étendre ainsi cette preuve outre mesure, et de l'appliquer à tout composé sans distinction, comme on l'a déjà fait plus d'une fois. On risque de perdre ainsi sa cause, et de ruiner la preuve de la nécessité du simple, comme formant les parties constitutives d'un tout substantiel.

Nous ne parlons ici du simple qu'autant qu'il est nécessairement donné dans le composé; celui-ci y peut être résolu comme dans ses parties constitutives.

Voulons-nous prendre le mot monade dans sa signification propre, suivant le langage de Leibnitz? Alors nous ne l'entendrons que du simple qui est immédiatement donné comme substance simple, par exemple dans la conscience, et non comme élément du composé. Cet élément, il vaudrait mieux l'appeler atome.

Nous ne voulons démontrer l'existence des substances simples que par rapport aux composés dont elles sont les éléments. Nous pourrions donc désigner l'antithèse de la seconde antinomie sous le nom d'atomistique transcendentale.

Mais d'un autre côté, cette expression est depuis longtemps employée pour désigner une explication particulière des phénomènes corporels, des molécules; elle suppose ainsi des concepts empiriques; on peut l'appeler le principe dialectique de la monadologie.

CHAPITRE CMLXXV

ANTITHÈSE.

« Aucune chose composée dans le monde ne l'est de « parties simples; il n'y existe absolument rien de « simple. »

CHAPITRE CMLXXVI

PREUVE DE LA PREMIÈRE PROPOSITION DE L'ANTITHÈSE.

Supposons qu'une chose composée comme substance le soit de parties simples.

Toute relation extérieure et par conséquent toute composition de substances n'est possible que dans l'espace; autant il y a de parties dans le composé, autant il doit y en avoir aussi dans l'espace qu'il occupe.

Or, l'espace ne se compose pas de parties simples, mais d'espaces.

Chacune des parties du composé doit donc occuper un espace.

Mais toutes les parties absolument premières de tout composé sont simples.

Le simple occupe donc un espace.

Tout réel, qui occupe un espace, renferme en lui des parties diverses, placées les unes en dehors des autres. Il est composé. De quoi l'est-il ? Ce n'est pas d'accidents, puisqu'il est un composé réel; les accidents ne peuvent être extérieurs les uns aux autres sans substance. Il l'est donc de substances; le simple est donc un composé substantiel.

Mais cela est contradictoire. L'hypothèse qui nous a servi de point de départ est donc une hypothèse fausse; donc enfin nul composé ne l'est de parties simples.

CHAPITRE CMLXXVII

PREUVES DE LA SECONDE PROPOSITION DE L'ANTITHÈSE.

Quel est le sens de la seconde proposition de l'antithèse, à savoir que dans le monde il n'existe rien de simple? Elle ne signifie pas ici autre chose, sinon que l'existence de quelque chose d'absolument simple ne peut être prouvée par aucune expérience, ni par aucune perception soit extérieure, soit intérieure. Ainsi la simplicité absolue n'est qu'une pure idée; aucune expérience possible ne saurait jamais en démontrer la réalité objective. Par conséquent elle est sans application et sans objet dans l'exposition des phénomènes.

Admettons que l'on puisse trouver dans l'expérience un objet correspondant à cette idée transcendentale. Il faudra pour cela que l'intuition empirique de quelque objet soit reconnue pour une intuition ne contenant absolument aucune diversité d'éléments, placés les uns en dehors des autres et ramenés à l'unité.

Nous n'avons pas conscience d'une diversité de ce genre. Nous ne pouvons cependant pas en conclure qu'elle soit entièrement impossible, dans quelque intuition d'un objet. D'un autre côté, cette dernière condition est tout à fait nécessaire, pour pouvoir affirmer l'absolue simplicité. Il suit de là que la simplicité ne peut être déduite d'aucune perception quelle qu'elle soit.

Rien ne peut donc être donné, dans aucune expérience possible, comme un objet absolument simple. Or, le monde sensible doit être regardé comme l'ensemble de toutes les expériences possibles. Donc, il n'y a rien de simple qui soit donné en lui.

CHAPITRE CMLXXVIII

SCOLIE.

La seconde proposition de l'antithèse a plus de portée que la première. Celle-ci ne bannit le simple que de l'intuition du composé; la seconde l'exclut de toute la nature.

Aussi n'a-t-elle pas pu être démontrée par le concept d'un objet donné de l'intuition extérieure, du composé, mais par son rapport à une expérience possible en général.

CHAPITRE CMLXXIX

REMARQUE SUR LA PREMIÈRE PROPOSITION DE L'ANTITHÈSE.

La preuve du principe de la division infinie de la matière est purement mathématique. C'est sous ce rapport qu'elle a été attaquée par les partisans des monades. On a pu les soupçonner de ne pas vouloir admettre que les preuves mathématiques les plus claires nous fassent connaître la nature de l'espace, en tant qu'il est réellement la condition formelle de la réalité de toute matière.

On veut que les *monadistes* regardent ces preuves comme des conséquences dérivées de concepts abstraits, mais arbitraires, qui ne sauraient s'appliquer à des choses réelles.

Mais il est impossible d'imaginer une autre espèce d'intuition que celle qui est donnée dans l'intuition originaire de l'espace; les déterminations à priori de cet espace touchent en même temps tout ce qui n'est possible qu'à la condition de le remplir.

Voulons-nous écouter ces philosophes? Alors nous ne nous contenterons pas de concevoir le point mathématique, qui est simple et qui n'est pas une partie, mais qui est uniquement la limite d'un espace. Il faudra, en outre, concevoir des points physiques qui, à la vérité, seraient simples aussi, mais qui auraient l'avantage de remplir l'espace par la seule agrégation, comme parties de ce même espace.

Nous ne répéterons pas ici les réfutations aussi claires que vulgaires de cette absurdité, elles se présentent en foule. Il est d'ailleurs inutile de vouloir obscurcir par des concepts purement discursifs l'évidence des mathématiques. Nous nous bornerons à faire remarquer ici le motif pour lequel la philosophie chicane ici les mathématiques. Elle oublie que, dans cette question, il s'agit uniquement des phénomènes et de leur condition.

Il ne suffit pas ici de trouver le concept du simple, pour le concept du composé pur que nous donne l'entendement ; il s'agit de trouver l'intuition du simple, pour l'intuition du composé, de la matière. Cela est tout à fait impossible suivant les lois de la sensibilité, et par conséquent aussi en fait d'objet des sens.

S'agit-il d'un tout composé de substances, mais conçu par l'entendement pur? On peut bien dire alors que nous devons avoir le simple antérieurement à toute composition de ce tout. Mais cela ne s'applique pas au tout substantiel des phénomènes. Celui-ci, est une intuition empirique ayant lieu dans l'espace; il implique cette propriété nécessaire qu'aucune partie n'en est simple, par cela seul qu'aucune partie de l'espace n'est simple.

Cependant les partisans des monades se sont montrés assez avisés pour vouloir éluder cette difficulté; ils ont refusé d'admettre l'espace comme une condition de la possibilité des objets de l'intuition extérieure, ils placent au contraire dans celle-ci, et dans la relation dynamique des substances en général, la condition de la possibilité de l'espace.

Mais nous n'avons un concept des corps qu'en tant qu'ils sont des phénomènes; en cette qualité, ils supposent l'espace comme la condition de la possibilité de tout phénomène extérieur. Le subterfuge est donc vain, d'après Kant, comme il nous l'a déjà montré dans son esthétique transcendentale.

Il faudrait que les phénomènes fussent des choses en soi, pour que la preuve des partisans de la doctrine des monades eût une valeur absolue.

CHAPITRE CMLXXX

REMARQUE SUR LA SECONDE PROPOSITION DE L'ANTITHÈSE.

La seconde proposition de l'antithèse a de particulier ceci : elle a contre elle une assertion dogmatique. C'est la seule de toutes les assertions sophistiques qui entreprenne de prouver manifestement, par un objet de l'expérience, la réalité de ce que nous avons rattaché plus haut aux idées transcendentales. Elle cherche à démontrer que l'objet du sens intime, le moi qui pense, est une substance absolument simple.

Nous ne voulons pas revenir sur ce point, il a été suffisamment examiné plus haut, nous nous bornerons à faire remarquer ceci : Concevons simplement quelque chose comme objet, veuillons n'y rien joindre qui en détermine synthétiquement l'intuition ; — c'est ce qui arrive dans cette représentation toute nue : moi. — Alors nous ne pouvons assurément percevoir rien de divers, nous ne percevons aucune composition dans une représentation de ce genre.

D'un autre côté, les prédicats, au moyen desquels nous concevons cet objet, ne sont que des intuitions du sens intérieur. Nous n'y pouvons rien trouver qui prouve une diversité de parties placées les unes en dehors des autres, et par conséquent une composition réelle. La conscience de soi a donc cela de particulier que le sujet qui pense est en même temps son propre objet. Il ne peut pas se diviser lui-même, bien que cela ne l'empêche pas de diviser les déterminations qui lui sont inhérentes. Par rapport à lui-même, tout objet est une unité absolue.

Ce sujet peut être envisagé extérieurement comme objet de l'intuition. Il est très-vrai qu'alors il manifestera une composition dans le phénomène.

C'est toujours ainsi qu'il faut l'envisager dès qu'on veut savoir s'il y a ou non en lui une diversité de parties, placées les unes en dehors des autres.

CHAPITRE CMLXXXI

RÉSUMÉ DU LIVRE CENT-DEUXIÈME.

Kant agit ici pour la seconde antinomie comme il a fait pour la première. Il ne la discute point maintenant. La discussion aura son tour.

Il en agira de même pour les deux autres antinomies.

Il s'agit dans ce livre de la notion de la substance considérée comme tombée dans le monde. Quels en sont les éléments?

Il y a bien longtemps qu'on dispute sur les principes élémentaires des choses. Y a-t-il ou n'y a-t-il pas d'éléments véritables, de monades, d'atomes, de principes indivisibles? Telle est la question qui partage, encore aujourd'hui, le petit nombre de physiciens qui s'occupent de métaphysique.

On démontre fort bien que toute substance composée l'est de parties simples. En effet, qu'est-ce que le corps, tel que le perçoit l'expérience aidée de l'analyse? Un composé. Or, il est un principe qui pour les physiciens a force d'axiome, c'est que tout composé suppose des éléments simples. Autrement toute composition et par suite toute constitution des corps serait impossible.

Voilà pour la thèse.

D'une autre part tout élément est étendu ou inétendu. Le supposer inétendu, c'est le réduire à une abstraction inintelligible. Supposer des points physiques qui, quoique inétendus, ont la propriété de remplir l'espace par leur seule agrégation, c'est supposer une absurdité qui, aujourd'hui n'a plus besoin d'être réfutée. Or tout élément étendu est par cela même divisible. Dès lors, la matière étant divisible à l'infini, il n'y a pas d'éléments. On démontre donc également qu'aucune substance composée ne l'est de parties simples.

Voilà pour la première proposition de l'antithèse.

Quant à la seconde, qu'il n'existe dans le monde absolument rien de simple, Kant nous rappelle que rien ne peut être donné dans une expérience possible comme un objet absolument simple, et que le monde sensible doit être regardé comme l'ensemble de toutes les expériences possibles. Dès lors, conclut-il, il n'y a rien de simple qui soit donné en lui.

Les mêmes raisons qui nous ont fait regarder comme inutile de résumer les scolies et remarques qui suivent la première antinomie subsistent pour celle-ci.

LIVRE CENT-TROISIÈME

PREMIÈRE ANTINOMIE PHYSIQUE OU DYNAMIQUE.
C'EST LA TROISIÈME DANS L'ORDRE GÉNÉRAL
DES ANTINOMIES.

CHAPITRE CMLXXXII

THÈSE.

« La causalité déterminée par les lois de la nature n'est pas la seule d'où puissent être dérivés tous les phénomènes du monde. Pour les expliquer, il est nécessaire d'admettre en outre une causalité libre. »

CHAPITRE CMLXXXIII

PREUVE DE LA THÈSE.

Toujours l'argument par l'absurde. Voulons-nous admettre qu'il n'y a pas d'autre causalité que celle qui est déterminée par des lois de la nature? Tout ce qui arrive suppose un état antérieur, auquel il succède inévitablement suivant une règle.

Cet état antérieur doit être lui-même quelque chose

qui soit arrivé, qui soit devenu dans le temps ce qu'il n'était pas auparavant. S'il avait toujours été, sa conséquence n'aurait pas commencé d'être, elle aurait aussi toujours été.

La causalité de la cause, par laquelle quelque chose arrive, est donc toujours elle-même quelque chose d'arrivé. Suivant la loi de la nature, cet état suppose à son tour un état antérieur et la causalité de cet état. Ce dernier en suppose un autre plus ancien et ainsi de suite.

Tout arrive-t-il suivant les seules lois de la nature, il y a toujours un commencement subalterne, mais il n'y a jamais un premier commencement. Par conséquent en général la série du côté des causes dérivant les unes des autres n'est jamais complète.

Or la loi de la nature consiste précisément en ce que rien n'arrive sans une cause suffisamment déterminée à priori.

Donc la proposition qui veut que toute causalité ne soit possible que suivant des lois naturelles se contredit elle-même, quand on la prend sans restriction dans toute son universalité; il est impossible d'admettre cette sorte de causalité comme la seule.

D'après cela il faut admettre une autre causalité. Par cette causalité nouvelle quelque chose arrivera, sans que la cause en soit déterminée par une autre cause antérieure, suivant des lois nécessaires. Ce sera une spontanéité absolue des causes; elle aura la vertu de commencer par elle-même une série de phénomènes qui se déroule suivant des lois naturelles. Ce sera par conséquent une liberté transcendantale. Sans elle, même dans le cours de la nature, la série des phénomènes ne serait jamais complète du côté des causes.

CHAPITRE CMLXXXIV

REMARQUE SUR LA THÈSE.

L'idée transcendentale de la liberté est loin de former tout le contenu du concept psychologique de ce nom, concept qui est en grande partie empirique. Elle se borne à présenter la spontanéité absolue de l'action comme étant le fondement propre de l'imputabilité. Elle n'en est pas moins la pierre d'achoppement de la philosophie; celle-ci trouve des difficultés insurmontables à admettre cette sorte de causalité inconditionnelle.

Ce n'est proprement qu'une difficulté transcendentale, mais dans la question de la liberté de la volonté, elle a fortement embarrassé jusqu'ici la raison spéculative. Il s'agit de savoir si l'on admettra une faculté capable de commencer d'elle-même une série de choses ou d'états successifs. Il n'est pas aussi nécessaire de pouvoir répondre à la question de savoir comment une telle faculté est possible; nous ne sommes pas plus avancés à l'égard de la causalité qui a lieu suivant les lois naturelles. Nous reconnaissons bien à priori qu'une causalité de ce genre doit être admise; cependant nous ne comprenons en aucune façon comment il est possible qu'un certain état d'une chose soit amené par celui d'une autre. Nous ne comprenons pas mieux qu'à cet égard nous devions nous en tenir à l'expérience

Pourquoi avons-nous démontré la nécessité de placer dans la liberté le premier commencement d'une série de phénomènes? C'est uniquement pour pouvoir comprendre l'origine du monde ; quant à ses états successifs, ils dérivent les uns des autres, suivant de simples lois naturelles.

La faculté de commencer tout à fait spontanément une série dans le temps, a été prouvée, bien que notre esprit n'ait pu la saisir que discursivement. Il nous est permis maintenant de faire commencer spontanément sous le rapport de la causalité diverses séries de phénomènes dans le cours du monde. Nous pourrons attribuer à leurs substances la faculté d'agir en vertu de la liberté.

Il ne faut pas nous laisser arrêter ici par un malentendu. Une série successive ne peut avoir dans le monde qu'un commencement relativement premier ; il y a toujours un état antérieur des choses. Cela est vrai, mais ce serait à tort qu'on en conclurait qu'il ne peut y avoir de commencement absolument premier de séries dans le cours du monde.

En effet, nous ne parlons pas ici de commencement absolument premier quant au temps, mais quant à la causalité.

Par exemple, supposons que, voulant cesser pour le moment d'écrire je me lève spontanément de mon siége. Supposons que je fasse cette opération tout à fait librement, et sans subir l'influence nécessairement déterminante des causes naturelles. Alors, avec cet événement, commence la série de tous les effets naturels qui en dérivent jusqu'à l'infini. Je dis cette série absolument nouvelle, bien que, par rapport au temps, cet événement ne soit que la continuation d'une série précédente.

Ma résolution de me lever de mon siége et l'acte qui s'en est suivi n'ont pas été une simple conséquence de l'action de la nature. Les causes naturelles déterminantes qui ont précédé cet événement cessent tout à fait par rapport à lui. S'il leur succède, il n'en dérive pas. Par conséquent il peut bien être appelé un commencement absolument premier, non pas à la vérité sous le rapport du temps, mais sous celui de la causalité.

CHAPITRE CMLXXXV

SCOLIE.

Il y a une chose qui confirme d'une manière éclatante le besoin qu'éprouve la raison de chercher, pour la série des causes naturelles, un premier commencement dans la liberté. A l'exception des sectateurs de l'école épicurienne, tous les philosophes de l'antiquité qui ont voulu expliquer les mouvements du monde, se sont crus obligés d'admettre un premier moteur, autrement dit une cause librement agissante, qui ait commencé d'abord et d'elle-même cette série d'états. Ils ont désespéré de pouvoir faire comprendre un premier commencement avec la seule nature.

CHAPITRE CMLXXXVI

ANTITHÈSE.

« Il n'y a pas de liberté. Dans le monde tout arrive
« fatalement suivant des lois naturelles. »

CHAPITRE CMLXXXVII

PREUVE DE L'ANTITHÈSE.

Supposons qu'il y ait une liberté dans le sens transcendental, une espèce particulière de causalité suivant laquelle les événements du monde pourraient avoir lieu. Supposons, en d'autres termes, une faculté de commencer absolument un état, et par conséquent aussi une série d'effets résultant de cet état. Alors une série commencera absolument en vertu de cette spontanéité. En outre commencera, non moins absolument, l'acte par lequel cette spontanéité même est déterminée à produire cette série, c'est-à-dire la causalité. De cette façon il n'y aura rien antérieurement qui détermine suivant des lois constantes l'acte qui arrive.

Mais tout commencement d'action suppose un état de la cause où elle n'agit pas encore. Un premier commencement dynamique d'action suppose un état qui n'a aucun rapport de causalité avec l'état précédent de la même cause. Le suivant n'en dérive en aucune façon.

Donc la liberté transcendentale est contraire à la loi de causalité. C'est un être de raison qu'un enchaînement des états successifs des causes efficientes d'après lequel aucune unité d'expérience n'est possible, et qui par conséquent ne se rencontre dans aucune expérience.

CHAPITRE CMLXXXVIII

SUITE DE LA PREUVE.

Il n'y a que la nature où nous puissions chercher l'enchaînement et l'ordre des événements du monde. La liberté, — l'indépendance, — à l'égard des lois de la nature, affranchit il est vrai de la contrainte, mais elle affranchit aussi du fil conducteur de toutes les règles.

On ne peut pas dire que des lois de la liberté prennent, dans la causalité du cours du monde, la place des lois de la nature; si la liberté était déterminée par des lois, elle ne serait plus la liberté, elle serait la nature même.

Il y a, entre la nature et la liberté transcendentale, la même différence qu'entre la soumission à des lois et l'affranchissement de toutes lois.

La première, il est vrai, se rend importune à l'entendement, par la difficulté de remonter toujours plus haut dans la série des causes, ce qu'il faut faire pourtant pour y chercher l'origine des événements; la causalité y est toujours conditionnelle. Elle promet en revanche une unité d'expérience universelle et régulière.

L'illusion de la liberté, au contraire, offre bien à l'entendement un repos dans son investigation à travers la chaîne des causes. Elle le conduit à une causalité inconditionnelle qui commence l'action d'elle-même; mais cette causalité est aveugle, elle rompt le fil des règles, sans lesquelles il n'y a plus de liaison générale possible dans l'expérience.

CHAPITRE CMLXXXIX

REMARQUES SUR L'ANTITHÈSE.

Ceux qui défendent la toute-puissance de la nature contre la doctrine de la liberté, — on les nomme des physiocrates transcendentaux, — pourraient opposer la proposition suivante aux arguments captieux de cette doctrine : « Si vous n'admettez dans le monde rien de « mathématiquement premier sous le rapport du temps, « vous n'avez pas besoin non plus de chercher quelque « chose de dynamiquement premier sous le rapport de « la causalité. »

Personne ne vous a priés d'imaginer un état absolument premier du monde, un commencement absolu de la série des phénomènes succesifs. Nul ne vous a demandé d'imposer des bornes à la nature qui n'en a pas, afin de pouvoir procurer un point de repos à votre imagination.

Les substances ont toujours été dans le monde. Du moins l'unité de l'expérience exige cette supposition. Il n'y a aucun point de difficulté à admettre aussi que le changement de leurs états, que la série des changements a toujours été. Par conséquent il n'est pas besoin de chercher un premier commencement, ni mathématique, ni dynamique.

Il est impossible, à la vérité, de comprendre comment les phénomènes peuvent ainsi dériver les uns des autres à l'infini, sans un premier membre par rapport auquel tous les autres seraient purement successifs. Mais voulez-vous rejeter par cette raison ces énigmes de la nature? Vous vous verrez forcés alors de rejeter beaucoup de propriétés synthétiques fondamentales, de forces constitutives, que vous ne pouvez pas comprendre davantage. Même la possibilité d'un changement en général doit vous être une pierre d'achoppement.

Si vous ne découvrez pas par l'expérience cette succession perpétuelle d'être et de non-être, jamais vous ne pourrez imaginer à priori le *comment* de sa possibilité.

CHAPITRE XM

AUTRES DÉVELOPPEMENTS.

Voulons-nous reconnaître une puissance transcendentale de liberté, qui servirait de point de départ aux changements du monde? Alors cette puissance ne pourrait être qu'en dehors du monde ; ce sera cependant toujours une prétention bien téméraire que celle d'admettre, en dehors de l'ensemble de toutes les intuitions possibles, un objet qui ne peut être donné dans aucune d'elles.

Mais il ne peut jamais être permis d'attribuer une pareille faculté, aux substances qui existent dans le monde même ; alors on ferait disparaître en grande partie l'enchaînement des phénomènes, qui se déterminent nécessairement les uns les autres suivant des lois universelles. Avec cet enchaînement, que l'on désigne sous le nom de nature, disparaîtrait également la marque de la vérité empirique, qui distingue l'expérience du rêve.

A côté d'une faculté affranchie de toutes les lois comme la liberté, il n'y a plus guère de place pour la nature ; les lois de celle-ci seraient incessamment modifiées par l'influence de celle-là. Le jeu des phénomènes ne serait plus régulier et uniforme, comme il arriverait avec la seule nature; il serait ainsi troublé et incohérent.

CHAPITRE XMI.

RÉSUMÉ DU LIVRE CENT-TROISIÈME.

Ici Kant traite de la question de l'absolu appliquée au principe du monde. C'est encore un grand et interminable sujet de controverses que ce problème d'un premier moteur. Où le dogmatisme voit un principe nécessaire, le naturalisme ne trouve qu'une inconséquence de la raison et une impossibilité logique.

Qui a raison? Qui a tort? C'est fort difficile à décider lorsqu'on s'en tient aux démonstrations contradictoires. Nous savons que Kant ne fait encore qu'exposer les démonstrations reçues dans les écoles; il ne donnera sa solution que plus tard.

Thèse du dogmatisme : il y a une cause première à la série des mouvements qui se succèdent dans l'univers. — En effet, l'expérience percevant toute succession comme finie, l'induction s'arrête forcément à un des anneaux de la chaine, lequel devient alors le premier moteur du système. De même qu'il n'y a pas de composé sans éléments, de même il ne peut y avoir de système de mouvements sans premier moteur. La nécessité logique est aussi forte dans un cas que dans l'autre; il n'est pas plus possible de remonter indéfiniment dans la série des causes que dans la division des parties.

La proposition qui supprime le premier moteur et qui

soumet toute causalité à la nécessité des lois naturelles est une proposition contradictoire; il faut admettre ce premier moteur, cette causalité capable de produire des événements, sans être nécessairement liée par une cause antérieure. Ce sera une spontanéité assez puissante, pour commencer par elle-même une série de phénomènes qui se dérouleront ensuite suivant les lois naturelles; ce sera une causalité douée d'une spontanéité absolue, en un mot une causalité libre.

Reste la thèse du naturalisme : il ne peut y avoir de cause première à une série infinie. Si l'expérience s'arrête à une cause première, c'est qu'elle se représente toute série de mouvements comme finie. Mais la raison conçoit comme infinie la succession des mouvements dont se compose la vie universelle ; elle ne peut s'arrêter dans la série des causes cosmiques connues.

Donc la conception d'une cause première implique contradiction. Il faut en revenir à la nécessité de la nature; seule elle rend compte des événements du monde. Il faut renoncer au premier moteur, à la cause première, à la spontanéité libre. Cette illusion offre sans doute à la raison un point d'arrêt dans la recherche des causes, mais en revanche elle rompt le fil de toutes les règles, elle livre le monde à l'empire du hasard.

Ici, comme nous l'avons fait pour les deux premières antinomies, comme nous le ferons encore pour la quatrième, nous ne résumerons pas les remarques et les scolies. Ils ne contiennent rien de nouveau, ils ne font que jeter une lumière de plus sur les preuves. Mais si, comme nous le croyons, ils ont été déjà bien analysés, si de plus les preuves ont été elles-mêmes bien analysées, et plus tard bien résumées, nulle clarté ne doit maintenant leur manquer.

LIVRE CENT-QUATRIÈME

DEUXIÈME ANTINOMIE DYNAMIQUE. C'EST LA QUATRIÈME ET DERNIÈRE DANS L'ORDRE GÉNÉRAL DES ANTINOMIES.

CHAPITRE XMII

THÈSE.

« Il y a dans le monde quelque chose, qui, soit comme
« sa cause, soit comme en faisant partie, est un être
« absolument nécessaire. »

CHAPITRE XMIII

PREUVE DE LA PREMIÈRE PARTIE DE LA THÈSE.

Toujours le même procédé.

Le monde sensible, comme ensemble de tous les phénomènes, contient en même temps une série de changements.

Sans cette série, la représentation même de la succession du temps, comme condition de la possibilité du monde sensible, ne nous serait pas donnée. Le temps, comme condition formelle de la possibilité des changements, leur est à la vérité objectivement antérieur. Mais subjectivement et dans la réalité de la conscience, la représentation n'en est donnée, ainsi que toute autre, qu'à l'occasion de nos perceptions.

Tout changement est soumis à une condition qui le précède dans le temps et dont il est l'effet nécessaire.

Or tout conditionnel, qui est donné, suppose, relativement à son existence, une série complète de conditions, jusqu'à l'inconditionnel absolu, qui seul est absolument nécessaire.

Il faut donc qu'il existe quelque chose d'absolument nécessaire, pour qu'un changement existe comme sa conséquence.

CHAPITRE XMIV

PREUVE DE LA SECONDE PARTIE DE LA THÈSE.

Cet être nécessaire est-il dans le monde ou hors du monde?

A ne pas prendre encore en considération le point de vue théologique, à ne traiter la question qu'au point de vue du monde, il appartient au monde sensible.

En effet supposons qu'il soit en dehors de ce monde; la série des changements du monde en dériverait, sans que cette cause nécessaire appartînt elle-même au monde sensible.

Or cela est impossible.

Le commencement d'une succession de temps ne peut être déterminé que par ce qui précède dans le temps. La condition suprême du commencement d'une série de changements devait exister dans le monde alors que cette série n'existait pas encore. Qui dit commencement dit une existence qu'a précédée un temps où n'existait pas la chose qui commence.

La causalité de la cause nécessaire des changements, partant aussi la cause même, appartient donc au temps. Elle appartient par conséquent au phénomène, dans lequel seulement le temps est possible comme sa forme. On ne peut donc la concevoir séparée du monde sensible, c'est-à-dire de l'ensemble de tous les phénomènes.

Il y a donc dans le monde même quelque chose d'absolument nécessaire, que ce soit la série entière du monde, ou seulement une partie de cette série.

CHAPITRE XMV

SCOLIES.

1er Scolie. — Vouloir prouver l'existence d'un être nécessaire, que les théologiens scripturaires appellent Dieu, c'est semble-t-il empiéter sur la théologie. Mais cela dépend surtout du genre de preuves que l'on emploie au profit de sa thèse. L'empiètement devient nul, si l'on n'emploie que l'argument cosmologique. Celui-ci s'élève du conditionnel dans le phénomène à l'inconditionnel dans le concept; il regarde cet inconditionnel comme la condition absolue de la totalité de la série. Mais si nous voulions chercher la preuve de Dieu seulement dans l'idée que nous en avons, nous abandonnerions la cosmologie pour faire de la théologie pure.

2ᵉ Scolie. — Dans quelles conditions peut-on prouver, par l'argument cosmologique pur, l'existence d'un être nécessaire? En laissant indécise la question de savoir si cet être est le monde lui-même, ou s'il en est différent.

Pour répondre à cette question, il faut avoir recours à des principes qui ne sont plus cosmologiques, et qui ne se trouvent pas dans la série des phénomènes. Il faut des concepts d'êtres contingents en général, envisagés simplement comme objets de l'entendement; il faut en outre un principe qui rattache ces êtres contingents à un être nécessaire au moyen de simples concepts.

Tout cela rentre dans la philosophie transcendante, qui n'a pas encore ici sa place.

CHAPITRE XMVI

REMARQUE SUR LA THÈSE.

Avons-nous une fois commencé à suivre la preuve cosmologique, en prenant pour fondement de cette preuve la série des phénomènes et leur régression? L'avons-nous fait au point de vue des lois empiriques de la causalité? Nous ne pourrons plus quitter brusquement cette série, pour passer à quelque chose qui n'en ferait plus partie comme membre.

Dans quel sens une chose doit-elle être prise pour servir de condition? Justement dans le même sens où serait prise la relation du conditionnel à sa condition, dans la série qui conduirait à cette suprême condition par une progression continue.

Cette relation est-elle sensible? appartient-elle à l'usage

empirique possible de l'entendement? Dès lors la condition ou la cause suprême ne peut clore la régression que suivant les lois de la sensibilité, que comme faisant partie de la série du temps. L'être nécessaire doit être considéré comme le membre le plus élevé de la série du monde.

CHAPITRE XMVII

CONTINUATION ET DÉVELOPPEMENTS.

On s'est pourtant permis de faire un saut de ce genre. On conclut des changements qui arrivent dans le monde à sa contingence empirique, à sa dépendance à l'égard de causes empiriquement déterminantes. On obtint ainsi une série ascendante des conditions empiriques, qui était d'ailleurs tout à fait juste.

Mais on n'y pouvait trouver de premier commencement, ni de membre suprême. Alors on abandonna tout à coup le concept empirique de la contingence, on prit la catégorie pure. Celle-ci fournit une série purement intelligible, dont l'intégralité reposait sur l'existence d'une cause absolument nécessaire. Elle n'était désormais liée à aucune condition sensible; elle se trouvait également affranchie de la condition empirique de commencer elle-même la causalité.

Mais cette manière de procéder est tout à fait illégitime, comme on peut le conclure du contenu du chapitre qui suit.

CHAPITRE XMVIII

SUITE DES DÉVELOPPEMENTS.

Dans le sens pur de la catégorie, le contingent est ce dont l'opposé contradictoire est possible.

Or on ne saurait nullement conclure de la contingence empirique à cette contingence intelligible.

Le contraire de l'état actuel, ce qui en change, est réel dans un autre temps, il est aussi par conséquent possible. Il n'est donc pas l'opposé contradictoire de l'état précédent. Pour cela, il faudrait que, dans le même temps où était l'état précédent, le contraire de cet état eût pu être à sa place; or cela ne peut pas être conclu du changement.

Un corps qui était en mouvement passe au repos. Or de ce que le repos suit le mouvement, on ne saurait nullement conclure que l'état contradictoire de ce dernier fût possible et par conséquent contingent. Il faudrait pour cela que, dans le temps même où le mouvement avait lieu, le repos eût pu exister à sa place.

Mais tout ce que nous savons, c'est que le repos était réel, dans un autre temps que le mouvement. Par conséquent les deux états ont été successivement possibles.

Le mouvement et le repos sont bien deux contraires. Qui ne voit cependant que le mouvement dans un temps et le repos dans un autre ne sont pas contradictoirement opposés l'un à l'autre?

La succession de déterminations opposées, le changement, ne prouve donc nullement la contingence, suivant les concepts de l'entendement pur. Par conséquent il ne saurait conduire, suivant ces concepts, à l'existence d'un être nécessaire.

Le changement ne prouve que la contingence empirique. Il prouve que, suivant la loi de la causalité, le nouvel état ne peut avoir lieu par lui-même, sans une cause qui appartienne au temps précédent.

De cette manière, nous pouvons bien, si nous voulons, regarder la cause comme absolument nécessaire; elle ne doit pas moins se trouver dans le temps et faire partie de la série des phénomènes.

CHAPITRE XMIX

ANTITHÈSE.

« Il n'existe nulle part aucun être absolument néces-
« saire, ni dans le monde ni hors du monde, comme en
« étant la cause. »

CHAPITRE M

PREUVE DE LA PREMIÈRE PARTIE DE L'ANTITHÈSE.

Supposons d'abord la nécessité existant *dans le monde;* soit que le monde lui-même soit un être nécessaire, ou qu'il y ait en lui un être nécessaire; alors de deux choses l'une. Ou bien il y aura dans la série de ses changements un commencement qui sera absolument nécessaire, c'est-à-dire sans cause; mais cela est contraire à la loi dynamique de la détermination de tout phénomène dans le temps. Ou bien la série elle-même sera sans aucun commencement. Bien que contingente et conditionnelle dans toutes ses parties, elle sera absolument nécessaire et inconditionnelle dans le tout, ce qui est contradictoire.

L'existence d'une multiplicité ne peut pas être nécessaire, quand aucune de ses parties ne possède une existence nécessaire en soi.

CHAPITRE MI

PREUVE DE LA SECONDE PARTIE DE L'ANTITHÈSE.

Supposons maintenant la nécessité *hors* du monde, c'est-à-dire qu'il y ait en dehors du monde une cause absolument nécessaire. Cette cause serait le premier membre dans la série des causes des changements du monde; elle commencerait l'existence de ces changements et de leurs séries.

Il faudrait aussi qu'elle commençât à agir. Alors sa causalité rentrerait dans le temps par conséquent aussi dans l'ensemble des phénomènes dans le monde. Il suit de là qu'elle-même, la cause, ne serait pas hors du monde, ce qui est contraire à la supposition.

Il n'y a donc ni dans le monde, ni hors du monde, comme en étant la cause, aucun être absolument nécessaire.

Remarquez ici le double sens donné au mot commencer. Dans le sens actif, ce mot signifie que la cause commence une série d'états qui sont ses effets. Dans le sens passif, il signifie que la causalité commence dans la cause même. Nous concluons ici du premier au second.

CHAPITRE MII

REMARQUE SUR L'ANTITHÈSE.

En remontant la série des phénomènes, pensons-nous rencontrer des difficultés contre l'existence d'un être suprême absolument nécessaire? Elles ne doivent plus se fonder sur de simples concepts de l'existence nécessaire d'une chose en général; par conséquent, elles ne doivent pas être ontologiques. Il faut qu'elles résultent de la liaison causale qui nous force à remonter dans la série des phénomènes, jusqu'à une condition qui soit elle-même absolue; il faut par conséquent qu'elles soient cosmologiques et déduites suivant des lois empiriques. C'est pourquoi leur place était ici.

Que s'agit-il en effet de montrer? C'est qu'en remontant la série des causes, dans le monde sensible, on ne peut jamais s'arrêter à une condition empiriquement inconditionnelle. L'argument cosmologique que l'on tire de la contingence des états du monde à cause de ses changements est contraire à la supposition d'une cause première et commençant absolument la série.

CHAPITRE MIII

REMARQUE GÉNÉRALE SUR LA QUATRIÈME ANTINOMIE.

Dans l'antinomie à laquelle donne lieu la question de l'être nécessaire, il se rencontre un étrange contraste : le même argument, qui servait à conclure dans la thèse l'existence d'un être premier, sert à conclure sa non-existence dans l'antithèse et cela avec la même rigueur.

On disait d'abord : il y a un être nécessaire, parce que tout le temps passé renferme la série de toutes les conditions, et par conséquent aussi l'"inconditionnel (le nécessaire).

On dit maintenant : il n'y a pas d'être nécessaire précisément parce que tout le temps passé renferme la série de toutes les conditions; celles-ci par conséquent sont toutes à leur tour conditionnelles.

Voici la raison de ce contraste.

Le premier argument ne regarde que la totalité absolue de la série des conditions, dont l'une détermine l'autre dans le temps; il acquiert ainsi quelque chose d'inconditionnel et de nécessaire.

Le second envisage au contraire la contingence de tout ce qui est déterminé dans la série du temps; antérieurement à chaque détermination, il y a un temps où la condition doit être à son tour déterminée elle-même comme conditionnelle. Cela fait entièrement disparaître tout inconditionnel et toute nécessité absolue.

Cependant dans les deux cas la conclusion est tout à fait conforme à la raison commune. Aussi arrive-t-il souvent à celle-ci de se mettre en désaccord avec elle-même, lorsqu'elle envisage son objet des deux points de vue différents.

Une difficulté analogue sur le choix du point de vue avait donné lieu à une dispute entre deux célèbres astronomes. Un philosophe distingué du dernier siècle, Mairan, regarda cette dispute comme un phénomène assez remarquable pour en faire l'objet d'un traité particulier. L'un raisonnait ainsi : la lune tourne autour de son axe parce qu'elle montre toujours le même côté à la terre. L'autre disait : la lune ne tourne pas autour de son axe précisément parce qu'elle montre toujours son même côté à la terre. Les deux conclusions étaient justes, suivant qu'on choisissait tel ou tel point de vue pour observer le mouvement de la lune.

CHAPITRE MIV

RÉSUMÉ DU LIVRE CENT-QUATRIÈME.

Kant traite ici la question de l'être nécessaire, non pas encore précisément celle de savoir s'il y a hors du monde un être nécessaire, mais bien celle de savoir si le monde est nécessaire ou s'il n'est que contingent. Ici encore il prouve à sa façon qu'il est facile de démontrer chacune des deux thèses. Il ne veut maintenant faire que cela.

Voici la preuve de la thèse. Supposons qu'il n'y ait dans le monde rien d'absolument nécessaire, les changements qui s'y produisent ne s'expliqueront plus. Ils sont soumis à des conditions dont ils sont les effets nécessaires. L'existence de tout conditionnel donné suppose une série complète de conditions jusqu'à l'inconditionnel absolu ; celui-ci est, mais il est seul, absolument nécessaire. Il faut qu'il existe quelque chose d'absolument nécessaire, pour qu'un changement existe comme sa conséquence.

Ce nécessaire est-il dans le monde, ou en dehors du monde?

Il faut qu'il soit dans le monde.

A cette condition seule, il peut être la cause des changements qui s'y produisent. Tout changement arrive dans le temps, la cause qui les produit doit être aussi dans le temps. Il doit donc y avoir dans le monde quelque chose d'absolument nécessaire, peut-être la série entière du monde, peut-être rien qu'une partie de cette série.

Pour avoir la preuve de l'antithèse, il suffit de renverser la proposition précédente.

Supposons qu'il y ait dans le monde un être nécessaire, ou qu'il soit lui-même cet être nécessaire. Alors de deux choses l'une. Ou bien il y aura, dans la série de ses changements, un commencement qui sera absolument nécessaire, c'est-à-dire sans cause ; et cette proposition est absolument contraire à la loi de la causalité. Ou bien la série elle-même sera sans aucun commencement; bien que contingente et conditionnelle dans toutes ses parties, elle sera absolument nécessaire et conditionnelle, ce qui est contradictoire. Il n'y a donc pas dans le monde un être nécessaire.

Si nous voulons le placer hors du monde, nous ne serons pas plus avancé. Pour qu'une cause quelconque du monde puisse agir sur lui, il faut que sa causalité s'exerce dans le temps. Ainsi elle rentrera elle-même dans le temps, ce qui est contraire à l'hypothèse. Il n'y a donc pas non plus, hors du monde, une cause absolument nécessaire.

CHAPITRE MV

SUITE ET FIN DU RÉSUMÉ.

Jusqu'ici dans nos résumés sur les antinomies, nous avons négligé les remarques, qui, simples développements, n'ajoutaient rien ou presque rien à la force de démonstration; cependant, en ce qui concerne celles de la quatrième antinomie, il en est une partie que nous ne pouvons pas passer sous silence.

Kant ne fait encore ici que de la cosmologie, c'est pourquoi il ne veut pas empiéter sur le domaine de la théologie. Aussi n'a-t-il employé que des arguments cosmologiques; il les a empruntés à l'ordre des considérations qui s'appuient sur la conception du monde, telle qu'elle résulte des lois de l'entendement. Il a laissé à dessein de côté ce qu'il appelle les arguments ontologiques, c'est-à-dire ceux qui se fondent sur la seule idée d'un être suprême entre tous les êtres en général. Ce genre de preuves appartient à un autre principe de la raison; il se représentera plus tard en son lieu.

Notre philosophe explique aussi par là comment il a dû, dans la preuve de la thèse, laisser indécise la question de savoir si l'être nécessaire, dont il s'agit de démontrer l'existence, est le monde lui-même ou s'il en est différent. Pour répondre à cette question, il faut des principes qui ne sont plus cosmologiques; ils ne se trouvent pas dans la série des phénomènes.

LIVRE CENT-CINQUIÈME

DE L'INTÉRÊT DE LA RAISON DANS LA QUESTION DES ANTINOMIES.

CHAPITRE MVI

RETOUR SUR LA NATURE ET LE NOMBRE DES IDÉES COSMOLOGIQUES.

Nous avons maintenant devant les yeux tout le jeu dialectique des idées cosmologiques. Nul objet correspondant ne peut leur être donné dans aucune expérience possible; la raison ne les conçoit pas toujours en harmonie avec les lois générales de l'expérience. Cependant elles ne sont pas arbitrairement imaginées. La raison y est nécessairement conduite dans le progrès continuel de la synthèse empirique. Elle veut affranchir de toute condition, et embrasser dans sa totalité absolue, ce qui ne peut jamais être déterminé par les règles de l'expérience que d'une manière conditionnelle.

Ces affirmations dialectiques sont autant de tentatives ayant pour but de résoudre quatre problèmes naturels et inévitables de la raison. Il ne peut y en avoir ni plus ni moins; il n'y a pas un plus grand nombre de séries de suppositions synthétiques, limitant à priori la synthèse empirique.

CHAPITRE MVII

DU DEGRÉ DE DIGNITÉ PROPRE AUX IDÉES COSMOLOGIQUES ET A TOUTE LA PHILOSOPHIE.

Les prétentions de la raison consistent surtout à vouloir étendre son domaine au delà de toutes les bornes de l'expérience. Pour les reproduire, au risque de les dépouiller de ce qu'elles ont de brillant, nous n'avons eu recours qu'à de sèches formules, qui en contiennent les simples motifs. De plus, comme il convient à une philosophie transcendentale, nous les avons dépouillées de tout élément empirique, bien que les assertions de la raison ne puissent briller dans tout leur éclat que grâce à cette liaison.

Dans cette application et dans l'extension croissante de l'usage de la raison, la philosophie part du champ de l'expérience. De là elle s'élève insensiblement jusqu'à ces idées sublimes. Elle montre par là une incomparable dignité; mais pourra-t-elle soutenir d'aussi hautes prétentions? Si elle y parvenait, elle laisserait bien loin derrière elle toutes les autres sciences humaines; elle assurerait les fondements sur lesquels reposent nos plus hautes espérances. Elle nous donnerait les lumières sur les fins dernières vers lesquelles doivent converger en définitive tous les efforts de la raison.

Le monde a-t-il un commencement? Y a-t-il quelque limite à son étendue dans l'espace?

Y a-t-il quelque part, — peut-être dans le moi pensant, — une unité indivisible et impérissable, ou n'y a-t-il rien que de divisible et de passager?

Suis-je libre dans mes actions, ou comme les autres êtres, suis-je conduit par le fil de la nature et du destin?

Y a-t-il enfin une cause suprême du monde? Ou peut-être les choses de la nature et leur ordre forment-ils le dernier objet où nous devions nous arrêter dans toutes nos recherches?

Ce sont là des questions pour la solution desquelles le mathématicien donnerait volontiers toute sa science ; celle-ci ne saurait satisfaire en lui le besoin le plus pressant et le plus important, celui de connaître la fin suprême de l'humanité.

Les mathématiques sont cependant l'orgueil de la raison humaine ; elles jouissent par cela même d'une haute dignité. Elle provient de ce que cette science fournit à la raison un guide qui lui permet de pénétrer la nature, en grand aussi bien qu'en petit, dans l'ordre et la régularité qui y règnent, ainsi que dans la merveilleuse unité des forces qui la meuvent. Les mathématiques y pénètrent bien au delà de tout ce que peut atteindre une philosophie qui bâtit sur l'expérience vulgaire. De plus elles font naître et encouragent ainsi un usage de la raison qui dépasse toute expérience. Elles procurent à la philosophie qui s'occupe de ces recherches les meilleurs matériaux pour appuyer ses investigations, autant que le permet leur nature, sur des intuitions approchées.

CHAPITRE MVIII

DE LA NÉCESSITÉ POUR LA RAISON DE METTRE UN TERME AU CONFLIT DES IDÉES COSMOLOGIQUES.

Malheureusement pour la spéculation, mais heureusement peut-être pour la destination pratique de l'homme, la raison, au milieu de ses plus grandes espérances, se voit embarrassée d'arguments pour et contre. Mais, tant par honneur que dans l'intérêt de sa propre sûreté, elle ne peut pas reculer, elle ne peut pas non plus regarder avec indifférence ce procès comme un jeu. Elle ne peut pas davantage demander la paix lorsque l'objet de la dispute est d'un si haut prix. Il ne lui reste qu'à réfléchir sur l'origine de cette lutte elle-même. Elle verra si, par hasard, un simple malentendu n'en serait pas la cause. Ce malentendu une fois dissipé, les prétentions orgueilleuses de part et d'autre feront place au règne tranquille et durable de l'entendement sur la raison et les sens.

CHAPITRE MIX

UTILITÉ DE LA RECHERCHE DU SENS, DANS LEQUEL L'INTÉRÊT DE LA RAISON LA PORTE A TERMINER CE CONFLIT

Nous allons entreprendre cette explication fondamentale, mais nous avons auparavant une question préjudicielle à vider. Nous avons à nous demander de quel côté nous nous rejetterions le plus volontiers, si nous étions forcés de prendre parti.

Nous ne consultons pas dans ce cas la pierre de touche logique de la vérité. Nous ne cherchons que notre propre intérêt rationnel. Cette recherche ne décidera donc rien par rapport au droit litigieux des deux parties. Son but sera de faire comprendre pourquoi ceux qui prennent part à cette lutte se tournent d'un côté plutôt que de l'autre, et comment il se fait qu'ils puissent arriver à cela avant d'y être déterminés par une connaissance supérieure de l'objet.

Cette recherche nous apprendra encore autre chose. Elle nous expliquera par exemple le zèle ardent de l'une des parties et la froide affirmation de l'autre. Elle nous dira pourquoi l'on applaudit avec joie à la première, tandis que l'on se montre souvent prévenu contre la seconde.

CHAPITRE MX

COMPARAISON DES PRINCIPES D'OÙ PARTENT LES DEUX PARTIES.

Dans cette appréciation provisoire, il y a quelque chose qui détermine le seul point de vue d'où l'on puisse l'établir d'une manière suffisamment solide ; c'est la comparaison des principes d'où partent les deux parties.

On remarque entre les affirmations de l'antithèse une parfaite uniformité de pensée et une complète unité de maximes. C'est un principe de pur empirisme; il sert non-seulement à expliquer les phénomènes dans le monde, mais encore à résoudre les idées transcendentales touchant l'univers même.

Il en est autrement en ce qui concerne les affirmations de la thèse. Elles s'appuient bien aussi jusqu'à un certain point sur le mode d'explication empirique employé dans le cours de la série des phénomènes. Mais elles se fondent surtout sur certains principes intellectuels; en ce sens la maxime n'en est pas simple. Nous la désignerons, d'après son caractère essentiellement distinctif, sous le nom de dogmatisme de la raison pure.

CHAPITRE MXI

DES INTÉRÊTS DIVERS AUXQUELS TOUCHE LE DOGMATISME COSMOLOGIQUE DE LA RAISON PURE.

Dans la détermination des idées cosmologiques de la raison, du côté du dogmatisme, c'est-à-dire du côté de la thèse, on trouve un intérêt pratique, un intérêt spéculatif, un intérêt populaire.

CHAPITRE MXII

DE L'INTÉRÊT PRATIQUE.

Il est ici un intérêt pratique auquel prend part de bon cœur tout homme sensé, qui comprend son véritable avantage.

La thèse veut :

Que le monde ait un commencement et des limites ;

Que mon moi-pensant soit d'une nature simple et partant incorruptible ;

Qu'il soit en même temps libre dans ses actes, et qu'il échappe à la fatalité de la nature ;

Qu'enfin l'ordre entier des choses, qui constituent le monde, dérive d'un être premier, duquel tout emprunte son unité et son harmonie.

Ce sont là autant de thèses fondamentales de la morale et de la religion. L'antithèse nous enlève, ou du moins semble nous enlever, tous ces appuis.

CHAPITRE MXIII

DE L'INTÉRÊT SPÉCULATIF.

Du côté du dogmatisme, il est aussi un intérêt spéculatif pour la raison.

En admettant les idées transcendentales, et en les employant ainsi que le fait la thèse, nous pouvons embrasser tout à fait à priori la chaîne entière des conditions, et comprendre la dérivation du conditionnel ; nous sommes partis de l'inconditionnel.

Cet avantage ne se trouve pas dans l'antithèse. Il est une chose qui est une mauvaise recommandation pour celle-ci : c'est de ne pouvoir donner aucune réponse aux questions qui s'élèvent sur les conditions de sa synthèse, questions qu'on ne peut pas toujours poser sans fin. Suivant elle :

Il faut toujours s'élever d'un commencement donné à un commencement antérieur ;

Chaque partie obtenue par la division conclut à la continuation de celle-ci, et à des parties encore plus petites ;

Chaque événement a toujours pour cause un événement au dessus de lui ;

Et les conditions de l'existence en général s'appuient toujours sur d'autres ; elles ne trouvent jamais le point d'appui absolu qui résulterait d'une chose existant par elle-même, comme principe premier.

On le voit, l'esprit trouve plus facilement à se reposer du côté de la thèse que de celui de l'antithèse.

CHAPITRE MXIV

DE L'INTÉRÊT DE POPULARITÉ.

Le côté de la thèse, ou côté dogmatique a aussi l'avantage de la popularité; ce n'est certainement pas son moindre titre de recommandation.

Le commun des intelligences ne trouve pas la moindre difficulté dans les idées du commencement absolu de toute synthèse. Elles sont plus accoutumées à descendre aux conséquences qu'à remonter aux principes. Elles ne mettent pas en doute la possibilité d'un être absolument premier, et ne prennent pas même la peine de la sonder. Cet être premier leur semble commode. Il leur fournit un point fixe où elles peuvent attacher le fil qui doit diriger leurs pas. Au contraire, si elles voulaient remonter de conditions en conditions, elles auraient toujours un pied en l'air, et ne pourraient jamais trouver le repos.

CHAPITRE MXV

DE L'ANTITHÈSE OU DE L'EMPIRISME COSMOLOGIQUE SOUS LE RAPPORT DE L'INTÉRÊT PRATIQUE.

Passons maintenant au côté de l'antithèse, c'est-à-dire de l'empirisme dans la détermination des idées cosmologiques. Rappelons-nous les principes sur lesquels se fonde l'antithèse, et voyons ce qui en résulte.

Nous n'y trouvons d'abord aucun intérêt pratique résultant des principes purs de la raison, rien qui corrobore la morale et la religion. L'empirisme semble bien plutôt leur enlever à toutes deux leur force et leur influence.

N'existe-t-il pas un être premier qui soit distinct du monde? Celui-ci est-il sans commencement et par conséquent sans auteur? La volonté n'est-elle plus libre? L'âme est-elle divisible et corruptible comme la matière? Si nous admettons cette doctrine négative, les idées morales et leurs principes perdent toute leur valeur. Celle-ci s'évanouit avec les idées transcendentales qui forment leurs appuis théorétiques.

CHAPITRE MXVI

L'EMPIRISME COSMOLOGIQUE ET L'INTÉRÊT SPÉCULATIF.

En revanche, l'empirisme offre des avantages à l'intérêt spéculatif de la raison. Ils sont fort attrayants et surpassent de beaucoup ceux que peut promettre la doctrine dogmatique des idées rationnelles.

En suivant l'empirisme, l'entendement reste toujours sur son propre terrain; il reste dans le champ des expériences possibles. Il peut toujours en rechercher les lois, par leur moyen il étendra sans cesse ses claires et sûres connaissances.

Ici l'entendement peut et doit s'exhiber à lui-même l'objet, tant en soi que dans ses rapports, au moyen de l'intuition, tout au moins au moyen de concepts dont l'image peut toujours être clairement et distinctement présentée dans des intuitions analogues données.

Il n'a pas besoin d'abandonner cette chaîne de l'ordre naturel, pour s'attacher à des idées dont il ne connaît pas les objets; étant des choses de pensée, ceux-ci ne peuvent pas être donnés. De plus, il ne lui est pas permis de quitter son œuvre; sous prétexte qu'elle est inachevée, il ne peut pas passer dans le camp de la raison idéalisante.

Il ne lui est pas permis de s'élever à des concepts transcendentaux. S'il le pouvait, il n'aurait plus besoin d'observer et de suivre le fil des lois de la nature. Il n'aurait plus qu'à penser et à inventer. Il serait sûr de n'être jamais contredit par les faits; il ne dépendrait pas de leur témoignage. Il aurait le droit de n'en pas tenir compte; bien mieux, il le soumettrait à une autorité supérieure, à celle de la raison pure.

CHAPITRE MXVII

COMMENT LA NATURE SERA ÉTUDIÉE PAR LE PHILOSOPHE EMPIRIQUE.

L'empirique ne se permettra jamais de regarder aucune époque de la nature comme la première absolument, ni aucune limite imposée à sa vue dans l'étendue de la nature comme la dernière.

Il est dans la nature des objets étendus, on peut les analyser par l'observation et les mathématiques, on peut les déterminer synthétiquement dans l'intuition. L'empirique ne se permettra en aucun temps de passer d'objets de cette espèce à ceux que, ni les sens, ni l'imagination ne sauraient d'aucune façon exhiber dans l'expérience.

Il ne se permettra pas davantage de prendre pour fondement, même dans la nature, une puissance capable d'agir indépendamment des lois de celle-ci, la liberté; par exemple. Il n'abrègera jamais ainsi la tâche de l'entendement, qui est de remonter à l'origine des phénomènes, en suivant le fil des lois nécessaires.

Il ne se permettra pas enfin de chercher en dehors de la nature la cause première de quoi que ce soit, par exemple un être premier. L'empirique ne connaît que la nature, et rien autre chose. Elle est la seule chose qui lui fournisse des objets et qui l'instruise de ses lois.

CHAPITRE MXVIII

LÉGITIMITÉ DE L'EMPIRISME CONTENU DANS DE CERTAINES LIMITES.

Soit un philosophe empirique posant sa thèse, — notre antithèse, — et sachant se restreindre à son but. Il n'en aura pas d'autre que de rabattre l'indiscrète curiosité et la présomption de la raison. A ce titre il ne la laisse pas méconnaître sa véritable destination. Il ne lui permet pas de s'enorgueillir de sa pénétration et de son savoir, là où il n'y a plus ni pénétration ni savoir. Il ne la laisse pas prétendre donner pour la satisfaction d'un intérêt spéculatif, ce qui n'a de valeur qu'au point de vue de l'intérêt pratique. Il ne la souffre pas voulant rompre, dès que cela lui convient, le fil des recherches physiques. Il lui enlève le prétexte d'étendre la connaissance, et ne lui permet pas de rattacher ce fil à des idées transcendantes, dont on ne connaît autre chose sinon qu'il n'en sait rien.

Admettons donc que notre empirique soit assez sage pour se borner à morigéner ainsi la raison, son principe serait bon. Il serait une maxime qui nous recommanderait la modération dans nos prétentions et la réserve dans nos assertions. Cette maxime nous inviterait en même temps à étendre le plus possible notre entendement, à l'aide du seul maître que nous ayons proprement, l'expérience.

Dans ce cas, en vue de notre intérêt pratique, il ne nous serait pas interdit de nous livrer à de certaines suppositions intellectuelles, et d'admettre certaines croyances. Seulement, on aurait soin de ne pas les présenter sous le titre pompeux de sciences et de vues rationnelles. Le savoir spéculatif ne peut pas avoir d'autre objet que celui de l'expérience. En dépasse-t-on les limites? on force la synthèse à chercher des connaissances nouvelles et indépendantes de l'expérience, mais tous ses efforts sont vains. Elle n'a plus même un substratum d'intuition où elle puisse s'appliquer.

CHAPITRE MXIX

ILLÉGITIMITÉ DE L'EMPIRISME VOULANT SORTIR DE SES LIMITES.

Il peut arriver, — et il arrive ordinairement — que l'empirisme devienne lui-même dogmatique par rapport aux idées; il nie avec assurance ce qui est au dessus de la sphère de ses connaissances intuitives. Il tombe alors dans une intempérance d'esprit des plus blâmables; l'intérêt pratique de la raison en reçoit un irréparable dommage.

Tome 3. 7.

Telle est l'opposition entre l'épicuréisme et le platonisme.

Chacun d'eux dit plus qu'il ne sait. Le premier envisage et aide le savoir, mais au préjudice de l'intérêt pratique. Le second fournit des principes excellents au point de vue de cet intérêt. Par là même, en matière de savoir purement spéculatif, il nous pousse à tort à nous attacher à des explications idéalistes des phénomènes naturels et à négliger à leur endroit l'investigation physique.

CHAPITRE MXX

SCOLIE.

Puisque nous venons de mentionner l'épicuréisme, remarquons ici que c'est encore une question de savoir si jamais Épicure a présenté ses principes comme des assertions objectives.

Par hasard, n'auraient-ils été pour lui que des maximes de l'usage spéculatif de la raison ? il aurait montré en cela un esprit plus véritablement philosophique qu'aucun des grands philosophes de l'antiquité.

Dans l'explication des phénomènes, il nous faut bien procéder comme si notre champ d'investigation n'était limité par aucune borne ni par aucun commencement du monde. Il nous faut bien admettre la matière du monde dans le sens où nous devons le faire quand nous voulons en être instruits par l'expérience. Nous ne devons invoquer aucune autre origine des événements, que celle qui est déterminée par les lois immuables de la nature. Enfin nous ne devons recourir à aucune cause distincte du monde.

Ces principes de la doctrine épicurienne, considérés en dehors de tout intérêt pratique, sont encore aujourd'hui très-justes sous le rapport de l'intérêt scientifique; cependant ils sont peu observés.

Ce sont eux pourtant qui nous permettent d'étendre la philosophie spéculative. En même temps ils nous font découvrir les principes de la morale indépendamment de tout secours étranger. Néanmoins celui qui veut ignorer ces principes dogmatiques ne peut pas, tant qu'il ne s'agit que de pure spéculation, être accusé de les vouloir nier.

CHAPITRE MXXI

IMPOPULARITÉ DE L'EMPIRISME.

Passons enfin au troisième *moment* que l'on peut envisager dans le choix à faire provisoirement entre les deux parties opposées. Ici il y a une chose tout à fait étonnante, c'est que l'empirisme exclut toute espèce de popularité.

Au premier abord, on serait tenté de croire que le commun des esprits devrait accepter avec empressement une méthode qui lui promet de le satisfaire. Elle lui offre exclusivement des connaissances expérimentales, elle les enchaîne conformément à la raison. Au contraire le dogmatisme transcendental le contraint à s'élever à des concepts, qui dépassent de beaucoup les vues et la puissance rationnelle des esprits les plus exercés à la pensée. Mais c'est justement là ce qui détermine les intelligences dont nous parlons. Elles se trouvent alors dans un état où les plus savants mêmes n'ont aucun avantage sur elles.

Elles n'y entendent rien ou peu de choses ; mais personne ne saurait se vanter d'y entendre davantage. Elles ne peuvent pas en discourir aussi méthodiquement que d'autres, mais elles peuvent en raisonner infiniment plus.

Elles errent alors dans la région des pures idées. On y est très-disert, parce qu'on y suppose tout et qu'on ne sait rien ; en matière de recherches physiques, il leur faudrait se taire tout à fait et avouer leur ignorance.

Les principes du dogmatisme sont donc commodes et flatteurs pour la vanité ; aux yeux de la foule, voilà déjà une puissante recommandation pour eux.

Il est très-difficile à un philosophe d'admettre en principe quelque chose dont il serait incapable de se rendre compte. Il ne saurait pas non plus présenter des concepts dont la réalité objective ne puisse pas être aperçue. Mais rien n'est plus habituel aux intelligences vulgaires, elles veulent un point d'appui d'où elles puissent partir en toute sûreté.

Elles ne savent pas ce que c'est que comprendre ; dès lors la difficulté de comprendre une hypothèse quelconque ne les arrête point. Cette difficulté ne leur vient jamais à la pensée ; elles tiennent pour connu ce qu'un usage fréquent leur a rendu familier.

Tout intérêt spéculatif s'évanouit pour elles devant l'intérêt pratique. Elles s'imaginent apercevoir et savoir ce que leurs craintes ou leurs espérances les poussent à admettre et à croire.

C'est pourquoi l'empirisme qui frappe la raison dans son idéalisation transcendentale est dépourvu de toute popularité. Il n'y a pas trop à s'inquiéter de sa *nuisibilité* aux premiers principes pratiques, il n'est pas à craindre qu'il sorte jamais de l'enceinte des écoles. Il est impuissant à obtenir dans le monde quelque autorité, et à se concilier les faveurs de la multitude.

CHAPITRE MXXII

L'EMPIRISME EN LUTTE AVEC L'INTÉRÊT ARCHITECTONIQUE DE LA RAISON.

La raison humaine est de sa nature architectonique. Elle envisage toutes les connaissances comme appartenant à un système possible. Elle ne permet que des principes qui n'empêchent pas du moins une connaissance donnée de s'accorder dans un système avec d'autres.

Mais les propositions de l'empirisme cosmologique, c'est-à-dire de notre antithèse, sont de telle nature qu'elles rendent tout à fait impossible l'accomplissement architectural d'un système de connaissance.

Suivant elles, il y a toujours au dessus du monde un autre monde plus ancien encore; dans chaque partie il y en a toujours d'autres, qui sont divisibles à leur tour; avant chaque événement il y en avait un autre, qui à son tour avait été produit par un plus ancien; enfin dans l'existence en général tout est conditionnel, sans qu'on puisse reconnaître quelque part un être absolu et premier.

L'antithèse n'admet nulle part un premier terme; elle ne pose nulle part un commencement, qui puisse absolument servir de fondement à l'édifice. Un système complet de la connaissance est tout à fait impossible avec des suppositions de ce genre.

L'intérêt architectonique de la raison exige non une

unité empirique, mais une unité rationnelle. Il contient donc une recommandation naturelle en faveur des assertions dogmatiques, des assertions de la thèse.

CHAPITRE MXXIII

L'INTÉRÊT PRATIQUE DE LA RAISON TRANCHANT LES QUESTIONS COSMOLOGIQUES, SANS POUR CELA LES RÉSOUDRE.

Supposons qu'un homme puisse s'affranchir de tout intérêt, rendons-le indifférent à toutes les conséquences, faisons lui estimer les assertions de la raison d'après la valeur de leurs principes ; cet homme sera dans un état d'oscillation perpétuelle. Pour l'en tirer, il faudra lui donner d'autres moyens de sortir d'embarras que d'adopter l'une ou l'autre des deux doctrines opposées.

Par exemple, aujourd'hui il se verra persuadé que la volonté humaine est libre. Demain il envisagera la chaîne indissoluble de la nature ; il tiendra pour certain que la liberté n'est qu'une illusion intérieure, et que tout est *nature,* c'est-à-dire aveugle destin.

Mais dès qu'il en vient à l'action, ce jeu de la raison spéculative s'évanouit comme un songe. Il choisit ses principes d'après l'intérêt pratique.

La question se trouve bien ainsi tranchée, mais elle n'est pas résolue. Le philosophe ne saurait s'en tenir là, il lui faut la résoudre.

Le philosophe est un être réfléchi et investigateur. Nul ne le blâmera de consacrer un certain temps au simple examen de sa propre raison, surtout s'il sait se dépouiller absolument de toute partialité et s'il communique aux autres ses remarques critiques. Nul ne le blâmera, ni ne l'empêchera de produire les thèses et les antithèses opposées devant un jury compétent, et, en dépit de toutes les menaces, de défendre chacune avec les sarguments qui lui sont propres.

CHAPITRE MXXIV

RÉSUMÉ DU LIVRE CENT-CINQUIÈME.

Quel est l'intérêt de la raison dans le conflit des idées cosmologiques? Il n'y a pas certes de plus grandes questions que celles dont il s'agit ici.

L'univers est-il éternel ou créé, infini ou fini? Existe-t-il quelque part, ne fût-ce qu'en moi, une unité indivisible, indestructible, ou tout est-il divisible et périssable? L'homme est-il libre dans ses actions, ou, comme dans tous les autres êtres, tout en lui est-il soumis aux lois aveugles de la nature? Enfin la série complète des choses, leur ordre naturel, suffit-il pour les expliquer, ou faut-il admettre pour cela une cause souveraine de l'univers?

Le plus habile de nos mathématiciens donnerait volontiers toute sa science pour la solution définitive de ces questions.

Malheureusement la raison ne peut ni les résoudre dans un seul sens, ni renoncer à toute solution. Dans cet embarras, il ne lui reste qu'à rechercher la source de ses propres contradictions. Peut-être résultera-t-il de cet examen qu'il lui faut renoncer à d'orgueilleuses prétentions, mais alors aussi l'empire de la raison sur l'entendement et les sens n'en sera-t-il que mieux assuré.

Avant de nous livrer à cet examen, voyons, dans cette lutte d'arguments également plausibles, de quel côté nous porterait notre intérêt, l'intérêt de la raison. Cette recherche préliminaire nous expliquera en même temps pourquoi il y a plus de passion d'un côté que de l'autre, et pourquoi l'un des deux systèmes a été constamment repoussé par la majorité des penseurs et par la politique des gouvernements.

CHAPITRE MXXV

SUITE DU RÉSUMÉ.

L'argumentation de l'antithèse repose sur une maxime unique, celle de l'empirisme pur, celle de la thèse se fonde en outre sur des principes intellectuels ; on peut appeler ce dernier système le dogmatisme de la raison pure.

Du côté du dogmatisme il y a d'abord un intérêt pratique, qu'épousent volontiers tous les hommes sensés et bien intentionnés. Cette doctrine est la base de toute religion et de toute morale ; l'antithèse semble au contraire les menacer.

L'intérêt spéculatif est également de ce côté. Les idées transcendentales de la thèse fournissent le moyen d'expliquer à priori toute la chaîne des conditions, elles la rattachent à l'absolu ; l'antithèse n'arrive jamais à un point de repos définitif.

Ce système a de plus l'avantage de la popularité. Le sens commun admet sans difficulté l'idée d'un commencement absolu de toute synthèse ; il lui offre un point de départ commode. L'antithèse au contraire se livre à une ascension infinie du conditionnel à sa condition asymptotique; le sens commun y a toujours un pied en l'air; il ne trouve à s'y reposer nulle part.

CHAPITRE MXXVI

SECONDE SUITE DU RÉSUMÉ.

Si l'empirisme pur de l'antithèse blesse le côté moral, en revanche, il est plus favorable à la science que le dogmatisme. Il promet à l'entendement d'étendre ses connaissances à l'infini. Il n'admet d'autre autorité que celle des faits. Il ne reconnaît en définitive aucune limite à l'expérience actuelle.

Se contente-t-il de rappeler à la raison qu'il n'y a pas pour elle de savoir au delà de l'expérience? Se borne-t-il à lui recommander la modération? Alors il pourra fort bien se concilier avec la foi dans ces hypothèses intellectuelles qu'invoque nécessairement la raison pratique. Mais l'empirisme devient-il dogmatique? Nie-t-il hardiment ce qui est au delà de sa portée? Il mérite un blâme d'autant plus sévère qu'il porte à la morale un préjudice funeste.

CHAPITRE MXXVII

FIN DU RÉSUMÉ.

Pour ce qui est de l'intérêt du sens commun, quant à l'empirisme, ce système est peu populaire. La cause en est que l'empirisme poursuit constamment l'absolu sans l'atteindre. Le vulgaire bon sens part au contraire de ce même absolu, dans lequel il veut trouver un point de départ sûr. Il croit concevoir cette supposition, qu'il prend pour une vérité. Il ne comprend pas la peine qu'ont les philosophes à l'admettre. Cette difficulté n'existe pas pour lui.

La raison est architectonique de sa nature ; elle considère toutes les connaissances comme autant de matériaux d'un système complet. Les conclusions de l'antithèse rendent ce système impossible ; elles refusent de reconnaître un commencement, un principe absolu. Toutes choses d'ailleurs égales, l'intérêt architectonique est un motif de plus de se prononcer en faveur de la thèse.

CHAPITRE MXXVIII

OBSERVATIONS.

Les considérations que nous venons de présenter dans ce livre peuvent donc faire pencher la balance de tel côté plutôt que de tel autre ; mais elles ne nous donnent pas la solution que cherche un esprit vraiment philosophique.

Sans doute, dès que nous en venons à l'action, tout le jeu dialectique de la raison spéculative s'évanouit comme un songe. L'intérêt pratique ne nous laisse pas maîtres de choisir tel ou tel parti ou de n'en choisir aucun. Il ne souffre pas que nous restions à cet égard dans un état d'oscillation perpétuelle. La question est donc tranchée par là, mais elle n'est pas résolue. Il reste toujours à savoir quelle est au fond, abstraction faite de tout intérêt, la valeur de ces thèses et de ces antithèses. Peut-être un examen impartial de notre propre raison nous fournira-t-il la clef de ces antinomies.

Cette clef peut-elle être trouvée? Autre recherche préliminaire dont Kant va s'occuper maintenant.

LIVRE CENT-SIXIÈME

DES PROBLÈMES COSMOLOGIQUES, ET EN GÉNÉRAL DES PROBLÈMES TRANSCENDENTAUX DE LA RAISON PURE, EN TANT QU'IL DOIT ABSOLUMENT Y EN AVOIR UNE SOLUTION POSSIBLE.

CHAPITRE MXXIX

DE DEUX CLASSES DE PROBLÈMES, ET DES PROBLÈMES SUSCEPTIBLES DE SOLUTION.

Prétendre résoudre tous les problèmes et répondre à toutes les questions serait une fanfaronnade effrontée. La présomption serait si extravagante qu'on se rendrait aussitôt indigne de toute confiance. Il y a donc, quant à leur solution, deux classes de problèmes, celle des problèmes solubles et celle des problèmes insolubles.

Il y a des sciences dont la nature est telle que toute question qui s'y élève doit être résolue par ce que l'on sait. Ce sont celles où la réponse doit dériver des mêmes sources que la question.

Dans ces sciences, il n'est nullement permis de prétexter une ignorance invincible. On a le droit d'exiger une solution.

Prenons pour exemple la question du juste ou de l'injuste. Dans tous les cas possibles, il nous faut savoir ce qui est juste ou ce qui ne l'est pas ; c'est pour nous une obligation, c'est un devoir. Nous devons donc pouvoir en acquérir la science ; nous ne saurions être obligés à ce qu'il nous serait défendu de savoir.

Au reste prouver qu'une question est insoluble, et montrer pourquoi elle l'est, c'est encore la résoudre. Une solution négative n'en est pas moins une solution.

CHAPITRE MXXX

DES QUESTIONS COSMOLOGIQUES. DANS QUELLE CLASSE CONVIENT-IL DE LES FAIRE RENTRER.

En ce qui concerne l'explication des phénomènes de la nature, il doit y avoir beaucoup de choses incertaines et beaucoup de questions insolubles pour nous ; ce que nous savons de la nature est bien loin de suffire dans tous les cas à ce que nous avons à expliquer.

Il s'agit maintenant de savoir si, dans la philosophie transcendentale, il y a quelque question cosmologique ou tout autre, concernant un objet proposé par la raison, qui soit insoluble pour cette même raison pure. En existe-t-il sur laquelle elle ait réellement le droit de refuser toute réponse décisive ? En est-il qu'on puisse donner comme absolument insoluble, d'après tout ce que nous en pouvons connaître ? Pouvons-nous les ranger à ce titre parmi les choses dont nous avons assez l'idée pour en faire la matière d'une question, mais dont nous n'avons nullement les moyens et la faculté de trouver la solution ?

CHAPITRE MXXXI

LES QUESTIONS TRANSCENDENTALES, Y COMPRIS LES QUESTIONS COSMOLOGIQUES, CONSIDÉRÉES COMME POUVANT TOUJOURS ÊTRE RÉSOLUES.

La philosophie transcendentale a de particulier ceci, entre toutes les connaissances spéculatives. Aucune question, concernant un objet donné à la raison pure, n'est insoluble pour cette même raison humaine. On ne saurait jamais prétexter une ignorance invincible et l'impénétrable profondeur du problème, pour s'affranchir de l'obligation d'y répondre d'une manière pleine et entière. Le même concept, qui nous met en état d'élever la question, doit aussi nous rendre pleinement capables d'y répondre. De même qu'en matière de juste et d'injuste, le cas donné ne se trouve point en dehors du concept.

CHAPITRE MXXXII

LES QUESTIONS COSMOLOGIQUES EN PARTICULIER CONSIDÉRÉES COMME POUVANT TOUJOURS ÊTRE RÉSOLUES.

Il n'y a dans la philosophie transcendentale que les questions cosmologiques pour lesquelles on puisse exiger à juste titre une réponse satisfaisante, qui concerne la nature de l'objet. Il ne sera pas permis au philosophe de se soustraire à cette obligation en prétextant une obscurité impénétrable.

Ces questions ne peuvent se rapporter qu'à des idées cosmologiques. L'objet doit être donné empiriquement ; la question ne porte que sur sa convenance avec une idée.

L'objet est-il transcendental et par conséquent inconnu lui-même ? Par exemple s'agit-il de savoir si ce quelque chose, dont la manifestation en nous-même est la pensée, est en soi un être simple ? Ou, s'il y a une cause première de toutes les choses ensemble, qui soit absolument nécessaire ? Ou, etc. ? Nous devons alors chercher à notre idée un objet, dont nous puissions avouer qu'il nous est inconnu, mais sans être pour cela impossible.

CHAPITRE MXXXIII

SCOLIE.

On ne saurait, il est vrai, faire aucune réponse à la question de savoir ce que c'est qu'un objet transcendental, ou qu'elle en est la nature. Mais on peut bien dire que la question n'a pas de sens, puisqu'elle n'a pas d'objet donné.

Non-seulement les questions cosmologiques, mais aussi toutes les questions de la psychologie transcendentale sont susceptibles d'une solution, et ces dernières quoique insolubles peuvent être dites réellement résolues, du moment où l'impossibilité de les résoudre a été démontrée. Elles concernent le sujet transcendental de tous les phénomènes intérieurs. Ce sujet n'est pas lui-même un phénomène ; il n'est pas donné comme objet. Aucune catégorie ne trouve moyen de s'y appliquer ; c'est sur elles cependant que repose proprement la question.

Il n'y a donc pas de solution possible, et c'est cette solution négative qui est ici la solution réelle et vraie. C'est ici le cas de le dire, suivant une expression fréquemment employée ; l'absence de la réponse est elle-même une réponse. C'est une question entièrement nulle et vide, celle qui porte sur la nature d'un quelque chose que nous ne saurions concevoir au moyen d'un prédicat déterminé ; ce quelque chose réside hors de la sphère des objets.

CHAPITRE MXXXIV

DE LA SOLUTION DES QUESTIONS COSMOLOGIQUES. — SUITE.

Revenons aux idées cosmologiques. Seules elles ont cette propriété qu'elles peuvent supposer comme donnés leur objet et la synthèse empirique qu'exige leur concept. La question qui en sort ne concerne que le progrès de cette synthèse. Il contient nécessairement une absolue totalité qui n'a plus rien d'empirique ; elle ne peut être donnée dans aucune expérience.

Il n'est question ici d'une chose que comme d'un objet d'expérience possible, et non comme d'une chose en soi ; la réponse à la question cosmologique transcendante ne peut se trouver nulle part en dehors de l'idée.

Elle ne concerne pas un objet en soi. Quand il s'agit de l'expérience possible, on ne demande pas ce qui peut être donné empiriquement dans quelque expérience. On demande ce qui est dans l'idée, dont la synthèse empirique doit seulement se rapprocher.

Il faut que cette question puisse tirer sa solution uniquement de l'idée ; celle-ci est une pure création de la raison ; à ce titre elle ne saurait décliner toute réponse, et prétexter un objet inconnu.

CHAPITRE MXXXV

DE LA CERTITUDE EN PHILOSOPHIE TRANSCENDENTALE, EN MATHÉMATIQUES, EN MORALE ET DANS LES SCIENCES PHYSIQUES.

Il n'est donc pas aussi extraordinaire qu'il le paraît qu'une science ait le droit de ne demander et de n'attendre, sur toutes les questions domestiques qui sont de son domaine, que des solutions certaines. On peut ne pas les avoir encore trouvées, on les trouvera. Au reste on n'entend rien préjuger ici sur le sens de la solution, lequel peut être négatif aussi bien que positif.

En dehors de la philosophie transcendentale, il y a encore deux sciences entièrement rationnelles. L'une en matière spéculative, ce sont les mathématiques pures. L'autre en matière pratique, la morale pure.

A-t-on jamais entendu un mathématicien alléguer l'ignorance nécessaire des conditions des problèmes qu'il cherche à résoudre, et se refuser par suite à le résoudre? Ç'à été longtemps un problème de savoir si le nombre qui exprime le rapport de la circonférence au diamètre est rationnel ou irrationnel. Se proclamera-t-on parfaitement ignorant à cet égard et restera-t-on dans l'incertitude? Non; on démontrera que ce rapport est irrationnel, on nous amènera à cet égard à la certitude complète, et par cela même le problème se trouvera résolu. Longtemps on a cherché à trouver ce rapport en nombres rationnels; en nombres irrationnels, il n'avait pas été trouvé encore. On jugea au moins que l'impossibilité de trouver ce rapport en nombres rationnels pouvait être donnée avec certitude, et Lambert en donna la preuve.

Dans les principes généraux de la morale, il ne peut non plus y avoir rien d'incertain. Sous peine d'être tout à fait nulles et vides de sens, les propositions doivent y découler de nos concepts rationnels.

Il en est autrement en physique. Il y a dans cette science une foule de conjectures, sur lesquelles il est impossible d'arriver jamais à la certitude. Les phénomènes naturels sont des objets qui nous sont donnés indépendamment de nos concepts. La clef n'en est pas en nous et dans notre pensée pure. Elle est en dehors de nous. Dans beaucoup de cas on peut fort bien ne pas la trouver. On se voit ainsi forcé de renoncer à toute solution certaine.

Nous ne parlons pas ici des questions de l'analytique transcendentale, qui concernent la déduction de notre connaissance pure. Il ne s'agit maintenant que de la certitude des jugements par rapport aux objets. Il n'en est pas question par rapport à l'origine de nos concepts mêmes.

CHAPITRE MXXXVI

NÉCESSITÉ D'UNE SOLUTION CRITIQUE DES QUESTIONS COSMOLOGIQUES.

Nous ne saurions donc décliner l'obligation de donner au moins une solution critique aux questions rationnelles proposées. Nous aurions mauvaise grâce à nous plaindre des bornes étroites de notre raison. Nous serions mal venus à confesser avec l'apparence d'une humble connaissance de nous-mêmes, qu'il n'est pas donné à cette faculté de décider :

Si le monde a existé de toute éternité, ou s'il a eu un commencement ;

Si l'espace du monde est rempli d'êtres à l'infini, ou s'il est renfermé dans de certaines limites ;

S'il y a dans le monde quelque chose de simple, ou si tout peut être divisé à l'infini ;

S'il y a quelque production ou quelque création libre, ou si tout dépend de la chaîne nécessaire de l'ordre naturel ;

Enfin, s'il y a un être absolument inconditionnel et nécessaire en soi, ou si tout est conditionnel dans son existence, et par conséquent extérieurement dépendant et contingent en soi.

Toutes ces questions en effet concernent un objet qui ne peut être donné nulle part ailleurs que dans notre pensée, savoir la totalité absolument inconditionnelle de la synthèse des phénomènes.

Nous ne pouvons rien dire et rien décider de certain à cet égard avec nos propres concepts ; nous ne pouvons pas non plus nous en prendre à quelque chose qui se cacherait à nous. Il n'y a point de chose de ce genre qui puisse nous être donnée ; elle n'existe nulle part en dehors de notre idée. Nous devons en chercher la cause dans notre idée même. Il y a là un problème qui ne comporte aucune solution, nous nous acharnons pourtant à le traiter comme si un objet réel lui correspondait.

Une claire exposition de la dialectique qui réside dans notre concept même, nous conduirait bientôt à une entière certitude sur ce que nous devons penser dans cette question.

CHAPITRE MXXXVII

LA SOLUTION DES QUESTIONS COSMOLOGIQUES NE SE PRÉSENTANT JAMAIS DANS L'EXPÉRIENCE.

Voulez-vous prétexter votre ignorance sur ces problèmes ? On peut d'abord vous opposer cette question à laquelle vous êtes au moins tenu de répondre clairement : d'où viennent les idées dont la solution vous jette dans un si grand embarras ?

S'agit-il par hasard de phénomènes que vous avez besoin d'expliquer ? N'avez-vous à chercher d'après ces idées que leurs principes ou la règle de leur exposition ?

Supposons que la nature se découvre entièrement devant vous; rien de tout ce qui tombe sous votre intuition ne demeure, dites-vous, caché à vos sens et à votre conscience. Eh bien, vous ne pourrez connaître empiriquement et par aucune expérience l'objet de ces idées. Outre cette complète intuition, il vous faudrait en outre une synthèse parfaite et la conscience de son absolue totalité; cette conscience n'est possible par aucune connaissance empirique. Par conséquent, votre question n'est point du tout nécessaire à l'explication d'un phénomène qui se présente à vous. Ainsi elle ne peut pas être donnée en quelque sorte par l'objet lui-même.

L'objet ne saurait se présenter à vous; il ne peut être donné par aucune expérience possible.

Dans toutes les perceptions possibles, vous demeurez toujours soumis aux conditions de l'espace et du temps. Vous n'arriverez jamais à rien d'inconditionnel. Vous ne pourrez jamais décider si cet inconditionnel doit être placé dans le commencement absolu de la synthèse, ou dans une absolue totalité de la série sans aucun commencement.

L'idée d'un tout dans le sens empirique n'est jamais que comparative.

Le tout absolu de la quantité, l'univers, de la division, de la dérivation, de la condition de l'existence en général, et toutes les questions de savoir s'il résulte d'une synthèse finie ou d'une synthèse qui s'étende à l'infini, rien de tout cela ne concerne en quoi que ce soit aucune expérience possible. Vous n'expliquerez pas mieux ni même autrement les phénomènes d'un corps, en admettant qu'il est formé de parties simples, qu'en supposant qu'il l'est toujours de parties composées. Aucun phénomène simple ni aucune composition infinie ne saurait jamais s'offrir à vous.

Les phénomènes ne veulent pas d'autre explication que celle dont les conditions sont données dans la perception. Tout ce qui peut jamais y être donné, compris dans un tout absolu, est lui-même une perception.

Ce tout est proprement ce dont on demande l'explication dans les problèmes transcendentaux de la raison.

CHAPITRE MXXXVIII.

LA SOLUTION CRITIQUE ET SUBJECTIVE DES QUESTIONS COSMOLOGIQUES CONSIDÉRÉE COMME ÉTANT LA SEULE POSSIBLE ET LA SEULE CERTAINE.

Donc la solution même de ces questions ne saurait jamais se présenter dans l'expérience. Par conséquent nous ne pouvons pas dire qu'on ne sait pas ce qui doit être ici attribué à l'objet.

En effet notre objet n'existe que dans notre intelligence et ne peut être donné en dehors d'elle. Aussi n'avons-nous qu'à prendre soin de nous mettre d'accord avec nous-même et d'esquiver l'amphibolie. Nous éviterons de convertir notre idée en une prétendue représentation d'un objet empiriquement donné, et par conséquent aussi susceptible d'être connu au moyen des lois de l'expérience.

La solution dogmatique n'est donc pas seulement incertaine ; elle est impossible.

Seule la solution critique est possible et parfaitement certaine. C'est qu'elle n'envisage pas du tout la question objectivement, mais seulement par rapport au fondement de la connaissance sur laquelle elle repose.

CHAPITRE MXXXIX

RÉSUMÉ DU LIVRE CENT-SIXIÈME.

Il faut bien s'entendre d'abord sur la nature de la solution qui convient aux questions dont il s'agit ici et à l'antinomie qu'elles soulèvent.

Nous n'aurions aucune bonne raison à donner pour prétexter notre ignorance sur l'objet même de ces questions, et pour les déclarer par là insolubles. Elles ne portent pas sur un objet considéré en soi, chose qui en effet nous serait inaccessible, mais sur certaines applications des idées de notre raison, dont nous devons pouvoir déterminer sûrement la valeur. Les éléments du problème nous sont donnés par notre propre raison ; l'analyse de ces éléments doit nous conduire à une entière certitude sur ce que nous devons penser à ce sujet; nous ne saurions par conséquent décliner ici toute réponse en prétextant notre ignorance.

Le problème à résoudre dans le cas présent est susceptible d'une solution certaine, comme tous ceux des mathématiques pures ou de la morale pure.

Dans la physique seule, il y a une infinité de conjectures à l'égard desquelles il n'y aura jamais de certitude, parce que les phénomènes sont en dehors de notre raison, et qu'ils nous sont donnés indépendamment de nos concepts. Mais toutes les questions relatives aux idées cosmologiques doivent pouvoir être résolues; ces idées sont entièrement le produit de la raison.

Seulement la solution, qu'on ne l'oublie pas, ne saurait être que purement critique; elle n'envisage pas du tout la question objectivement mais seulement par rapport au fondement de la connaissance, sur lequel elle repose.

C'est par cette raison même qu'elle peut être parfaitement certaine.

LIVRE CENT-SEPTIÈME

REPRÉSENTATION SCEPTIQUE DES QUESTIONS COSMOLOGIQUES SOULEVÉES PAR LES QUATRE IDÉES TRANSCENDENTALES.

CHAPITRE MXL.

DÉFINITION ET UTILITÉ DE LA MANIÈRE SCEPTIQUE D'ENVISAGER LES QUESTIONS COSMOLOGIQUES.

Nous renoncerons volontiers à la prétention de voir les questions cosmologiques dogmatiquement résolues, mais à une condition. Ce sera que nous comprendrons bien d'avance que quelle que soit la réponse elle ne fera qu'augmenter notre ignorance ; elle nous précipitera d'une incompréhensibilité dans une autre, d'une obscurité dans une plus grande encore, peut-être même dans des contradictions.

Notre question réclame-t-elle uniquement une affirmation ou une négation? C'est agir avec prudence que de laisser là provisoirement les raisons apparentes de la solution ; nous considérerons d'abord ce que l'on gagnerait si la réponse était dans un sens ou dans un autre.

Il peut arriver que, dans les deux cas, nous aboutissions à un pur non-sens. Nous avons alors un juste motif d'examiner notre question, même au point de vue critique. Nous avons à voir si elle ne reposerait pas sur une supposition dénuée de fondement. Il se pourrait qu'elle jouât avec une idée qui montre mieux sa fausseté dans son application et dans ses conséquences que dans sa forme abstraite.

Telle est la grande utilité qui résulte de la manière sceptique de traiter les questions que la raison pure s'adresse à elle-même. On peut ainsi se débarrasser à peu de frais d'un grand fatras dogmatique. On y substitue une critique modeste; comme un véritable cathartique, elle fera disparaître la présomption et par suite toute vaine polymathie.

CHAPITRE MXLI

VÉRITABLE CAUSE DE L'ANTINOMIE OÙ SE TROUVE JETÉE LA RAISON PAR LES CONCEPTS COSMOLOGIQUES.

Il est une chose que nous pouvons dire d'avance de toutes les idées cosmologiques : De quelque côté qu'elles se tournent dans l'inconditionnel de la synthèse régressive des phénomènes, elles seront trop grandes ou trop petites pour chaque concept de l'entendement. Nous comprendrons alors que ces idées sont complétement dépourvues de sens. Elles n'ont affaire qu'à des objets de l'expérience, laquelle doit être appropriée à un concept possible de l'entendement; mais cet objet ne s'y adapte pas, de quelque manière que nous essayions de l'y approprier.

Et tel est réellement le cas de tous les concepts cosmologiques. Aussi jettent-ils la raison qui s'y attache dans une véritable antinomie.

CHAPITRE MXLII

PREMIÈRE ANTINOMIE.

Supposons que le monde n'ait pas de commencement. Il est alors trop grand pour notre concept. Celui-ci consistant dans une régression successive ne saurait jamais atteindre toute l'éternité écoulée.

Supposons au contraire qu'il ait un commencement, il est alors trop petit pour notre concept de l'entendement, dans la régression empirique nécessaire.

Le commencement présuppose toujours un temps antérieur, il n'est pas encore lui-même inconditionnel ; la loi, qui règle l'usage empirique de l'entendement, vous force à remonter à une condition de temps plus élevée encore. Le monde est évidemment trop petit pour cette loi.

CHAPITRE MXLIII

SECONDE PARTIE DE LA PREMIÈRE ANTINOMIE.

Il en est de même de la double réponse faite à la question qui concerne la grandeur du monde quant à l'espace.

Est-il infini ou illimité, il est alors trop grand pour tout concept empirique possible.

Est-il limité, on demande encore à bon droit : qu'est-ce qui détermine cette limite ? L'espace vide n'est pas un corrélatif des choses existant par lui-même ; il ne saurait être une condition à laquelle vous puissiez vous arrêter. Encore moins est-il une condition empirique constituant une partie d'une expérience possible. Quel est celui qui peut dire avoir une expérience du vide absolu?

Mais l'absolue totalité de la synthèse empirique exige toujours que l'inconditionnel soit un concept expérimental.

Un monde limité est donc trop petit pour votre concept.

CHAPITRE MXLIV

DEUXIÈME ANTINOMIE.

Tout phénomène dans l'espace, toute matière, se composent-ils d'un nombre infini de parties? La régression de la division sera toujours trop grande pour votre concept.

La division de l'espace doit-elle s'arrêter à quelqu'un de ses membres, au simple? Cette régression est trop petite pour l'idée de l'absolu.

Ce membre laisse encore place à une régression vers un plus grand nombre de parties contenues en lui.

CHAPITRE MXLV

TROISIÈME ANTINOMIE.

Admettez-vous qu'en tout ce qui arrive dans le monde, il n'y a rien qui ne soit une conséquence des lois de la nature? La causalité de la cause est toujours à son tour quelque chose qui arrive; elle vous force incessamment à vous élever vers des causes plus élevées encore. Elle vous fait par conséquent prolonger toujours la série *à parte priori*.

La simple nature efficiente est donc trop grande pour tout votre concept, dans la synthèse des événements du du monde.

Admettez-vous quelques événements spontanément produits, et par suite une création libre? Le pourquoi vous renvoie à une loi naturelle inévitable : il vous oblige à remonter au delà de ce point suivant la loi causale inévitable. Ainsi vous trouvez cette espèce de totalité de liaison trop petite pour votre concept empirique nécessaire.

CHAPITRE MXLVI

QUATRIÈME ANTINOMIE.

Admettez-vous un être absolument nécessaire, soit le monde, soit quelque chose dans le monde, soit la cause du monde? Vous le placez dans un temps infiniment éloigné de tout moment donné, autrement il dépendrait d'un autre être plus ancien. Mais alors cette existence est inaccessible à votre concept empirique; elle est trop grande pour que vous puissiez y arriver par quelque régression continue.

Au contraire, tout ce qui appartient au monde, soit comme conditionnel, soit comme condition, est-il contingent? Toute existence qui vous est donnée est trop petite pour votre concept. Elle vous oblige à chercher encore une autre existence d'où elle dépende.

CHAPITRE MXLVII

DES CAUSES QUI NOUS INDUISENT A PENSER QUE LES IDÉES COSMOLOGIQUES PEUVENT TRÈS-BIEN N'ÊTRE QUE DES ÊTRES DE RAISON.

Nous avons dit dans tous ces cas que l'idée du monde est trop grande ou trop petite pour la régression empirique, et par conséquent pour tout concept possible de l'entendement. Pourquoi n'avons-nous pas renversé cet ordre? Pourquoi n'avons-nous pas dit que, dans le premier cas, le concept empirique était toujours trop petit pour l'idée, et qu'il était toujours trop grand dans le second. Pourquoi n'avons-nous pas en quelque sorte rejeté la faute sur la régression empirique? Pourquoi avons-nous accusé l'idée cosmologique de s'écarter par excès ou par insuffisance de son but, l'expérience possible?

En voici la raison :

L'expérience possible est ce qui peut seul donner de la réalité à nos concepts. Sans elle tout concept n'est qu'une idée sans vérité et sans rapport à un objet.

Le concept empirique possible était donc la mesure d'après laquelle il fallait juger l'idée. Lui seul nous permet de savoir si elle est une simple idée et un être de raison, ou bien si elle a son objet dans le monde.

Dans quel cas dit-on d'une chose qu'elle est trop grande ou trop petite par rapport à une autre? C'est lorsqu'on ne l'admet que pour celle-ci, et qu'on la règle uniquement d'après elle.

C'était une sorte de jeu dans les anciennes écoles dialectiques que cette question : Si une boule ne peut passer par un trou, faut-il dire que c'est la boule qui est trop grande ou le trou qui est trop petit?

Il est indifférent dans ce cas de s'exprimer d'une manière ou de l'autre; on ne sait pas laquelle des deux choses existe pour l'autre.

Mais vous ne direz pas qu'un homme est trop grand pour son habit; vous direz au contraire que l'habit, qui n'existe que pour cet homme, est trop petit pour lui.

Nous sommes donc conduits, avec juste raison, à soupçonner ceci : Les idées cosmologiques, et avec elles toutes les affirmations dialectiques opposées les unes aux autres, ont peut-être pour fondement un concept vide et purement imaginaire sur la manière dont l'objet de ces idées nous est donné.

Ce soupçon peut déjà nous mettre dans la bonne voie, pour arriver à découvrir l'illusion qui nous a si longtemps trompés.

CHAPITRE MXLVIII

RÉSUMÉ DU LIVRE CENT-SEPTIÈME.

Après avoir vu quel est l'intérêt de la raison dans la solution des questions cosmologiques, après nous être assurés qu'il y a absolument de tous les problèmes transcendentaux une solution possible, il nous reste toujours à savoir quelle doit être la solution du problème cosmologique. Or il y a un procédé particulier qui peut nous servir à la découvrir.

Nous laisserons provisoirement de côté les raisons qui,

dans chacune des questions de ce genre militent en faveur de la thèse ou de l'antithèse. Nous nous demanderons si, dans l'un ou l'autre cas, nous n'aboutirons pas à un pur non-sens.

C'est ce que Kant appelle la manière sceptique d'envisager les questions.

Examinons-les à ce point de vue, nous arriverons à ce résultat en quelque sorte inattendu : De quelque côté qu'on se retourne en poursuivant l'inconditionnel dans la synthèse régressive des phénomènes, cette synthèse se trouve trop grande ou trop petite pour chaque concept de l'entendement. L'objet ne s'adapte pas à l'idée, de quelque manière qu'on essaie de l'y appliquer. Il est naturel d'en conclure qu'elle est entièrement vide; on est conduit à rechercher si cette conclusion ne serait pas en effet la solution demandée. A la suite de Kant, nous venons d'exposer ce résultat, pour chacun des quatre problèmes cosmologiques; il est inutile de rentrer ici dans ce détail. Un monde infini est trop grand pour notre concept, un monde limité trop petit. Et ainsi pour chacune des antinomies.

On voit par les exemples donnés par notre philosophe, comment les idées cosmologiques se trouvent trop grandes ou trop petites par rapport aux concepts de l'entendement. Ces concepts sont la seule mesure d'après laquelle nous pouvons apprécier la valeur objective des idées. Nous sommes conduits à soupçonner que celles-ci ne sont peut-être que des êtres de raison. Cela nous met dans la bonne voie pour arriver à découvrir l'illusion qui nous a si longtemps trompés.

LIVRE CENT-HUITIÈME

DE L'IDÉALISME TRANSCENDENTAL COMME ÉTANT LA CLEF DE LA SOLUTION DES QUESTIONS COSMOLOGIQUES.

CHAPITRE MXLIX

DÉFINITION DE L'IDÉALISME TRANSCENDENTAL.

Nous avons suffisamment établi dans l'esthétique transcendentale comme simples représentations ou phénomènes tout ce qui est perçu dans l'espace et le temps, tous les objets d'une expérience possible. Nous les représentons-nous comme des êtres étendus, ou comme des séries de changements? Ils n'ont point en dehors de nos pensées d'existence fondée en soi.

C'est cette doctrine qui est celle de Kant, et qu'il désigne sous le nom d'idéalisme transcendental. Cet idéalisme n'est, dit-il, que formel, et ne doit pas être confondu avec l'idéalisme matériel, contre lequel Kant s'est élevé à plusieurs reprises, et qu'il croit avoir réfuté avec succès. Kant appelle formel cet idéalisme, afin d'éviter toute équivoque ou confusion avec l'idéalisme vulgaire. — Nous avons déjà fait remarquer que, quoique en dise Kant, il est bien difficile de distinguer entre les deux espèces d'idéalisme. Tous deux refusent aux objets de l'expérience une existence réelle hors de nous.

Par contre, Kant nous dira que le réalisme, dans le sens transcendental, fait des modifications de notre sensibilité des choses subsistantes par elles-mêmes; par conséquent il convertit de simples représentations en choses en soi.

CHAPITRE ML

RETOUR SUR L'IDÉALISME MATÉRIEL.

Ici Kant se récrie encore contre ceux qui, dit-il, le comprendraient bien mal, s'ils lui attribuaient cet idéalisme matériel ou empirique, depuis si longtemps décrié, qui, d'un côté, admet la réalité propre de l'espace et, de l'autre, nie ou au moins trouve douteuse l'existence des êtres étendus dans l'espace, en sorte qu'il n'admet à cet égard entre le rêve et la réalité aucune différence qu'on puisse suffisamment prouver.

S'il est impossible de s'entendre avec l'idéalisme matériel pour ce qui est des phénomènes dans l'espace, on le peut très-bien pour ce qui est des phénomènes du sens intime dans le temps. Ce système ne trouve aucune difficulté à les admettre comme des choses réelles. Il soutient même que cette expérience intérieure suffit toute seule à prouver l'existence de son objet en soi, y compris toute détermination du temps.

CHAPITRE MLI

L'IDÉALISME TRANSCENDENTAL IDÉALISANT LE TEMPS ET L'ESPACE, MAIS RÉALISANT LES PHÉNOMÈNES AU SEIN DU TEMPS ET DE L'ESPACE IDÉALISÉS.

Notre idéalisme transcendental accorde au contraire que les objets de l'intuition extérieure existent réellement comme ils sont représentés dans l'espace, et tous les changements dans le temps comme les représente le sens intime.

En effet l'espace est lui-même une forme de cette intuition que nous nommons extérieure. Sans objets dans l'espace il n'y aurait point de représentation empirique. Nous pouvons et nous devons y admettre comme réels des êtres étendus.

Il en est de même du temps.

Mais cet espace même, ainsi que ce temps, et tous les phénomènes avec eux, ne sont pourtant pas des choses en soi. Ce ne sont rien que des représentations, et ils ne sauraient exister en dehors de notre esprit. Voilà pourquoi, quoi que Kant en dise, l'idéalisme formel ou transcendental de Kant, qui ne laisse rien subsister hors de nous, se confond entièrement dans notre esprit avec l'idéalisme vulgaire.

Mais continuons et ne discutons pas. L'intuition intérieure et sensible de notre esprit même, comme d'un objet de la conscience, est bien déterminée par la succession de divers états dans le temps. Cependant elle n'est pas non plus proprement le moi, tel qu'il existe en soi, ou le sujet transcendental. Elle est simplement une manifestation de cet être qui nous est inconnu, manifestation donnée à notre sensibilité.

L'existence de ce phénomène intérieur, comme d'une chose existante en soi, ne peut être admise. Elle a pour condition le temps; celui-ci ne peut pas être une détermination d'une chose en soi.

La vérité empirique des phénomènes dans l'espace et le temps est assurée et se distingue suffisamment du rêve. Il suffit pour cela que ces deux sortes de phénomènes s'accordent exactement et complétement suivant des lois empiriques, au sein d'une expérience.

CHAPITRE MLII

DU SENS DANS LEQUEL IL FAUT ENTENDRE CE QU'ON NOMME LA RÉALITÉ DES OBJETS DE L'EXPÉRIENCE.

Les objets de l'expérience ne sont donc jamais donnés en soi, mais seulement dans l'expérience; ils n'ont aucune existence en dehors d'elle.

Personne n'a jamais vu des habitants dans la lune; cependant nous ne serions pas admis à nier absolument qu'il ne puisse y en avoir. Qui nous dit qu'avec le progrès possible de l'expérience, nous ne pourrons pas arriver à les découvrir.

Est réel tout ce qui s'accorde en un contexte avec une perception, suivant les lois qui règlent la marche de l'expérience.

Relativement au progrès de l'expérience, les phénomènes sont donc réels, s'ils s'accordent avec notre conscience réelle, de manière à former une liaison empirique; ce qui ne veut pas dire qu'ils soient réels en soi en dehors du susdit progrès.

CHAPITRE MLIII

LES PHÉNOMÈNES SIMPLES REPRÉSENTATIONS.

Rien ne nous est réellement donné que la perception, et la progression empirique de cette perception à d'autres perceptions possibles. Les phénomènes sont en soi de simples représentations, qui ne se réalisent que dans la perception. En fait, celle-ci n'est elle-même que la réalité d'une perception empirique, c'est-à-dire un phénomène.

Nommer objet réel un phénomène avant la perception, c'est dire que nous devons rencontrer cette perception dans le cours de l'expérience, ou c'est ne rien dire du tout.

Que le phénomène puisse exister en soi, sans rapport à nos sens et avant toute expérience possible, cela pourrait se dire s'il s'agissait d'une chose en soi. Mais il n'est ici question que d'un phénomène dans l'espace et dans le temps. L'espace et le temps ne sont pas des déterminations des choses en soi ; ils ne déterminent que notre propre sensibilité. Ce qui est en eux, les phénomènes, ne sont pas quelque chose en soi, mais de simples représentations. Ces dernières, dès qu'elles ne sont pas données en nous dans la perception, n'existent nulle part.

CHAPITRE MLIV

DE L'OBJET TRANSCENDENTAL.

La faculté d'intuition sensible n'est proprement qu'une capacité d'être affecté d'une certaine manière. Les représentations qui nous affectent ainsi ont pour relation réciproque une intuition pure de l'espace et du temps, simples formes de notre sensibilité. Elles s'appellent objets en tant que dans ce rapport, l'espace et le temps, elles sont liées et déterminables suivant les lois de l'unité de l'expérience.

La cause non-sensible de ces représentations nous est entièrement inconnue; nous ne saurions l'apercevoir comme objet. Un objet de cette nature ne pourrait être représenté ni dans l'espace ni dans le temps; ils ne sont les conditions que des représentations sensibles. Mais, sans ces conditions, nous ne saurions concevoir aucune intuition.

Nous pouvons cependant appeler objet transcendental la cause purement intelligible des phénomènes en général; nous aurons ainsi quelque chose qui correspondra à la sensibilité considérée comme une réceptivité.

Nous pouvons rapporter à cet objet transcendental toute l'étendue et tout l'enchainement de nos perceptions possibles; nous dirons alors qu'il est donné en soi, antérieurement à toute expérience.

Mais les phénomènes, par rapport à cet objet, ne sont donnés que dans cette expérience, et non en soi. Ils sont de simples représentations, ils ne désignent un objet réel que comme perceptions, c'est-à-dire quand ces perceptions s'accordent avec toutes les autres, suivant les règles de l'unité de l'expérience.

Ainsi l'on peut dire que toutes les choses réelles du temps passé sont données dans l'objet transcendental de l'expérience. Mais à quelles conditions sont-elles des objets pour nous, et sont-elles réelles dans le temps passé? C'est autant que nous nous représentons une série régressive de conditions possibles liées par des lois empiriques, soit suivant le fil de l'histoire, soit suivant l'enchainement des causes et des effets. En un mot, c'est autant que le cours du monde conduit à une série de temps écoulé comme à une condition du temps présent.

Cette série n'est cependant représentée comme réelle que dans l'ensemble d'une expérience possible, et non en soi. Tous les événements écoulés depuis le temps immémorial qui a précédé mon existence ne signifient qu'une chose, la possibilité de prolonger la chaine de l'expérience, à partir de la perception présente, jusqu'aux conditions qui la déterminent dans le temps.

CHAPITRE MLV

OÙ L'ON COMMENCE A VOIR COMMENT KANT ENTEND L'APPLICATION DE L'IDÉALISME TRANSCENDENTAL AUX PHÉNOMÈNES COSMOLOGIQUES.

Quand nous nous représentons ainsi tous les objets sensibles existant dans tous les temps et dans tous les espaces, nous ne les y plaçons pas avant l'expérience ; mais cette représentation n'est pas autre chose que la pensée d'une expérience possible dans son absolue intégralité.

C'est en elle seule que sont donnés ces objets, qui ne sont rien que de simples représentations.

Que veut-on dire quand on dit qu'ils existent, antérieurement à toute notre expérience? Cela signifie seulement qu'ils doivent se rencontrer dans la partie de l'expérience, vers laquelle il nous faut toujours remonter en partant de la perception actuelle.

Quelle est la cause des conditions empiriques de ce progrès? Par conséquent quels membres pouvons-nous rencontrer dans la régression? Ou même jusqu'à quel point pouvons-nous en rencontrer?

C'est ce qui est transcendantal et par conséquent nous demeure inconnu.

Aussi bien n'est-ce pas de cela qu'il s'agit, mais de la règle de la progression de l'expérience : là, les objets, c'est-à-dire les phénomènes, nous sont donnés.

Il est d'ailleurs tout à fait indifférent pour le résultat que nous disions : nous pouvons avec le progrès de l'expérience trouver des étoiles cent fois plus éloignées que les plus éloignées que nous apercevons;

Ou que nous nous exprimions ainsi :

Il y en a peut-être dans l'espace du monde, bien qu'aucun homme ne les ait jamais vues et ne doive jamais les voir.

Lors même qu'elles seraient données en général comme choses en soi, sans rapport à l'expérience, elles ne seront pour nous quelque chose, et par conséquent des objets, qu'autant qu'elles sont contenues dans la série de la régression empirique.

Mais on peut considérer ces phénomènes sous un autre rapport. On peut les appliquer à l'idée cosmologique d'un tout absolu. Alors il s'agit d'une question qui dépasse les limites de l'expérience possible. Alors, mais alors seulement, il importe de distinguer la manière dont on entend la réalité de ces objets des sens. On préviendra ainsi l'opinion trompeuse qui résulterait inévitablement d'une fausse interprétation de nos concepts expérimentaux.

CHAPITRE MLVI

RÉSUMÉ DU LIVRE CENT-HUITIÈME.

Pour faire cesser l'illusion engendrée par les idées cosmologiques, il nous faut d'abord la démontrer, c'est-à-dire donner la solution de la dialectique à laquelle elles donnent lieu.

Pour cela Kant nous renvoie à l'idéalisme transcendental, qui, seul, selon lui, peut nous la fournir.

Kant l'appelle aussi idéalisme formel, pour le distinguer de l'idéalisme matériel, de l'idéalisme ordinaire, de cet idéalisme qui révoque ou met en doute ou même nie l'existence dans le temps et l'espace des choses extérieures mêmes.

L'idéalisme transcendental admet la réalité des choses que nous nous représentons dans l'espace et le temps. Mais il soutient que ces choses ne sont pourtant pas connues telles qu'elles sont en soi. Nous ne les connaissons que telles qu'elles nous apparaissent, que comme phénomènes. Ceux-ci ne sont rien que comme représentations ; ils n'ont aucune existence en dehors de notre esprit.

Cette vérité s'applique à cet objet même que nous nommons l'esprit ou le moi. Nous ne le connaissons pas tel qu'il existe en soi. Nous ne connaissons de lui que la manifestation sensible d'un être, dont la nature en soi nous demeure inconnue ; c'est à ce seul titre qu'il est réel pour nous.

Nous percevons ainsi les phénomènes, ou même nous

les concevons, comme objets d'une expérience possible, ou suivant les lois mêmes de cette expérience.

Dans tous les cas, nous pouvons bien, si nous voulons, les rapporter à quelque chose de purement intelligible, que Kant propose d'appeler objet transcendental ; mais cet objet nous est entièrement inconnu.

Il est placé en dehors des conditions de notre faculté d'intuition sensible, l'espace et le temps. En raison même de ces conditions, les phénomènes ne sont pour nous que de simples représentations.

Or là est précisément, d'après Kant, la conception qui doit servir de moyen pour résoudre le conflit cosmologique de la raison avec elle-même. Ce conflit naît de la confusion que nous faisons habituellement entre les phénomènes et les noumènes. Nous nous illusionnons complétement quand nous appliquons aux noumènes ce qui ne peut convenir qu'aux phénomènes.

LIVRE CENT-NEUVIÈME

DÉCISION CRITIQUE DU CONFLIT COSMOLOGIQUE
DE LA RAISON AVEC ELLE-MÊME.

CHAPITRE MLVII

DE L'ARGUMENT DIALECTIQUE SUR LEQUEL REPOSE TOUTE
L'ANTINOMIE DE LA RAISON PURE.

L'idéalisme transcendental nous fournit le moyen d'expliquer et de résoudre toutes les antinomies.

En effet, toute l'antinomie de la raison pure repose sur cet argument dialectique :

Quand le conditionnel est donné, la série entière de toutes ses conditions l'est aussi ;

Or les objets des sens nous sont donnés comme conditionnels ;

Donc, avec eux, nous est donnée la série entière de leurs conditions.

La majeure de ce raisonnement semble naturelle et claire. Suivant la différence des conditions, dans la synthèse des phénomènes, en tant qu'elles constituent une série, cet argument n'en introduit pas moins autant d'idées cosmologiques. Toutes postulent l'absolue totalité de ces séries ; par là, nous l'avons vu, elles mettent inévitablement la raison en contradiction avec elle-même.

Nous aurons à chercher le côté fallacieux de cet argument dialectique; mais il faut auparavant nous préparer à cette tâche. Nous avons à rectifier et déterminer certains concepts qui se présentent ici.

CHAPITRE MLVIII

DE LA MAJEURE DE L'ARGUMENT DIALECTIQUE.

D'abord c'est une proposition claire et indubitablement certaine que celle-ci :

Quand le conditionnel est donné, une régression dans la série de toutes ses conditions nous est donnée par cela même.

Le concept du conditionnel implique déjà que quelque chose est rapporté à une condition. Cette condition à son tour peut être elle-même conditionnelle ; elle peut alors être rapportée à une condition plus éloignée et ainsi de tous les membres de la série.

Cette proposition est donc analytique, elle n'a rien à craindre d'une critique transcendentale.

Elle est un postulat logique de la raison ; il consiste à suivre par l'entendement, et à pousser aussi loin que possible cette liaison d'un concept avec ses conditions qui est déjà inhérente au concept même.

CHAPITRE MLIX

DE LA MINEURE ET DE LA CONCLUSION DE L'ARGUMENT DIALECTIQUE.

Le conditionnel et la condition sont ou des choses en soi, ou des phénomènes.

1° Admettons d'abord qu'ils soient des choses en soi. Alors quand le conditionnel est donné, la régression vers la condition est donnée. De plus la condition elle-même est réellement donnée par là. Cela s'applique à tous les membres de la série. Lorsque la série complète des conditions est donnée, l'inconditionnel est par cela même donné. Peut-être serait-il plus exact de dire qu'il est présupposé par cela même qu'est donné le conditionnel, qui n'était possible que par cette série.

La synthèse du conditionnel avec sa condition est ici une synthèse du seul entendement; il représente les choses telles qu'elles sont, il ne se demande pas si et comment nous pouvons arriver à les connaître;

2° S'agit-il au contraire de phénomènes. Ce sont de simples représentations qui ne nous sont données que dans un seul cas. C'est lorsque nous arrivons à leur connaissance, c'est-à-dire à eux-mêmes, puisqu'ils ne sont rien que des connaissances empiriques. Ici nous ne pouvons pas dire dans le même sens que, quand le conditionnel est donné, toutes ses conditions comme phénomènes le sont aussi. Par conséquent nous ne saurions nullement conclure à l'absolue totalité de leur série.

En effet les phénomènes ne sont rien autre chose, dans l'appréhension, qu'une synthèse empirique dans le temps et l'espace, et par conséquent ils ne sont donnés que dans celle-ci.

Or, le conditionnel dans le phénomène étant donné, il ne s'ensuit pas du tout que la synthèse, qui constitue sa condition empirique, soit donnée ou présupposée par cela même. Mais elle a lieu d'abord dans la régression et jamais sans elle.

Cependant on peut bien dire en pareil cas qu'une régression vers les conditions, c'est-à-dire une synthèse empirique continue, est exigée ou donnée de ce côté, et qu'il ne peut manquer de conditions données par cette régression.

CHAPITRE MLX

DU VICE DE L'ARGUMENT DIALECTIQUE ET DE SA NATURE.

Il résulte de là clairement que la majeure du raisonnement cosmologique prend le conditionnel dans un sens et la mineure dans un autre. Dès lors au lieu de trois termes l'argument en a quatre, il ne prouve plus rien ; le syllogisme disparaît.

La majeure prend le conditionnel dans le sens transcendental d'une catégorie pure, et la mineure dans le sens empirique d'un concept de l'entendement appliqué à de simples phénomènes. Le conditionnel se dédouble ici comme terme d'un syllogisme ; par conséquent l'on tombe dans l'erreur dialectique appelée sophisme de la figure de la diction.

Mais cette erreur n'a rien d'artificiel, elle est une illusion toute naturelle de la raison commune.

CHAPITRE MLXI

NATURE DE L'ILLUSION DE LA RAISON DANS LES QUESTIONS COSMOLOGIQUES.

Quelque chose nous est-il donné comme conditionnel? Par suite de cette illusion, nous présupposons, en quelque sorte sans nous en apercevoir, les conditions et leur série dans la majeure. En cela nous ne faisons qu'obéir à la règle logique, qui exige pour une conclusion donnée des prémisses complètes. Dans la liaison du conditionnel avec sa condition, il n'y a point d'ordre de temps; aussi les présupposons-nous en soi comme données simultanément.

En outre il n'est pas moins naturel, dans la mineure, de regarder les phénomènes comme des choses en soi, et comme des objets donnés au pur entendement. Alors il arrive ce qui est arrivé dans la majeure; on fait à tort abstraction de toutes les conditions d'intuition sans lesquelles des objets ne peuvent être donnés. On fait confusion entre le phénomène et le noumène. De là l'illusion et l'erreur.

Donc, il y avait ici entre les concepts une importante différence que nous avons négligée. Voilà pourquoi nous nous sommes illusionnés.

Dans la majeure, la synthèse du conditionnel avec sa condition et toute la série des conditions n'impliquent aucune détermination de temps, ni aucun concept de succession.

Dans la mineure au contraire, la synthèse empirique et la série des conditions dans le phénomène, sont nécessairement successives, et ne sont données que sous cette condition de temps.

Nous ne pouvions donc pas présupposer, ici comme là, l'absolue totalité de la synthèse et de la série ainsi représentée. Là tous les membres de la série sont donnés en soi, sans condition de temps. Ici ils ne sont possibles que par une régression successive, laquelle n'est donnée qu'autant qu'on l'accomplit réellement.

CHAPITRE MLXII

INSUFFISANCE DE LA DÉMONSTRATION DU VICE DE L'ARGUMENT COSMOLOGIQUE, POUR METTRE FIN A LA QUERELLE DES DEUX PARTIES CONTENDANTES.

Nous venons d'exposer le vice de l'argument sur lequel se fondent communément les assertions cosmologiques; nous avons bien le droit de mettre hors de cour les deux parties contendantes, elles n'appuient leur prétention sur aucun titre solide.

Mais leur querelle ne serait pas encore terminée. Il ne suffirait pas pour cela qu'il fût prouvé que l'une d'elles ou toutes les deux ont tort dans la conclusion, dans la chose même qu'elles affirment sans pouvoir l'appuyer sur des arguments valables.

Il semble cependant qu'il n'y ait rien de plus clair que ceci : Voici en présence deux assertions, l'une soutenant que le monde a un commencement, l'autre voulant qu'il existe de toute éternité. Il faut nécessairement que l'une ait raison contre l'autre.

Mais la clarté est égale des deux côtés ; il est impossible de décider jamais, par les seules lumières de la pure raison, de quel côté est le droit. La querelle continue après comme avant. Cependant les parties avaient été renvoyées dos à dos par le tribunal de la raison.

Il ne reste qu'un moyen de terminer le procès une bonne fois et à la satisfaction des parties. C'est de leur faire remarquer à quoi tient qu'elles puissent si bien se réfuter l'une l'autre. Cela tient à ce qu'elles se disputent pour rien. Il s'agit de les en convaincre. — C'est de leur faire voir qu'une certaine apparence transcendentale leur a représenté une réalité là où il n'y en a aucune.

Tel est donc le moyen par lequel nous allons essayer de mettre fin à un différent qu'il est impossible de décider autrement.

CHAPITRE MLXIII

RÉSUMÉ DU LIVRE CENT-NEUVIÈME.

Il est inutile de redonner ici la formule de l'argument dont la discussion fait le sujet de ce livre ; mais il n'est pas hors de propos d'examiner cet argument de près.

La majeure est certaine. Avec le conditionnel est donnée toute la série des conditions. Le concept même de conditionnel suppose celui de condition.

Le conditionnel et sa condition sont-ils des choses en soi? Le premier étant donné, il nous sollicite à remonter vers la seconde. Celle-ci y est donnée implicitement; avec elle est donnée toute la série des conditions, y compris la condition absolue. Dans ce cas, la synthèse est purement intellectuelle.

Au contraire s'agit-il de phénomènes? Ceux-ci ne sont rien qu'autant que nous les percevons. Nous ne pouvons plus dire dans le même sens qu'avec le conditionnel sont données en même temps les conditions comme phénomènes.

Tout ce qu'on peut dire à cet égard, c'est qu'un phénomène donné nous invite à remonter à ses conditions phénoménales, par une série empirique continue. Quelque loin que celle-ci soit poussée, elle ne peut jamais atteindre jusqu'à la condition absolue.

En un mot, dans la majeure du syllogisme cosmologique, le conditionnel est pris dans le sens transcendental d'une catégorie pure. Cependant la mineure le prend dans le sens empirique d'un concept appliqué aux phénomènes. Le syllogisme se trouve donc avoir quatre termes là où d'abord on ne lui en avait trouvé que trois. C'est un vice de raisonnement prenant sa source dans une erreur fondamentale qui nous fait considérer les phénomènes comme des choses en soi.

Nous pourrions donc rejeter les deux systèmes cosmologiques, comme fondés tous les deux sur un argument d'une fausseté évidente. Mais nous serons arrêtés par la pensée qu'une des deux parties pourrait bien avoir raison, quoique toutes deux se fondent sur un raisonnement vicieux. Puisque les deux systèmes sont opposés l'un à l'autre, l'un des deux peut très-bien être vrai.

LIVRE CENT-DIXIÈME

CONFIRMATION DU PRÉCÉDENT AU MOYEN DE LA DISCUSSION D'UN EXEMPLE FOURNI PAR ZÉNON D'ÉLÉE.

CHAPITRE MLXIV

DE JUGEMENTS DONT LA CONDITION EST IMPOSSIBLE.

Nul dialecticien n'a été plus subtil que Zénon d'Elée, ce qui n'a pas empêché Platon de le traiter de méchant sophiste. Zénon s'était un peu attiré ce traitement, que cependant il ne méritait pas toujours; mais il avait le tort de s'en donner souvent l'apparence. Afin d'étaler son art, il cherchait à démontrer certaines propositions par des arguments spécieux; aussitôt après il les renversait par des arguments non moins forts. Il avait pressenti la raison et ses antinomies.

Dieu ne devait pas être pour lui autre chose que le monde. Aussi affirmait-il que Dieu n'était ni fini ni infini, qu'il n'est ni en mouvement ni en repos, qu'il n'est ni semblable ni dissemblable à aucune autre chose. Il paraissait, à ceux qui le jugeaient d'après cela, qu'il voulût nier absolument deux propositions contradictoires, ce qui est absurde.

Mais Kant ne trouve pas que ce reproche puisse lui

être justement adressé ; il part de la supposition qu'il croit fondée, que par Dieu Zénon entendait le monde.

Pour le moment, Kant réserve la première proposition, sur laquelle il reviendra tout à l'heure. Voici ce qu'il pense des deux autres.

Zénon devait dire que le monde n'est jamais ni en repos ni en mouvement, c'est-à-dire qu'il n'est pas toujours présent dans un même lieu, et cependant que jamais il n'en change. En effet il n'y a de lieu que dans l'univers ; par conséquent celui-ci n'est lui-même en aucun lieu. Donc le Dieu de Zénon n'est en effet ni en mouvement, ni en repos.

Pareillement l'univers n'est ni semblable ni dissemblable à aucune autre chose. Il contient en lui tout ce qui existe ; il n'y a en dehors de lui aucune autre chose, à laquelle il puisse être comparé. Le Dieu de Zénon est par cela même incomparable.

Ainsi donc, quand deux jugements opposés l'un à l'autre supposent une condition impossible, ils tombent alors tous les deux, malgré leur opposition, qui n'est pas proprement une contradiction. La condition sans laquelle chacun d'eux ne saurait avoir de valeur tombe d'elle-même.

CHAPITRE MLXV

DES JUGEMENTS OPPOSÉS ET DES JUGEMENTS CONTRADICTOIRES.

Quand nous disons : tout corps sent bon ou sent mauvais, nous pouvons nous tromper. Il y a un troisième cas possible, celui des corps qui n'ont aucune odeur et qui ne sentent rien du tout. Ainsi, quoique contraires, les deux premières propositions ne sont pas contradictoires. Toutes les deux énoncent, ou peuvent énoncer, une assertion fausse.

Mais si nous disons : Parmi les corps, quelques-uns ont une odeur suave, quelques autres en sont dépourvus, les deux jugements sont opposés contradictoirement; le premier seul est faux. Son opposé contradictoire : quelques corps ne sont pas suavement odoriférants, comprend aussi les corps qui ne sentent rien du tout.

Dans la précédente opposition, l'odeur, ici condition accidentelle du concept de corps, restait encore malgré le jugement contraire. Par conséquent elle n'était pas supprimée par ce jugement. Ce dernier quoique opposé au premier, n'était donc pas l'opposé contradictoire du premier.

CHAPITRE MLXVI

DÉFINITION DE L'OPPOSITION ANALYTIQUE ET DE L'OPPOSITION DIALECTIQUE, DONNÉE AU MOYEN D'UN EXEMPLE, PRIS DANS LA PREMIÈRE DES TROIS PROPOSITIONS DE ZÉNON QUE NOUS AVONS RAPPORTÉES PLUS HAUT.

Soit cette proposition : le monde est infini dans l'espace, ou il n'est pas infini. La première proposition est-elle fausse, son opposé contradictoire, à savoir que le monde n'est pas infini, doit être vrai.

Nous ne faisons par là qu'écarter un monde infini, sans en poser un autre à sa place, un monde fini.

Mais si nous disons : le monde est infini, ou fini, ces

deux propositions pourraient bien toutes deux être fausses.

En effet nous envisageons alors le monde comme déterminé en soi quant à sa grandeur. Dans la proposition opposée nous ne nous bornons pas à supprimer l'infinité, et peut-être avec elle toute son existence propre; nous ajoutons une détermination au monde, comme à une chose réelle en soi. Cela peut être faux. Nous ne savons pas si en effet le monde doit être donné comme une chose en soi. Nous ne savons donc pas s'il est fini ou infini sous le rapport de la grandeur. Nous ne voyons pas ses limites, s'il en a; voilà tout.

Kant désigne ce genre d'opposition sous le nom d'opposition dialectique. Il appelle opposition analytique celle qui consiste dans la contradiction.

Deux jugements dialectiquement opposés l'un à l'autre peuvent être faux tous deux. L'un ne se borne pas à contredire l'autre; il dit quelque chose de plus qu'il n'est nécessaire pour la contradiction.

CHAPITRE MLXVII

SUITE DE LA DISCUSSION DU MÊME EXEMPLE.

On peut regarder comme contradictoirement opposées les deux propositions : le monde est infini en grandeur; le monde est fini en grandeur. On admet alors que le monde, la série entière des phénomènes, est une chose en soi. Que nous supprimions soit la régression finie, soit la régression infinie, le monde demeure toujours dans la série des phénomènes.

Mais écartons cette supposition ou cette apparence transcendentale. Nions que le monde soit une chose en soi. Alors l'opposition contradictoire des deux assertions se change en une opposition purement dialectique. Le monde n'existe pas en soi; il n'existe pas indépendamment de la série régressive de nos représentations; il n'existe ni comme un tout infini en soi, ni comme un tout fini en soi.

Il ne peut se trouver que dans la régression empirique de la série des phénomènes et non pas en soi.

Celle-ci est toujours conditionnelle. Elle n'est jamais entièrement donnée. Par conséquent le monde n'est pas un tout inconditionnel; il n'existe non plus comme tel, ni avec une grandeur finie, ni avec une grandeur infinie.

CHAPITRE MLXVIII

KANT POURSUIVANT L'OPPOSITION DIALECTIQUE DANS TOUTES LES IDÉES COSMOLOGIQUES.

Ce qui vient d'être dit de l'absolue totalité de la grandeur dans le phénomène, ou si l'on veut de la première idée cosmologique, s'applique également aux autres.

La série des conditions ne se trouve que dans la série régressive même; elle ne réside pas en soi dans le phénomène, comme dans une chose propre, donnée avant toute régression.

Nous devrons dire aussi que la multitude des parties, dans un phénomène donné, n'est en soi ni infinie ni finie, le phénomène n'est rien d'existant en soi. Les parties sont données uniquement par la régression de la synthèse de décomposition, et dans cette régression. Or elle n'est jamais donnée entièrement ni comme finie ni comme infinie.

Il en est de même de la série des causes. Elles sont toutes subordonnées les unes aux autres.

Il en est encore de même de la série des existences conditionnelles, jusqu'à l'existence absolument nécessaire. Elle ne peut jamais être regardée ni comme infinie, ni comme finie en soi, sous le rapport de la totalité. Comme série de représentations subordonnées, elle ne réside que dans la digression dynamique. Elle ne saurait exister en soi avant cette régression ; elle n'existe pas non plus comme une série de choses qui subsisterait par elle-même.

CHAPITRE MLXIX

PREUVE NOUVELLE DE L'IDÉALITÉ TRANSCENDENTALE DES PHÉNOMÈNES.

Tel est le moyen de faire disparaître l'antinomie de la raison pure dans les idées cosmologiques. On montre qu'elle est purement dialectique. Elle est un conflit produit par une apparence, résultant de ce que l'idée de l'absolue totalité n'a de valeur que comme condition des choses en soi; néanmoins on l'applique à des phénomènes, qui n'ont de valeur que dans la représentation. Cela lorsqu'ils constituent une série dans la régression successive, mais non pas autrement.

En revanche, on peut aussi tirer de cette antinomie une véritable utilité, elle ne sera pas sans doute dogmatique, mais critique et doctrinale. Nous y trouverons l'avantage de démontrer indirectement par ce moyen l'idéalité transcendentale des phénomènes. Elle complétera la preuve directe que nous en avons donnée dans l'esthétique transcendentale, pour ceux à qui cette dernière n'aurait pas paru suffisante. Cette démonstration consisterait dans ce dilemme :

Si le monde est un tout existant en soi, il est fini ou infini ;

Or le premier cas aussi bien que le second sont faux, suivant les principes rapportés plus haut, de l'antithèse d'un côté et de la thèse de l'autre ;

Donc il est faux que le monde, l'ensemble de tous les phénomènes soit un tout existant en soi ;

Donc encore les phénomènes en général ne sont rien en dehors de nos représentations.

C'est précisément ce que nous voulions dire en parlant de leur idéalité transcendentale.

CHAPITRE MLXX

IMPORTANCE DE LA REMARQUE PRÉCÉDENTE.

Cette remarque a de l'importance. On voit par là que les preuves données plus haut des quatre antinomies ne sont pas des artifices destinés à tromper l'esprit. Elles ont leur solidité, si l'on suppose que les phénomènes et le monde sensible qui les comprend tous sont des choses en soi.

Mais le conflit de propositions qui en résulte montre que cette supposition contient une fausseté ; il nous conduit ainsi à découvrir la véritable nature des choses, comme objets des sens.

La dialectique transcendentale ne vient point en aide au scepticisme; elle n'aide qu'à la méthode sceptique, qui peut y montrer un exemple de sa grande utilité.

Qu'on laisse les arguments de la raison lutter les uns contre les autres dans toute leur liberté. Peut-être ne nous donneront-ils pas à la fin ce que nous cherchons; mais du moins nous fourniront-ils quelque chose d'utile qui pourra servir à rectifier nos jugements.

CHAPITRE MLXXI

RÉSUMÉ DU LIVRE CENT-DIXIÈME.

Kant distingue entre l'opposition analytique ou de contradiction et l'opposition dialectique.

De deux propositions opposées dans le premier sens, si l'une est fausse, l'autre est vraie et réciproquement.

Mais l'opposition entre les deux propositions peut être non plus analytique mais dialectique. Alors elles peuvent être fausses toutes les deux. Non-seulement l'une contredit l'autre, mais elle pose plus que son adverse.

Le monde est infini ou il n'est pas infini; voilà une contradiction analytique. Si la première proposition est fausse, la seconde est vraie. Par cette seconde proposition je ne fais que nier le monde comme infini, sans poser un monde fini.

Mais si je dis : le monde est infini ou fini, cette double proposition peut être doublement fausse.

En avançant que le monde est fini, je ne me contente

pas de nier l'infini. J'énonce de plus du monde quelque chose de plus. Ce quelque chose, je ne pourrais le savoir qu'autant que le monde me serait donné en soi.

Mais il ne nous est connu que comme phénomène; il ne nous est donné ni comme fini ni comme infini.

Le monde phénoménal n'existe que dans la régression infinie de la série des phénomènes.

Celle-ci est toujours conditionnelle, elle n'est jamais donnée tout entière, le monde n'est pas un tout absolu, il n'est qu'un phénomène dont nous ne pouvons jamais saisir les limites, si toutefois il en a. Comme tel, il n'est ni fini ni infini.

CHAPITRE MLXXII

SUITE ET FIN DU RÉSUMÉ.

Cette décision concernant la première idée cosmologique s'applique à toutes les autres. Ainsi se trouverait résolue l'antinomie de la raison pure. Cette antinomie toute de dialectique n'est qu'une contradiction illusoire. Elle résulte de ce qu'on n'a pas voulu voir que l'idée de la totalité n'est une condition que des choses prises en soi. On a voulu l'appliquer aux phénomènes. Ceux-ci ont bien une cause hors de nous, mais ils n'existent que dans l'esprit.

L'antinomie ainsi expliquée peut servir de preuve indirecte de l'idéalité des phénomènes, établie directement dans l'esthétique transcendentale. En effet si le monde est un tout existant en soi, il est ou fini ou infini. Or ces deux attributs se trouvent également faux, comme il résulte des démonstrations contradictoires de la thèse et de l'antithèse. Donc il est faux que le monde soit un tout existant en soi. D'où il suit que les phénomènes en général n'existent que dans l'esprit.

LIVRE CENT-ONZIÈME

DU PRINCIPE RÉGULATEUR DE LA RAISON PURE PAR RAPPORT AUX IDÉES COSMOLOGIQUES.

CHAPITRE MLXXIII

DU PRINCIPE RÉGULATEUR.

Le principe cosmologique de la totalité ne saurait donner aucun membre maximum, parmi ceux qui composent la série des conditions du monde sensible considérée comme chose en soi. Ce maximum ne peut être donné que par la totalité de la régression finie ou infinie des membres de cette série.

Cette observation ramène le principe de la raison pure dont il s'agit ici à sa véritable signification, il conserve toujours sa valeur propre. Ce n'est plus sans doute à titre d'axiome, nous servant à concevoir la totalité comme réelle dans l'objet; c'est à titre de problème pour l'entendement, c'est-à-dire pour le sujet. Il sert à ce titre à établir et à poursuivre, en vue de l'intégralité de l'idée, la régression dans la série des conditions relatives à un conditionnel donné.

Dans la sensibilité, c'est-à-dire dans l'espace et dans le temps, toute condition à laquelle nous pouvons arriver dans l'exposition de phénomènes donnés est à son tour conditionnelle. Ces phénomènes ne sont pas des objets en soi, où l'inconditionnel absolu pourrait trouver place; ce sont des représentations purement empiriques, dont la condition se trouve toujours dans l'intuition qui les détermine, quant à l'espace et au temps.

Le principe de la raison n'est donc proprement qu'une règle. Dans la série des conditions de phénomènes donnés, elle exige une régression à laquelle il n'est jamais permis de s'arrêter dans un inconditionnel absolu.

Ce n'est donc pas un principe servant à rendre possible l'expérience et la connaissance empirique des objets des sens, c'est-à-dire un principe de l'entendement; toute expérience est renfermée dans ses limites, conformément à l'intuition donnée.

Ce n'est pas non plus un principe constitutif de la raison. Il n'est pas destiné à étendre le concept du monde sensible au delà de toute expérience possible.

C'est un principe servant à poursuivre et à étendre l'expérience aussi loin que faire se peut. D'après lui, il n'y a point de limite empirique qui puisse avoir la valeur d'une limite absolue. Par conséquent c'est un principe de la raison, qui postule comme une règle ce qui doit arriver dans la régression. Il n'anticipe pas ce qui est donné en soi dans l'objet, antérieurement à toute régression.

C'est pourquoi Kant appelle ce principe un principe régulateur de la raison. Celui de l'absolue totalité de la série des conditions, considérée comme donnée en soi dans l'objet, dans les phénomènes, Kant l'appelle un principe cosmologique constitutif.

Il veut montrer par cette distinction l'inanité de ce dernier. Il veut en même temps empêcher ce qui sans cela arrive inévitablement; il ne veut pas que, par une subreption transcendentale, on attribue une réalité objective à une idée qui sert simplement de règle.

CHAPITRE MLXXIV

LIMITES DE LA PORTÉE DU PRINCIPE RÉGULATEUR.

Il faut déterminer convenablement le sens de cette règle de la raison pure. Pour cela nous remarquerons d'abord qu'elle ne peut pas dire ce qu'est l'objet. Elle nous dit seulement comment il faut instituer la régression empirique, pour arriver au concept complet de l'objet.

Si le premier cas avait lieu, ce principe serait constitutif; il ne pourrait jamais sortir de la raison pure.

On ne saurait donc nullement avoir ici l'intention de dire que la série des conditions relative à un conditionnel est finie ou infinie en soi. L'idée de l'absolue totalité n'existe que dans cette idée même; or ce serait la convertir en une conception d'un objet, qui ne peut être donné dans aucune expérience; ce serait attribuer à une série de phénomènes une réalité objective indépendante de la synthèse empirique.

L'idée de la raison ne fera donc que prescrire une règle à la synthèse régressive dans la série des conditions; au moyen de toutes les conditions subordonnées les unes aux autres cette règle lui permettra de s'élever du conditionnel à l'inconditionnel, mais sans le faire jamais atteindre à celui-ci. L'inconditionnel absolu ne se trouve point du tout dans l'expérience.

CHAPITRE MLXXV

DU PROGRÈS A L'INFINI OU A L'INDÉFINI.

Dans ce but, il nous faut d'abord déterminer exactement la synthèse d'une série, en tant qu'elle n'est jamais complète.

On se sert ordinairement à cet effet de deux expressions, qui doivent représenter quelque distinction, mais on ne sait pas indiquer au juste la raison de cette distinction.

Les mathématiciens parlent simplement d'un progrès à l'infini. Les philosophes, qui scrutent les concepts, veulent qu'on substitue à cette expression celle de progrès à l'indéfini.

Nous ne nous arrêterons pas à examiner le scrupule qui leur a suggéré cette distinction; nous n'en examinerons pas davantage l'utilité ou l'inutilité. Nous nous bornerons à déterminer exactement ces concepts par rapport à notre but.

CHAPITRE MLXXVI

DE L'INFINI ET DE L'INDÉFINI. — DES SÉRIES DESCENDANTES.

On peut dire avec raison d'une ligne droite qu'elle peut être prolongée à l'infini. Ici la distinction de l'infini et de l'indéfini serait une vaine subtilité.

Sans doute lorsqu'on dit : prolongez cette ligne, il

sera plus exact d'ajouter : à l'indéfini qu'à l'infini. La première expression signifie uniquement : prolongez-la autant que vous le voudrez. Au contraire la seconde veut dire : vous ne devez jamais cesser de la prolonger, ce dont il n'est pas ici question. Mais, lorsqu'il ne s'agit que d'une possibilité de faire l'expression d'infini est tout à fait exacte; vous pouvez toujours prolonger votre ligne à l'infini.

Il en est de même dans tous les cas où l'on ne parle que du progrès qui consiste à aller de la condition au conditionnel. Ce progrès possible s'étend à l'infini dans la série des phénomènes.

En partant d'un couple d'aïeux, vous pouvez avancer sans fin, suivant une ligne descendante de la génération, et concevoir que cette ligne se continue ainsi réellement dans le monde.

Ici en effet, la raison n'a jamais besoin de la totalité de la série. Elle ne la suppose pas comme condition et comme donnée. Elle la prend seulement pour quelque chose de conditionnel, qui est simplement possible, et qui s'accroît sans fin.

CHAPITRE MLXXVII

DE L'INFINI ET DE L'INDÉFINI. — SUITE. — DES SÉRIES ASCENDANTES.

Il en est tout autrement de la question de savoir jusqu'où s'étend la régression, qui, dans une série, s'élève du conditionnel donné aux conditions. Pouvons-nous dire que cette régression va à l'infini, ou seulement qu'elle s'étend indéfiniment? En partant des hommes actuellement vivants, pouvons-nous remonter à l'infini dans la série de leurs aïeux? Devons-nous au contraire, nous borner à dire que, quelque loin que nous remontions, nous ne trouverons jamais un principe empirique où nous puissions borner la série? Serons-nous autorisés et en même temps obligés sinon à supposer du moins à chercher encore les aïeux des aïeux?

CHAPITRE MLXXVIII

DE LA RÉGRESSION INFINIE.

Le tout est-il donné dans l'intuition empirique? Alors la régression va à l'infini dans la série de ses conditions intérieures.

N'y a-t-il qu'un membre de la série de donné? La régression doit-elle aller de ce membre à la totalité absolue? Cette régression est alors simplement indéfinie.

Ainsi l'on doit dire de la division d'un corps, c'est-à-dire d'une matière donnée avec ses limites, qu'elle va à l'infini.

Cette matière est donnée tout entière avec toutes ses parties possibles dans l'intuition empirique.

La condition de ce tout est sa partie, la condition de celle-ci est la partie de la partie ; la condition de cette dernière est la partie de la partie de la partie, et ainsi de suite. Dans cette régression de la décomposition, on ne trouve point de membre inconditionnel indivisible de cette série de conditions. Dès lors il n'y a point de raison empirique de s'arrêter dans la division. Les membres ultérieurs de la division à poursuivre sont eux-mêmes empiriquement donnés antérieurement à cette division continue.

C'est ce que l'on exprime en disant que la division va à l'infini.

CHAPITRE MLXXIX

DE LA RÉGRESSION INDÉFINIE.

Au contraire la série des aïeux pour un certain homme n'est donnée dans sa totalité par aucune expérience possible.

La régression n'en va pas moins de chaque membre de cette génération à un membre plus élevé. Point de limite empirique qui présente un membre comme absolument inconditionnel. Les membres qui pourraient fournir ici la condition ne sont pas, dans l'intuition empirique du tout, antérieurs à la régression. Celle-ci ne va pas à l'infini dans la division de la chose donnée. Elle s'étend indéfiniment dans la recherche d'un plus grand nombre de membres, qui servent de conditions aux individus donnés. A leur tour, ils ne sont jamais donnés que comme conditionnels.

CHAPITRE MLXXX

DE L'USAGE A FAIRE DES RÉGRESSIONS.

Qu'il s'agisse de la régression à l'infini ou à l'indéfini, la série des conditions n'est, dans aucun cas, considérée comme infiniment donnée dans l'objet.

Ce ne sont pas des choses qui soient données en elles-mêmes. Ce sont seulement des phénomènes. Ils sont les conditions les uns des autres. Comme tels ils ne sont donnés que dans la régression même.

La question n'est donc plus de savoir combien grande est en elle-même la série des conditions, ni si elle est finie ou infinie; elle n'est rien en soi. Il s'agit de savoir comment nous devons instituer la régression empirique et jusqu'où nous devons la poursuivre.

Il y a ici une importante distinction à faire par rapport à la règle de cette marche.

Le tout est-il donné empiriquement? Il est possible de remonter à l'infini dans la série de ses conditions intérieures.

Le tout n'est-il pas donné? Ne doit-il l'être que par la régression empirique? Tout ce que nous pouvons dire, c'est qu'il est possible à l'infini de s'élever dans la série à des conditions plus hautes encore.

Dans le premier cas, nous pouvions dire : il y a toujours plus de membres, empiriquement donnés, que nous n'en atteignons par la régression de la décomposition. Dans le second, nous devons nous borner à dire : je puis toujours aller plus loin dans la régression; aucun membre n'est empiriquement donné comme absolument inconditionnel. Par conséquent, il y a toujours un membre plus élevé possible, dont la recherche est nécessaire.

Dans le premier cas, il était nécessaire de trouver toujours un plus grand nombre de membres de la série. Dans le second il est nécessaire d'en chercher toujours un plus grand nombre; aucune expérience ne fournit une limite absolue.

Ou bien nous n'avons point de perception qui limite absolument notre régression empirique; alors nous ne devons pas tenir cette régression pour achevée. Ou bien nous avons une perception qui limite notre série. Alors cette perception ne peut pas être une partie de notre série déjà accomplie; ce qui limite doit être différent de ce qui sert à limiter. Nous devons par conséquent poursuivre notre régression pour cette condition même, et ainsi de suite.

Nous allons mettre ces observations dans tout leur jour en les appliquant.

CHAPITRE MLXXXI

RÉSUMÉ DU LIVRE CENT-ONZIÈME.

La cause générale du conflit des idées cosmologiques est dans une vaine apparence. Celle-ci vient de notre ignorance sur le sens ou le véritable usage du principe de la raison pure à l'endroit des problèmes cosmologiques. Nous restons naturellement dans cette ignorance, tant que la critique ne nous a pas éclairés.

Il importe avant tout de ramener ce principe à sa véritable signification.

Voyons donc à cet égard ce que nous révèle la critique.

CHAPITRE MLXXXII

SUITE ET FIN DU RÉSUMÉ.

L'idée rationnelle de la totalité absolue des conditions du monde n'est autre chose qu'une règle, qui sert à étendre l'expérience aussi loin que possible. Elle nous prescrit de remonter toujours plus haut dans la série des conditions de tout phénomène donné. Une telle série n'est ni finie, ni infinie; elle est indéfinie.

Telle est l'unique usage de cette idée. Elle est simplement un principe régulateur. En dehors de cet usage, ce principe n'a plus aucune valeur.

Voulons-nous en faire un axiome, qui nous donnerait comme existant en soi l'absolue totalité de la série des conditions? Voulons-nous supposer qu'il n'est pas simplement une règle relative à la régression, dans la série des conditions d'un phénomène donné? Voulons-nous admettre qu'il nous apprend ainsi quelque chose sur ce qu'est l'objet en soi? Voulons-nous convertir ainsi un principe purement régulateur, en un principe constitutif et doctrinal? Nous aurons fait là une confusion très-naturelle sans doute; mais ce n'en est pas moins une confusion, engendrant forcément une foule d'idées fausses.

Nous considérons ainsi la totalité absolue des conditions du monde, comme si elle pouvait nous être connue en soi. A ce point de vue, sur chacun des problèmes cosmologiques, nous trouvons en faveur des deux thèses opposées des preuves également fortes; nous tombons alors dans ce conflit que Kant a désigné sous le nom d'antinomies de la raison pure.

Pour le faire cesser nous dissiperons l'apparence d'où il résulte. Nous rétablirons à sa place le sens où la raison s'accorde avec elle-même; l'ignorance de ce vrai sens était l'unique cause de ce conflit.

C'est ce qu'à la suite de Kant nous allons faire pour chacune des antinomies, auxquelles donnent lieu les idées cosmologiques mal interprétées.

Un mot cependant encore pour bien fixer le sens et l'usage de la régression dans les séries.

LIVRE CENT-DOUZIÈME

DE L'USAGE EMPIRIQUE DU PRINCIPE RÉGULATEUR DE LA RAISON PAR RAPPORT AUX IDÉES COSMOLOGIQUES.

CHAPITRE MLXXXIII

DE L'USAGE EMPIRIQUE DE LA RÉGRESSION DANS LES SÉRIES.

Ainsi que nous l'avons vu plusieurs fois, il n'y a point d'usage transcendental des concepts de l'entendement, non plus que de ceux de la raison. De plus l'absolue totalité des séries de conditions du monde sensible se fonde uniquement sur un usage transcendental de la raison. Celui-ci exige cette intégralité absolue de ce qu'elle suppose comme chose en soi. Le monde sensible ne contient rien de pareil.

D'après cela, il ne peut plus jamais être question de la quantité absolue des séries dans le monde sensible. Il ne s'agit plus de savoir si elles peuvent être en soi limitées ou illimitées. Il s'agit uniquement de savoir jusqu'où nous pouvons remonter dans la régression empirique, en ramenant l'expérience à ses conditions. Ainsi nous ne nous arrêterons, suivant la règle de la raison, à aucune autre solution de ces questions qu'à celle qui est conforme à l'objet.

CHAPITRE MLXXXIV

DE LA VALEUR VRAIE DU PRINCIPE RATIONNEL.

Il n'est qu'une seule valeur à attribuer au principe rationnel, c'est celle d'une règle relative à la progression et à la grandeur d'une expérience possible. Nous avons suffisamment prouvé qu'il n'en avait aucune comme principe constitutif des phénomènes en soi.

Parviendrons-nous à mettre cette valeur hors de doute? Alors le conflit de la raison avec elle-même sera tout à fait terminé. Par cette solution critique, l'apparence qui la divisait avec elle-même sera dissipée. Nous aurons établi à sa place le sens où elle s'accorde avec elle-même et dont l'ignorance était la seule cause du conflit. Un principe jusques là dialectique se trouvera converti en un principe doctrinal.

Dans le fait, pouvons-nous justifier le sens subjectif de ce principe? Déterminerons-nous le plus grand usage possible de l'expérience conformément aux objets de cette expérience? C'est précisément comme si nous déterminions à priori par ce principe les objets en eux-mêmes, le faisant fonctionner à la manière des axiomes, ce qui est impossible par la raison pure.

Par rapport aux objets de l'expérience, un axiome lui-même ne pourrait pas exercer une plus grande influence, sur l'extension et la rectification de notre connaissance, que ne le ferait ce principe. Bien entendu lorsqu'on l'appliquerait à donner le plus d'étendue possible à l'usage expérimental de notre connaissance.

CHAPITRE MLXXXV

RÉSUMÉ DU LIVRE CENT-DOUZIÈME.

Par la régression empirique, on ne peut jamais embrasser la totalité d'une série. On n'arrive qu'à des conditions qui en supposent d'autres à leur tour. On ne détermine jamais par là la grandeur d'un objet.

Le principe rationnel n'a qu'une valeur de règle, laquelle est purement subjective. Mais il suffirait de mettre cette valeur hors de doute pour que le conflit de la raison avec elle-même se trouvât à jamais terminé. Il prendrait alors un caractère doctrinal, et acquerrait en quelque sorte la valeur d'un axiome.

Nous passons à la solution des antinomies.

LIVRE CENT-TREIZIÈME

SOLUTION DE LA PREMIÈRE ANTINOMIE.

CHAPITRE MLXXXVI

FONDEMENT DU PRINCIPE RÉGULATEUR DE LA RAISON.

Dans cette première antinomie, comme dans toutes les autres, le fondement du principe régulateur de la raison est cette proposition : dans la régression empirique, on ne peut trouver aucune expérience d'une limite absolue. On n'y trouve par conséquent aucune condition qui, comme telle, soit au point de vue empirique absolument inconditionnelle.

La raison en est qu'une semblable expérience devrait renfermer une limite assignée aux phénomènes par le rien ou par le vide. A ce rien aboutirait, au moyen d'une perception, une régression poussée jusques là, ce qui est impossible.

CHAPITRE MLXXXVII

CONSÉQUENCES.

Cette proposition revient à dire que, dans la régression empirique, nous n'arrivons jamais qu'à une condition qui, elle-même à son tour, doit être considérée comme empiriquement conditionnelle. Elle contient donc, en quelque sorte en termes exprès, cette règle : si loin que nous soyons ainsi parvenus dans la série ascendante, de fait nous devons toujours nous enquérir d'un membre plus élevé de la série, que ce membre puisse ou non nous être connu par l'expérience.

CHAPITRE MLXXXVIII

CONDITION A REMPLIR POUR LA SOLUTION DE LA PREMIÈRE ANTINOMIE.

Pour résoudre le premier problème cosmologique, il n'est besoin que de décider si, — dans la régression vers la grandeur absolue de l'univers, au point de vue du temps et de l'espace, — cette ascension, qui ne trouve jamais de limites, peut être appelée une régression à l'infini ou seulement à l'indéfini.

CHAPITRE MLXXXIX

LE MONDE NI FINI NI INFINI.

Que peut être la représentation générale de la série de tous les états passés du monde? Que sera celle des choses qui sont simultanément dans l'espace du monde? Pas autre chose qu'une régression empirique possible. Nous la concevons quoique d'une manière encore indéterminée. Seule elle peut donner lieu au concept d'une telle série de conditions pour une perception donnée.

Cette série du monde ne peut être ni plus grande ni plus petite que la régression empirique possible, sur laquelle seule repose son concept. Ce concept ne saurait donner ni un infini ni un fini déterminés, en d'autres termes, absolument limités. Nous ne pouvons donc admettre la grandeur du monde ni comme finie, ni comme infinie. La régression, au moyen de laquelle elle nous est représentée ne permet ni l'un ni l'autre.

Éclaircissons un peu ceci.

CHAPITRE MXC

LE MONDE NI FINI NI INFINI. — SUITE.

La totalité de l'univers n'est toujours pour nous que l'objet d'un concept, jamais celui d'une intuition.

Nous ne pouvons pas conclure de sa grandeur à celle de la régression; nous ne pouvons pas déterminer celle-ci d'après celle-là. Nous ne pouvons au contraire nous faire un concept de la grandeur du monde, que par la grandeur de la régression empirique.

Mais de celle-ci nous ne savons rien de plus, sinon que de chaque membre donné de la série des conditions, nous devons toujours nous avancer empiriquement vers un membre plus élevé, plus éloigné.

La grandeur de l'ensemble des phénomènes n'est donc pas absolument déterminée par là. On ne peut pas dire non plus que cette régression aille à l'infini; on anticiperait ainsi sur les membres auxquels la régression n'est pas encore parvenue; on s'en représenterait une telle quantité qu'aucune synthèse empirique n'y saurait atteindre; on déterminerait, bien que d'une manière purement négative, la grandeur du monde avant la régression, ce qui est impossible.

Rappelons-nous que la totalité du monde ne nous est donnée par aucune intuition; sa grandeur ne nous est pas donnée non plus avant la régression.

Nous ne pouvons rien dire du tout de la grandeur du monde, pas même qu'il y a en lui une régression à l'infini. Mais, c'est d'après la règle qui détermine en lui la régression empirique, qu'il faut chercher le concept de sa grandeur.

Cette règle ne dit rien de plus sinon que, quelque loin que nous soyons arrivés dans la série des conditions empiriques, nous ne devons admettre nulle part une limite absolue. Nous devons subordonner tout phénomène, comme conditionnel, à un autre phénomène comme étant sa condition. Après l'un nous continuerons de marcher vers l'autre. C'est là la régression à l'indéfini; celle-ci ne détermine aucune grandeur dans l'objet, elle se distingue assez clairement par là de la régression à l'infini.

CHAPITRE MXCI

CONTINUATION DU MÊME SUJET.

Nous ne pouvons pas dire que le monde est infini quant au temps et quant à l'espace. Un tel concept de la grandeur comme d'une infinité donnée est impossible empiriquement. Il est par conséquent absolument impossible par rapport au monde, comme objet des sens.

Nous ne disons pas non plus que la régression d'une perception donnée, à tout ce qui la limite dans une série, soit dans l'espace, soit dans le temps passé, s'étend à l'infini, — cela suppose la grandeur infinie du monde, — ni qu'elle est finie, car une limite absolue est tout aussi impossible empiriquement.

Nous ne pouvons rien dire de tout l'objet de l'expérience, — de tout le monde sensible. — Nous pourrons seulement parler de la règle, d'après laquelle l'expérience doit être appropriée à son sujet, instituée et continuée.

CHAPITRE MXCII

PREMIÈRE RÉPONSE A LA PREMIÈRE QUESTION COSMOLOGIQUE.

La première réponse à la question cosmologique touchant la grandeur du monde est donc cette solution négative; le monde n'a pas de premier commencement dans le temps, ni de limite extrême dans l'espace.

Dans le cas contraire, il serait limité d'un côté par le temps vide, de l'autre par l'espace vide.

Mais, en tant que phénomène, il ne peut être ainsi limité en soi; le phénomène n'est pas une chose finie. Il faudrait donc admettre la possibilité d'une perception de la limite formée par un temps vide et par un espace vide, d'une perception par laquelle cette limite du monde serait donnée dans une expérience possible.

Mais une telle expérience, étant absolument vide de tout contenu, est impossible.

Une limite absolue du monde est donc impossible empiriquement et par cela même absolument.

scolie. — On remarquera qu'ici la preuve est tout autrement administrée que ne l'était plus haut la preuve dogmatique, dans l'antithèse de la première antinomie. Là nous avons présenté le monde sensible, suivant la représentation ordinaire et dogmatique, comme une chose donnée en soi, quant à sa totalité, antérieurement à toute régression. Nous lui avions refusé une place déterminée dans le temps et dans l'espace, s'il n'occupait pas tous les temps et tous les espaces. Aussi la conclusion était-elle tout autre qu'ici ; elle concluait à l'infinité réelle du monde.

CHAPITRE MXCIII

DEUXIÈME RÉPONSE A LA QUESTION COSMOLOGIQUE.

De l'impossibilité d'assigner au monde une limite absolue, soit dans le temps soit dans l'espace, résulte cette réponse affirmative : Comme détermination de la grandeur du monde, la régression dans la série de ses phénomènes va à l'indéfini. Cela revient à dire que le monde sensible n'a pas de grandeur absolue. Par la seule régression, il peut être donné du côté de ses conditions. Celle-ci a sa règle. Elle consiste à marcher toujours de chaque membre de la série, comme d'un conditionnel, à un membre plus éloigné. Nous le ferons au moyen soit de l'expérience directe, soit du fil de l'histoire, soit de la recherche des effets et des causes. De plus nous ne nous dispenserons jamais d'étendre par là l'usage empirique possible de notre entendement ; cela est aussi la propre et unique affaire de la raison dans ses principes.

CHAPITRE MXCIV

DES LIMITES DANS L'APPLICATION DE LA RÈGLE DE LA RÉGRESSION INDÉFINIE.

Il est bien entendu que cette règle de la régression indéfinie ne s'applique qu'au monde en général, et nullement à telle ou telle espèce de phénomènes particuliers. Par exemple, partons d'un homme vivant, il ne nous est pas enjoint de remonter toujours plus haut dans la série de ses ancêtres, sans atteindre jamais un premier couple. Nous ne sommes pas plus obligés d'avancer toujours dans la série des corps qui composent l'univers, et de nous refuser à admettre un soleil extrême. Seulement il nous est ordonné d'aller de phénomènes en phénomènes. Il n'est pas nécessaire pour cela qu'ils nous fournissent une perception réelle; celle-ci peut être trop faible pour arriver à notre conscience et devenir une expérience. Mais il faut que ces phénomènes appartiennent à l'expérience possible.

CHAPITRE MXCV

LE MODE DE L'EXISTENCE DES PHÉNOMÈNES MIS EN REGARD DU MODE DE L'EXISTENCE DU MONDE.

Tout commencement est dans le temps; toute limite de ce qui est étendu est dans l'espace.

Mais l'espace et le temps ne sont que dans le monde sensible.

Les phénomènes ne sont donc dans le monde que d'une manière conditionnelle; mais le monde lui-même n'est ni conditionnel ni borné d'une manière absolue.

CHAPITRE MXCVI

UN DERNIER MOT SUR LA RÉGRESSION.

De plus le monde, non plus que la série même des conditions pour un conditionnel donné, ne peut jamais être entièrement donné comme série cosmologique. Dès lors le concept de la grandeur du monde ne peut être donné que par la régression. Il ne le sera jamais dans une intuition collective antérieure.

Mais la régression ne consiste jamais que dans la détermination de la grandeur; elle ne donne pas un concept déterminé, ni par conséquent un concept d'une grandeur, qui serait infinie relativement à une certaine mesure. Elle ne va donc pas à l'infini, lequel serait en quelque sorte donné, mais à l'indéfini, afin de donner à l'expérience une grandeur qui n'est réelle que par cette régression.

CHAPITRE MXCVII

RÉSUMÉ DU LIVRE CENT-TREIZIÈME.

La première antinomie est celle que soulève cette question : le monde a-t-il ou n'a-t-il pas un commencement dans le temps, et des limites dans l'espace?

Pour résoudre cette question, il faut partir d'une distinction que nous savons déjà faire, celle entre la régression à l'infini, laquelle prétend embrasser celui-ci, et la régression à l'indéfini dont les prétentions sont plus modestes. Cette seconde espèce de régression se borne, nous le savons, à remonter d'une condition à une autre plus élevée et ainsi de suite indéfiniment, sans déterminer aucune grandeur dans l'objet même. C'est par là qu'elle se distingue de la première. Il s'agit de voir laquelle des deux convient au problème cosmologique dont il s'agit ici.

Le monde ne nous est donné dans sa totalité par aucune intuition; il ne peut être pour nous que l'objet d'un concept, ce concept ne peut pas nous le faire connaître tel qu'il est en soi. Il ne peut donc être ici question que de la seconde espèce de régression.

Tout ce que nous pouvons dire, c'est que, quelque loin que nous soyons arrivés dans la série des conditions empiriques, il faut encore et toujours remonter plus haut. Mais nous ne pouvons pas dire pour cela que le monde soit infini dans le temps et dans l'espace, cela supposerait une connaissance de sa grandeur absolue qui ne nous est pas donnée par là. Nous ne pouvons pas dire non plus qu'il soit fini, une limite absolue ne saurait pas davantage être l'objet d'aucune expérience possible.

Il suit de là que, dans la première antinomie, la thèse et l'antithèse sont également fausses, en tant qu'elles prétendent déterminer la grandeur absolue du monde. Nous ne pouvons l'admettre, ni comme finie ni comme infinie; nous pouvons seulement nous élever indéfiniment, suivant la règle de la régression, dans la série des phénomènes.

Il est bien entendu, du reste, que cette règle de la régression indéfinie ne s'applique qu'au monde en général, et nullement à une espèce particulière de phénomènes ; on peut supposer un premier homme, un dernier soleil, etc.

Mais lorsqu'il est question de la totalité des phénomènes du monde, il faut obéir à cette règle. Faute de le faire, on s'imagine atteindre par la pensée pure la totalité de la grandeur finie ou infinie du monde. C'est là qu'est l'erreur.

LIVRE CENT-QUATORZIÈME

SOLUTION DE LA DEUXIÈME ANTINOMIE.

CHAPITRE MXCVIII

OÙ L'ON VOIT QUE LA TOTALITÉ DES PARTIES D'UN OBJET PEUT ÊTRE EMBRASSÉE PAR UNE RÉGRESSION INFINIE, MAIS QUE LE CONCEPT MÊME D'UNE DIVISION, QUI NE S'OPÈRE QUE SUCCESSIVEMENT ET NE PEUT JAMAIS ÊTRE TERMINÉE, ENTRAÎNE AVEC LUI CELUI D'UNE RÉGRESSION SE COMPORTANT COMME SI ELLE ÉTAIT INDÉFINIE.

Quand nous divisons un tout qui est donné dans l'intuition, nous allons du conditionnel aux conditions de sa possibilité.

La division des parties est une régression dans la série de ces conditions.

La totalité absolue de cette série ne serait donnée que si la régression pouvait arriver à des parties simples.

Mais prenons l'hypothèse contraire, celle où l'on n'atteint jamais le simple, où les parties sont toujours divisibles, et où la décomposition continue toujours. Alors la division, c'est-à-dire la régresion, va du conditionnel à ses conditions, par une marche ascendante infinie. Ici les conditions sont les parties, et elles sont en totalité contenues dans le conditionnel. Celui-ci est entièrement donné dans une intuition renfermée dans ses limites; toutes ses parties ensemble sont données avec lui.

La régression ne doit donc pas être appelée simplement une régresssion à l'indéfini, comme dans l'antinomie précédente. Là encore nous devions aller du conditionnel à ses conditions, mais celles-ci étaient données en dehors de lui. Par conséquent elles n'étaient pas données en même temps; elles ne se présentaient que dans la régression empirique.

Cependant il n'est nullement permis de dire d'un tout divisible à l'infini qu'il se compose d'un nombre infini de parties.

Toutes les parties sont bien renfermées dans l'intuition du tout. Néanmoins cette intuition ne contient pas toute la division du tout. Elle ne consiste que dans la décomposition continuelle, ou dans la régression même. Celle-ci seule rend possible la série.

Cette régression est infinie. Tous les membres (les parties) auxquels elle arrive sont, il est vrai, contenus comme agrégats dans le tout donné. Mais la série entière de la division ne l'est point; c'est successivement qu'elle est infinie, elle n'est jamais complète. Elle ne peut pas présenter une multitude infinie et une synthèse de cette multitude en un tout.

CHAPITRE MXCIX

PREMIÈRE APPLICATION A L'ESPACE.

Cette remarque générale s'applique d'abord très-aisément à l'espace. Chaque espace perçu dans ses limites est un tout. Les parties décomposées en sont toujours des espaces, par conséquent l'espace est divisible à l'infini.

CHAPITRE MC

SECONDE APPLICATION AUX CORPS.

De là résulte naturellement la seconde application à un phénomène extérieur renfermé dans ses bornes, à un corps. La divisibilité de ce corps se fonde sur la divisibilité de l'espace, lequel constitue la possibilité du corps, comme d'un tout étendu. Celui-ci est donc divisible à l'infini; cependant il ne se compose pas de parties infiniment nombreuses.

CHAPITRE MCI

DU CORPS COMME POUVANT NE PAS SUBIR NÉCESSAIREMENT LA LOI DE DIVISIBILITÉ DE L'ESPACE. — DE LA SUBSTANCE DANS LE PHÉNOMÈNE.

Un corps doit être représenté comme une substance dans l'espace. En ce qui concerne la loi de divisibilité de l'espace, il semblerait donc devoir être distinct de celui-ci. On peut accorder en tout cas que dans l'espace, la décomposition ne peut jamais exclure toute composition. L'espace n'a rien d'existant de soi; il disparaitrait tout entier, ce qui est impossible. Mais il semble qu'on ne peut pas admettre que, si toute composition de la matière était supprimée dans la pensée, il ne doive rien rester du tout. Cela ne semble pas s'accorder avec le concept d'une substance. Elle doit être proprement le sujet de toute composition. Elle devra subsister dans ses éléments, encore qu'ait disparu l'union de ces éléments dans l'espace, union par laquelle ils forment un corps.

Mais il n'en est pas de ce qu'on appelle substance dans le phénomène comme de ce que l'on penserait d'une chose en soi, au moyen d'un concept purement intellectuel.

Cette substance n'est pas un sujet absolu ; elle est une image permanente de la sensibilité. Elle n'est qu'une intuition dans laquelle il ne se trouve rien d'inconditionnel.

CHAPITRE MCII

LA GRANDEUR CONTINUE ET LA GRANDEUR DISCONTINUE MISES EN REGARD SOUS LE RAPPOT DE LEUR DIVISIBILITÉ.

Cette règle de la progression à l'infini s'applique sans aucun doute dans la subdivision d'un phénomène considéré comme remplissant l'espace. Elle n'a plus de valeur quand nous voulons l'étendre à la multitude des parties déjà séparées d'une certaine manière dans le tout donné, et qui constituent ainsi un quantum discontinu et discret.

On ne saurait admettre que dans chaque tout organisé, chaque partie soit organisée à son tour; car, de cette manière, dans la division des parties à l'infini, on arriverait toujours à de nouvelles parties organisées. On n'admettra jamais que le tout soit organisé à l'infini, bien qu'on puisse admettre que les parties de la matière peuvent être organisées, dans leur décomposition à l'infini.

Sur quoi se fonde l'infinité de la division d'un phénomène donné dans l'espace? Uniquement sur ce que par ce phénomène est donnée simplement la divisibilité, c'est-à-dire une multitude de parties absolument indéterminée en soi; au contraire les parties elles-mêmes ne sont données et déterminées que par la subdivision. En un mot cela repose sur ce que le tout n'est pas déjà divisé en lui-même.

La division peut donc déterminer dans ce tout une multitude, qui va aussi loin que l'on puisse s'avancer dans la régression de la division.

Soit au contraire un corps organisé qui le serait à l'infini; le tout est représenté par ce concept comme étant déjà divisé; il s'y trouverait antérieurement à toute régression de la division une multitude de parties déterminée en soi, mais infinie. Cela est contradictoire. Ce développement infini est considéré comme une série infinie qui n'est jamais complète; cependant il est regardé comme complet dans une synthèse.

La division infinie ne désigne le phénomène que comme un quantum continu. Elle est inséparable de l'idée de quelque chose qui remplit l'espace. C'est dans cette idée qu'est le principe de la divisibilité infinie.

Mais dès que quelque chose est considéré comme une quantité discontinue, la multitude des unités y est déterminée; elle est donc toujours égale à un nombre.

Il n'y a que l'expérience qui puisse décider jusqu'où l'organisation peut aller dans un corps organisé.

Quand elle n'arriverait avec certitude à aucune partie inorganique, des parties de ce genre n'en devraient pas moins résider dans l'expérience possible. Mais de savoir jusqu'où s'étend la division transcendentale d'un phénomène en général, ce n'est pas l'affaire de l'expérience. Un principe de la raison nous défend de tenir jamais pour absolument complète la régression empirique dans la décomposition de ce qui est étendu, conformément à la nature de ce phénomène.

CHAPITRE MCIII

RÉSUMÉ DU LIVRE CENT-QUATORZIÈME.

La seconde antinomie roule sur la question de savoir si tout dans le monde est composé, ou si les éléments en sont simples. Elle se résout comme la première.

Entre l'idée cosmologique qui est ici en jeu et la première, il y a en effet une différence : le tout dont il est ici question est donné dans l'intuition, tandis que l'univers dont s'occupait la question précédente ne saurait l'être dans sa totalité, et, en effet, il ne l'est pas. Dans le cas présent, toutes les parties du conditionnel sont données avec lui. Dans le cas précédent, il nous faut aller du conditionnel à des conditions qui étaient en dehors de lui. Dans le cas présent la régression peut aller à l'infini au lieu d'être simplement indéfinie; c'est ainsi qu'on peut concevoir que le corps, quelle que soit d'ailleurs son organisation, soit, comme l'espace, divisible à l'infini.

Cela ne fait pas qu'on puisse dire d'un tout divisible à

l'infini qu'il se compose d'un nombre infini de parties. Toutes les parties sont bien en effet renfermées dans l'intuition d'un corps donné, néanmoins nous n'en connaissons pas toute la division ; celle-ci ne peut nous être donnée que par une décomposition continue.

Nous rentrons par là dans le cas du précédent problème, et nous arrivons à une solution du même genre.

Nous ne pouvons pas dire que tout dans le monde soit composé, ni que les éléments en soient simples, partant indivisibles. Seulement un principe de la raison pure nous défend de tenir jamais pour complète la régression empirique dans la division de tout ce qui est étendu, c'est-à-dire qui remplit un espace.

Ici encore la thèse et l'antithèse sont également fausses. Le principe de leur erreur, en même temps que de leur conflit consiste dans une illusion, celle qui nous fait considérer comme une chose en soi ce qui n'est qu'un pur phénomène.

LIVRE CENT-QUINZIÈME

REMARQUE FINALE SUR LA SOLUTION QUE NOUS VENONS DE DONNER DES DEUX ANTINOMIES MATHÉMATIQUES. — REMARQUE PRÉLIMINAIRE SUR CELLE QUE NOUS DONNERONS DES DEUX ANTINOMIES DYNAMIQUES.

CHAPITRE MCIV

LES IDÉES COSMOLOGIQUES MATHÉMATIQUES NE REPOSANT QUE SUR DES CONDITIONS PHÉNOMÉNALES.

Nous avons représenté en un tableau l'antinomie produite dans la raison pure par toutes les idées transcendentales. Nous avons montré le principe de ce conflit, et l'unique moyen de le dissiper, moyen qui consiste à tenir pour fausses les deux assertions opposées. Nous avons partout représenté les conditions comme appartenant à leur conditionnel, suivant les rapports d'espace et de temps. C'est là l'hypothèse ordinaire de la raison commune; c'est là qu'est aussi le principe de tout ce conflit.

A ce point de vue, toutes les représentations dialectiques de la totalité, dans la série des conditions d'un conditionnel donné, étaient absolument de même espèce.

C'était toujours une série où la condition était liée au

conditionnel comme à un membre de la série; par conséquent, ils étaient tous deux de même espèce. La régression ne devait jamais y être conçue comme accomplie. Si cela arrivait, c'est qu'un membre conditionnel en soi aurait été faussement regardé comme premier et par conséquent comme absolu.

Peut-être n'était-ce pas l'objet, c'est-à-dire le conditionnel, mais c'était au moins la série des conditions du conditionnel qui était partout envisagée au seul point de vue de sa quantité. La difficulté ne pouvait être résolue par aucun accomodement. Force était de trancher le nœud. Elle consistait en ce que la raison faisait à l'entendement la chose ou trop longue ou trop courte. Celui-ci ne pouvait jamais égaler l'idée de celle-là.

CHAPITRE MCV

LES IDÉES COSMOLOGIQUES DYNAMIQUES POUVANT REPOSER SUR DES CONDITIONS QUI NE SE RENCONTRENT PAS TOUJOURS DANS L'ORDRE DES PHÉNOMÈNES.

Nous avons négligé ici une distinction essentielle qui domine parmi les objets, c'est-à-dire parmi les concepts de l'entendement que la raison s'efforce d'élever au rang des idées; nous avons laissé dans l'ombre la distinction qui existe, d'après notre précédent tableau des catégories, entre deux d'entre elles, désignant une synthèse mathématique des phénomènes, et les deux autres qui en désignent une synthèse dynamique.

Nous pouvions jusqu'ici laisser cette distinction de côté. Dans la représentation générale de toutes les idées transcendentales, nous nous en étions toujours tenu aux conditions dans le phénomène ; nous n'avions aussi dans les deux catégories mathématiques transcendentales aucun autre objet que l'objet dans le phénomène.

Mais à présent nous arrivons aux concepts dynamiques de l'entendement, en tant qu'ils doivent s'accorder avec l'idée de la raison. Cette distinction devient importante, elle nous ouvre une perspective toute nouvelle au sujet du procès où la raison est engagée.

Ce procès avait été précédemment écarté par ce motif qu'il se fondait de part et d'autre sur de fausses suppositions ; mais peut-être maintenant va-t-il se trouver dans l'antinomie dynamique une supposition compatible avec les prétentions de la raison. Il se pourrait que de ce point de vue le juge suppléât au défaut des moyens de droit qu'on avait méconnus des deux côtés. Alors le différent serait terminé à la satisfaction des deux parties. Cela était impossible dans le conflit auquel donne lieu l'antinomie mathématique.

CHAPITRE MCVI

DE LA SYNTHÈSE DE L'HOMOGÈNE ET DE CELLE DE L'HÉTÉROGÈNE.

Voulons-nous regarder simplement à l'extension des séries, pour voir si elles sont appropriées à l'idée, ou si elle sont trop grandes ou trop petites pour elle ? En ce sens, les séries sont assurément toutes homogènes.

Mais le concept de l'entendement qui sert de fondement à nos idées contient l'une ou l'autre de ces deux choses : ou bien il renferme simplement une synthèse l'homogène, de ce qui est supposé dans toute quantité, tant dans la composition que dans la division ; ou même il peut contenir une synthèse de l'hétérogène. Cela du moins peut être admis dans la synthèse dynamique, soit dans celle de la liaison causale, soit dans celle du nécessaire avec le contingent.

CHAPITRE MCVII

DES CONDITIONS SENSIBLES ET DES CONDITIONS INTELLIGIBLES.

De là vient que dans la liaison mathématique des séries des phénomènes, aucune autre condition n'est possible qu'une condition sensible, qui fait elle-même partie de la série. Mais la série dynamique des conditions sensibles permet encore une condition hétérogène, qui ne fait pas partie de la série. Purement intelligible, elle réside en dehors d'elle. Cela donne satisfaction à la raison et place l'absolu en tête des phénomènes. Ceci n'en trouble pas la série ; ils restent toujours conditionnels. Ceci ne la brise pas non plus, contrairement aux principes de l'entendement.

CHAPITRE MCVIII

LES ASSERTIONS DYNAMIQUES ÉGALEMENT VRAIES, SOIT DU CÔTÉ DE LA THÈSE, SOIT DE CELUI DE L'ANTITHÈSE.

Donc, les idées dynamiques permettent une condition des phénomènes en dehors de leur série, une condition qui ne soit pas elle-même un phénomène. Par cela même il arrive quelque chose qui est tout à fait distinct de la conséquence de l'antinomie.

Celle-ci en effet faisait que les deux assertions dialectiques opposées devaient être déclarées fausses.

Le contraire a lieu pour les séries dynamiques; le conditionnel se trouve sans discontinuité dans ces séries. Il est inséparable de ces séries considérées comme condition empiriquement inconditionnelle, mais aussi non sensible, à laquelle il est joint. Il va donner satisfaction d'une part à l'entendement, de l'autre à la raison.

En effet, l'entendement ne permet point parmi les phénomènes une condition qui serait elle-même empiriquement inconditionnelle. Mais on peut concevoir au conditionnel dans le phénomène une condition intelligible. A ce titre elle n'appartient pas comme membre à la série des phénomènes. Elle ne rompt pas pour cela le moins du monde la série des conditions empiriques, à laquelle et auxquelles elle reste toujours complétement étrangère. Une telle condition peut être admise comme empiriquement inconditionnelle. La régression empirique continue n'en serait nullement interrompue.

Donc, les arguments dialectiques qui cherchaient d'une manière ou de l'autre la totalité absolue dans de simples phénomènes tombent également; mais les propositions rationnelles ainsi rectifiées peuvent être vraies toutes deux.

Cela ne pouvait avoir lieu dans les idées cosmologiques qui concernent simplement l'unité mathématiquement inconditionnelle. Dans ces idées on ne trouve pas d'autre condition de la série des phénomènes, que celle qui est elle-même un phénomène, et à ce titre constitue un membre de la série.

CHAPITRE MCIX

RÉSUMÉ DU LIVRE CENT-QUINZIÈME.

Les solutions des deux premières antinomies ont ce caractère commun qu'elles donnent, dans chacune d'elles, les deux assertions opposées pour également fausses.

Elles se distinguent par là de celle des deux dernières, qui consistent au contraire à montrer qu'ici la thèse et l'antithèse sont également vraies.

Cette différence vient de ce que dans les deux premiers cas, il ne s'agit que de ce que Kant appelle une synthèse mathématique; les conditions, de quelque manière d'ailleurs qu'on en conçoive la totalité, sont toujours et nécessairement homogènes avec le conditionnel. Mais dans les dernières, il s'agit d'une synthèse dynamique; les conditions des phénomènes peuvent être considérées comme appartenant à un autre ordre de choses que ces phénomènes.

Dans les deux premières antinomies la thèse et l'antithèse ont dû être déclarées également fausses. Cherchant de part et d'autre la totalité absolue dans de simples phénomènes, elles tombent ensemble avec l'illusion qui les engendre. Dans les deux dernières, les conditions cherchées ne font pas nécessairement partie de la même série; les deux assertions opposées peuvent être vraies toutes les deux, suivant le point de vue où l'on se place.

Ceci va devenir plus clair par la solution que nous allons donner des deux dernières antinomies.

LIVRE CENT-SEIZIÈME

INTRODUCTION A LA SOLUTION DE LA TROISIÈME ANTINOMIE.

CHAPITRE MCX

DE DEUX ESPÈCES DE CAUSALITÉ.

Relativement à ce qui arrive, on ne peut concevoir que deux espèces de causalité, l'une fatale et suivant la nécessité de la nature, l'autre volontaire et libre.

CHAPITRE MCXI

DE LA CAUSALITÉ NATURELLE.

La causalité naturelle est la liaison dans le monde sensible d'un état avec le précédent, auquel il succède d'après une règle.

La causalité des phénomènes repose sur des conditions de temps; l'état précédent, s'il eût toujours été, n'aurait pas produit un effet qui se montre pour la première fois dans le temps. La causalité de la cause de ce qui arrive, ou commence, a commencé aussi; à son tour, d'après le principe de l'entendement, elle a besoin elle-même d'une cause.

CHAPITRE MCXII

DE LA CAUSALITÉ LIBRE ET DE LA LIBERTÉ DANS LE SENS TRANSCENDENTAL.

Dans le sens cosmologique, la liberté est la faculté de commencer par soi-même un état dont la causalité ne rentre pas à son tour, suivant la loi naturelle, sous une autre cause qui la détermine dans le temps. Ce n'est pas là tout à fait la liberté morale telle que Kant nous la fera connaître dans sa critique de la raison pratique.

Dans ce sens, la liberté est une idée purement transcendentale. Elle n'emprunte rien de l'expérience. L'objet ne peut pas même en être déterminé par aucune expérience. C'est une loi générale, même pour la possibilité de toute expérience, que tout ce qui arrive doit avoir une cause. La causalité des causes qui elles-mêmes arrivent ou commencent d'être, doit aussi à son tour avoir sa cause. Tout le champ de l'expérience, aussi loin qu'il peut s'étendre se trouve ainsi transformé en un champ de pure nature.

De cette manière on ne saurait arriver dans la relation causale à aucune causalité absolue des conditions. C'est pourquoi la raison se crée l'idée d'une spontanéité, se déterminant d'elle-même à agir. La raison admet la possibilité qu'aucune autre cause ne l'ait dû précéder pour la déterminer à l'action suivant la loi de la liaison causale.

CHAPITRE MCXIII

DE LA LIBERTÉ DANS LE SENS PRATIQUE.

Il est surtout remarquable que c'est sur cette idée transcendentale de la liberté que se fonde le concept pratique que nous en avons. C'est là que réside le nœud des difficultés, qui ont jusqu'ici environné la question de sa possibilité.

La liberté dans le sens pratique est l'indépendance de la volonté par rapport à la contrainte que cherchent à lui imposer les penchants de la sensibilité. (Cf, *critique de la raison pratique*) En effet une volonté est libre en tant qu'elle est pathologiquement affectée par les mobiles de la sensibilité. — Kant regarde cet état de la liberté comme une souffrance, presque comme une maladie. — Elle s'appelle animale quand elle peut être pathologiquement nécessitée. La volonté humaine est, il est vrai, un sensible-arbitre, mais non un animal-arbitre ; elle est un libre-arbitre. La sensibilité ne rend pas son action nécessaire. Il y a dans l'homme un pouvoir de se déterminer de lui-même indépendamment de la contrainte des penchants sensibles.

CHAPITRE MCXIV

ÉTROITESSE DU LIEN ENTRE LA LIBERTÉ TRANSCENDENTALE ET LA LIBERTÉ PRATIQUE.

Toute causalité dans le monde sensible n'est-elle que la causalité fatale de la nature? Alors chaque événement sera déterminé par un autre dans le temps suivant des lois nécessaires. Les phénomènes, dans cette hypothèse, détermineraient la volonté. Ils nécessiteraient chaque action comme leur suite naturelle ; la suppression de la liberté transcendentale (cosmologique) entraînerait en même temps toute liberté morale (pratique).

Bien qu'une action n'ait pas eu lieu, celle-ci en effet suppose qu'elle aurait pu cependant avoir lieu. La cause de ce qui a eu lieu dans le phénomène n'était pas tellement déterminante, qu'il n'y eût dans notre volonté une causalité capable de produire quelque chose de déterminé dans l'ordre du temps suivant des lois empiriques ; cela indépendamment des causes naturelles et même contre leur puissance et leur influence. Ainsi cette volonté serait créatrice et commencerait tout à fait de soi-même une série d'événements.

CHAPITRE MCXV

LE PROBLÈME DE LA LIBERTÉ PROBLÈME TRANSCENDENTAL.

Il nous arrive donc encore ici ce qui se rencontre en général dans le conflit de la raison qui se hasarde au delà des limites de l'expérience possible. Le problème n'est pas proprement physiologique, il est transcendental.

La question de la possibilité de la liberté est souvent traitée en psychologie ; mais elle repose sur des arguments dialectiques de la raison pure ; il n'y a que la philosophie transcendentale qui puisse la résoudre.

Il faut mettre celle-ci en état de donner à ce sujet une

réponse satisfaisante qu'elle ne peut refuser. Nous devons donc commencer par déterminer avec plus de précision par une remarque la manière dont elle doit procéder dans cette question.

CHAPITRE MCXVI

DE LA POSSIBILITÉ DANS LES CONCEPTS DYNAMIQUES DE FAIRE ABSTRACTION DE LA GRANDEUR DE LA SÉRIE DES CONDITIONS.

Voulons-nous que les phénomènes soient des choses en soi? Voulons-nous que l'espace et le temps soient des formes de l'existence des choses en soi? Alors les conditions et le conditionnel appartiendront toujours comme membres à une seule et même série. Dans le cas présent il en résulterait l'antinomie qui est commune à toutes les idées transcendentales ; cette série devrait être nécessairement trop grande ou trop petite pour l'entendement.

Mais les concepts dynamiques de la raison, les seuls dont nous ayons à nous occuper présentement offrent une particularité remarquable. Ils n'ont pas affaire à un objet au point de vue de sa quantité, mais seulement à celui de son existence. On peut donc, en ce qui les concerne, faire abstraction de la grandeur de la série des conditions; on n'y considère que le rapport dynamique de la condition au conditionnel.

CHAPITRE MCXVII

DE LA POSSIBILITÉ DE LA LIBERTÉ.

C'est ainsi que dans la question de la nature et de la liberté, nous rencontrons déjà une difficulté. La liberté en général est-elle possible? Au cas où elle le serait, peut-elle s'accorder avec l'universalité de la loi naturelle de la causalité? Est-ce une proposition rigoureusement disjonctive que celle-ci : tout effet dans le monde doit résulter *ou* de la nature *ou* de la liberté? L'une et l'autre ne peuvent-elles pas se trouver ensemble, mais en des sens différents dans un seul et même événement?

Il est, nous le savons, un principe qui veut que tous les événements du monde sensible soient enchaînés sans solution de continuité suivant des lois naturelles immuables. Nous en avons établi l'exactitude dans notre analyse transcendentale; ce principe ne souffre aucune exception. La question est simplement de savoir si, malgré ce principe, la liberté est encore possible par rapport au même effet qui est déterminé suivant la nature, ou si elle est absolument exclue par cette règle inviolable.

Les phénomènes sont-ils des choses en soi, comme nous l'avons supposé au début de ce chapitre? Alors la liberté est perdue sans retour. Mais, nous allons le voir, elle peut être sauvée dans l'hypothèse contraire.

CHAPITRE MCXVIII

EXAMEN DE DEUX HYPOTHÈSES.

L'hypothèse commune est bien celle de la réalité absolue des phénomènes. Elle est, nous le savons, trompeuse. Si elle était vraie, plus de liberté. La nature serait alors la cause parfaite et suffisante par elle-même de tout événement. La condition de chacun est toujours renfermée dans la série des phénomènes; ils sont nécessairement soumis, avec leurs effets, à la loi naturelle.

Mais ne prenons les phénomènes que pour ce que Kant nous dira qu'ils sont en effet, c'est-à-dire non plus pour des choses en soi, mais pour de simples représentations, qui s'enchaînent suivant des lois empiriques. En ce sens, ils doivent avoir eux-mêmes des causes qui ne sont pas des phénomènes.

Relativement à sa causalité, une cause intelligible de ce genre n'est pas déterminée par des phénomènes. Néanmoins ses effets peuvent être des phénomènes; à ce titre, ils peuvent être déterminés par d'autres phénomènes.

Cette cause est ainsi avec sa causalité en dehors de la série des conditions empiriques, tandis que ses effets se trouvent être au dedans.

L'effet peut donc être considéré comme libre par rapport à sa cause intelligible, tandis que par rapport aux phénomènes, il ne le sera point, mais il sera une conséquence de ces phénomènes suivant la nécessité de la nature.

CHAPITRE MCXIX

SCOLIE.

Kant convient que la distinction précédente est obcure, elle doit paraître extrêmement subtile, ainsi présentée d'une manière générale et tout à fait abstraite; mais il dit que cela s'éclaircira dans l'application.

Il a voulu seulement faire ici une remarque; dans le contexte de la nature, l'enchaînement de tous les phénomènes est une loi indispensable. Cette loi anéantit toute liberté si on s'attache obstinément à la réalité absolue des phénomènes.

Aussi ceux qui suivent ici l'opinion commune n'ont-ils jamais pu parvenir à accorder ensemble la nature et la liberté.

CHAPITRE MCXX

RÉSUMÉ DU LIVRE CENT-SEIZIÈME.

La troisième antinomie est celle que soulève la question tant controversée de savoir si tout ce qui arrive dans le monde, les actions humaines comme tout le reste, est fatal ou s'il y a place quelque part pour la liberté.

On ne peut concevoir en effet que deux espèces de causalité, la causalité naturelle et la causalité libre. Suivant la première, les événements sont fatalement déterminés par ceux qui les précèdent; mais la seconde est une spontanéité capable de commencer d'elle-même à agir, sans qu'il soit besoin pour cela d'une cause antérieure, qui détermine son action suivant la loi de la liaison causale. Ces deux manières de concevoir la production des événements du monde donnent lieu à deux assertions opposées qui se soutiennent également, mais qui s'excluent l'une l'autre, ou qui du moins paraissent s'exclure absolument.

Si tout ce qui arrive dans le monde est nécessairement déterminé par ce qui précède, suivant la loi naturelle de la liaison des causes et des effets, où est la place de la liberté? Que devient dès lors l'ordre moral?

Mais s'il y a quelque part une cause libre, alors l'enchaînement des causes et des effets est rompu ; que devient alors l'ordre naturel?

Il ne semble pas qu'on puisse sortir de là.

Il y a un moyen, nous dit Kant, mais il n'y en a qu'un. Nous reconnaîtrons le principe qui veut que tous les événements du monde sensible soient enchaînés sans solution de continuité suivant des lois naturelles immuables. Nous n'abandonnerons pas ce principe, qui ne souffre aucune exception. Mais nous nous demanderons si la liberté ne serait pas possible en même temps, par rapport aux mêmes effets, considérés sous un autre point de vue.

Tel est précisément le résultat où l'on arrive en distinguant comme il convient l'ordre intelligible de l'ordre sensible.

Supprimez cette distinction, supposez que les choses sensibles, les phénomènes, sont réellement les choses en soi, il vous faudra renoncer absolument à la liberté.

Au contraire, si la distinction est fondée, il est possible de concilier la thèse de la liberté avec celle de la nécessité naturelle.

Toutes deux peuvent être vraies, mais à des points de vue différents.

Ce que cette théorie peut conserver d'obscur s'éclaircira dans l'application.

Cependant avant d'entrer dans les applications annoncées, il faut bien qu'il nous fasse voir, et cela avec les explications suffisantes, ce en quoi sa théorie consiste en général; c'est là où nous allons d'abord le suivre.

LIVRE CENT-DIX-SEPTIÈME

SOLUTION DE LA TROISIÈME ANTINOMIE, LA PREMIÈRE DES DEUX ANTINOMIES DYNAMIQUES.

CHAPITRE MCXXI

DE LA CAUSALITÉ INTELLIGIBLE ET DE LA CAUSALITÉ SENSIBLE.

Nous appelons intelligible ce qui dans un objet des sens n'est pas lui-même un phénomène.

Soit une chose qui doive être considérée comme phénomène dans le monde sensible, supposons maintenant, — ce qui n'est pas démontré impossible, — que cette chose ait en soi une faculté qui n'est pas un objet d'intuition sensible. Admettons, — le contraire n'est pas prouvé, — qu'au moyen de cette faculté, cette chose puisse être elle-même cause d'autres phénomènes. Alors nous pourrons envisager la causalité du premier sous deux points de vue.

Elle sera intelligible quant à son action, considérée comme celle d'une chose en soi.

Elle sera sensible quant aux effets de cette action; nous la considérons alors comme phénomène dans le monde sensible.

Nous nous ferons donc un double concept de la causalité d'un tel sujet, un concept empirique et en même temps aussi un concept intellectuel qui se rencontreraient dans un seul et même effet.

CHAPITRE MCXXII

DE L'ACCORD DES LOIS DE L'ENTENDEMENT AVEC LA DOUBLE CAUSALITÉ DES PHÉNOMÈNES.

Cette double manière de concevoir la faculté d'un objet des sens ne contredit aucun des concepts que nous avons à nous faire des phénomènes et d'une expérience possible.

Les phénomènes ne sont pas des choses en soi. Ils doivent avoir pour fondement un objet transcendental, qui les détermine comme simples représentations. Nous attribuerons à cet objet transcendental, d'abord et nécessairement la propriété qui le fait se manifester à nous sous la forme du phénomène. Mais rien ne nous empêche de lui attribuer en outre une causalité qui ne soit pas un phénomène, bien que son effet se rencontre dans le phénomène.

CHAPITRE MCXXIII

DU DOUBLE CARACTÈRE DE LA CAUSE EFFICIENTE.

Toute cause efficiente doit avoir un caractère, c'est-à-dire une loi de sa causalité sans laquelle elle ne serait pas une cause.

Dans un sujet du monde sensible ce caractère est double, empirique et intellectuel à la fois.

Il est empirique. Comme phénomènes, les actes du sujet seraient enchaînés à d'autres, suivant des lois naturelles constantes. Ils pourraient être dérivés de ceux-ci comme de leurs conditions. Ils constitueraient par conséquent, dans leurs rapports avec eux, des membres d'une série unique dans l'ordre de la nature.

Il est intelligible. Le sujet est bien la cause de ses actes comme phénomènes. Mais lui-même n'en est pas un ; il n'est pas soumis aux conditions de la sensibilité.

Le premier caractère pourrait s'appeler caractère de la chose dans le phénomène ; le second serait celui de la chose en soi.

CHAPITRE MCXXIV

DU CARACTÈRE INTELLIGIBLE DU SUJET AGISSANT.

Le sujet agissant ne serait soumis, quant à son caractère intelligible à aucune détermination de temps ; le temps est la condition des phénomènes, il n'est pas celle des choses en soi. En lui ne naîtrait ni ne périrait aucun acte ; il ne serait pas soumis à la condition de tout ce qui est changeant, savoir que tout ce qui arrive trouve sa cause dans les phénomènes de l'état précédent.

Sa causalité, en tant qu'intellectuelle, ne rentre nullement dans la série des conditions empiriques qui nécessitent l'événement dans le monde sensible.

A la vérité, ce caractère intelligible ne pourrait jamais être immédiatement connu ; nous ne pouvons percevoir aucune chose qu'en tant qu'elle nous apparaît. Mais il devrait être conçu conformément au caractère empirique, de la même manière que nous devons en général donner dans la pensée un objet transcendental pour fondement aux phénomènes, bien que nous ne sachions rien de ce qu'il est en soi.

CHAPITRE MCXXV

DU CARACTÈRE EMPIRIQUE DU MÊME SUJET.

Considérons maintenant ce même sujet au point de vue de son caractère empirique. D'après ce dernier il serait comme phénomène soumis à toutes les lois qui déterminent les effets suivant la liaison causale. En ce sens, il ne serait rien qu'une partie du monde sensible, dont les effets découleraient inévitablement de la nature, comme tout autre phénomène.

Les phénomènes extérieurs influeraient sur lui, la loi de sa causalité ne serait connue que par expérience, tous ses actes devraient pouvoir s'expliquer suivant les lois de la nature; toutes les conditions requises pour leur parfaite et nécessaire détermination devraient se trouver dans une expérience possible.

CHAPITRE MCXXVI

CONDITIONS D'UN ACCORD POSSIBLE ENTRE LA NATURE ET LA LIBERTÉ.

Nous ne pouvons avoir qu'un concept général du caractère intelligible du sujet agissant. Néanmoins, nous venons de le voir, nous en savons assez pour nous rendre compte que, sous le rapport de son intelligibilité, ce même sujet devrait être affranchi de toute influence de la sensibilité et de toute détermination par des phénomènes. Rien n'arrive en lui en tant qu'il est noumène ; il ne s'y trouve aucun changement qui exige aucune détermination dynamique de temps, aucune liaison avec des phénomènes comme avec leur cause. Cet être actif serait donc dans ses actes indépendant et libre de toute nécessité naturelle, comme celle qui se trouve simplement dans le monde sensible.

On dirait de lui très-exactement qu'il commence *de lui-même* ses effets dans le monde sensible, sans que l'action commence *en lui-même*. Cela serait vrai sans que les effets dussent pour cela commencer d'eux-mêmes dans le monde sensible. Ils y sont toujours antérieurement déterminés par des conditions empiriques, mais seulement au moyen du caractère empirique, lequel n'est que la manifestation de l'intelligible ; ils ne sont possibles que comme une continuation de la série des causes naturelles.

Ainsi la liberté et la nature, chacune dans son sens, se rencontreraient ensemble et sans aucune contradiction dans les mêmes actions, suivant qu'on les rapprocherait de leurs causes intelligibles ou de leurs causes sensibles.

CHAPITRE MCXXVII

RÉSUMÉ DU LIVRE CENT-DIX-SEPTIÈME.

Nous ne connaissons pas les choses externes ou internes telles qu'elles sont en elles-mêmes mais, seulement telles qu'elles nous apparaissent en vertu des formes ou des lois de notre sensibilité et de notre entendement.

Il faut donc distinguer dans tout objet de perception la chose en soi du phénomène, l'intelligible du sensible.

Le premier à la vérité ne peut pas être pour nous un objet de connaissance, mais si nous ne pouvons le déterminer, nous pouvons au moins le concevoir comme distinct du second.

En nous plaçant à ce double point de vue, nous pouvons très-bien concevoir que la même action qui, en tant qu'effet dans le monde sensible, doit être considérée comme soumise à la loi de la nature, ou comme nécessairement déterminée par ce qui précède, soit comme action d'une chose en soi, indépendante de cette loi.

Le phénomène n'est pas la chose en soi, mais il doit avoir pour fondement une chose en soi : Rien ne nous empêche d'attribuer à cet objet transcendental, outre la cause qui en fait un phénomène, une causalité qui n'en soit pas un, bien que son effet se rencontre dans le phénomène.

Comme phénomène, il resterait soumis à la loi qui veut que tout ce qui arrive dans la nature soit déterminé par ce qui précède suivant un enchainement nécessaire. Comme objet intelligible, il échappe à la condition du temps qui est celle des phénomènes ; il échappe ainsi à la loi de leur enchainement. On peut, à ce point de vue, le concevoir comme une cause véritablement spontanée, commençant d'elle-même l'action, bien que ses effets dans le monde sensible puissent se rattacher aux effets précédents suivant la loi de la nature.

Ainsi devient possible, selon Kant, la conciliation cherchée entre la nature et la liberté.

LIVRE CENT-DIX-HUITIÈME

EXPLICATIONS ET APPLICATIONS.

CHAPITRE MCXXVIII

POURQUOI CE LIVRE.

La question transcendentale dont nous nous occupons maintenant peut être considérée comme résolue; on vient de montrer le double point de vue qui concilie ensemble la nature et la liberté; mais, telle qu'elle a été donnée, cette solution n'a pas encore revêtu toute la clarté désirable; elle manque de développement; elle n'est en quelque sorte qu'esquissée.

Kant devait en agir ainsi; il avait à faire bien voir la marche de la raison dans la solution de ce problème. Ce point obtenu, il reste à décomposer cette solution dans ses divers moments, et à les examiner chacun en particulier.

CHAPITRE MCXXIX

LA CAUSALITÉ DE LA NATURE SIMPLE LOI DE L'ENTENDEMENT.

La loi de la nature est que tout ce qui arrive a une cause. La causalité de cette cause, c'est-à-dire l'action, la précède dans le temps, elle est en rapport avec un effet qui en est résulté. Elle ne peut pas par conséquent avoir toujours été elle-même. Elle aussi est arrivée ; elle doit avoir sa cause parmi les phénomènes. Elle en est déterminée. Par conséquent tous les événements sont déterminés empiriquement dans un ordre naturel. Par là seulement les phénomènes peuvent constituer une nature. Par là ils fournissent des objets à l'expérience.

Cette loi de la nature est une loi de l'entendement. Il n'est permis sous aucun prétexte de s'en écarter ou de distraire quelque phénomène. Autrement on le placerait en dehors de toute expérience possible, on en ferait un être de raison et une chimère.

CHAPITRE MCXXX

LA NÉCESSITÉ NATURELLE PEUT ELLE ÊTRE UN EFFET DE LA LIBERTÉ.

On n'a ici en vue qu'une chaîne de causes qui ne souffre pas de totalité absolue dans la régression vers ses conditions ; cependant cette difficulté ne nous arrêtera pas. Elle a déjà été levée dans le jugement général, porté sur l'antinomie où tombe la raison, lorsque dans la série des phénomènes elle tend à l'absolu.

Si nous nous livrions à l'illusion du réalisme transcendental, il ne resterait ni nature, ni liberté.

Voici la question et toute la question. Nous ne reconnaissons dans la série entière de tous les phénomènes qu'une nécessité naturelle ; malgré cela est-il encore possible de regarder cette nécessité, naturelle en un sens, comme étant dans un autre un effet de la liberté ?

Ou bien y a-t-il contradiction absolue entre ces deux espèces de causalité?

Nous avons déjà, dans les deux livres qui précèdent, donné une esquisse de la solution de ce problème. Cette esquisse, nous voulons ici la compléter, l'expliquer, l'appliquer.

CHAPITRE MCXXXI

DU NON COMMENCEMENT DES CAUSES PHÉNOMÉNALES.

Parmi les causes phénoménales, il ne peut certainement rien y avoir qui commence absolument et de soi-même une série.

Chaque action comme phénomène produit un événement. Elle est elle-même un événement ou un accident; celui-ci présuppose un autre état où il a sa cause. Ainsi tout ce qui arrive n'est qu'une continuation de la série, aucun commencement qui se produirait de lui-même n'y est possible.

Toutes les actions des causes naturelles dans la succession ne sont donc à leur tour que des effets qui supposent aussi leurs causes dans la série du temps.

Il ne faut pas attendre de la liaison causale des phénomènes une action primitive, par laquelle il arrive quelque chose qui n'était pas auparavant.

CHAPITRE MCXXXII

DE LA POSSIBILITÉ D'UNE CAUSE AUTRE QUE LES CAUSES EMPIRIQUES.

Les effets sont des phénomènes ayant pour cause un autre phénomène ; mais la causalité de cette cause est-elle nécessairement une causalité simplement empirique ?

On ne nie pas que chaque effet dans le phénomène veuille être absolument enchainé à sa cause, suivant les lois de la causalité empirique ; on ne nie pas non plus que cette causalité empirique ne doive aucunement rompre le moins du monde son union avec les causes naturelles ; mais on demande si, dans ces conditions, il n'est pas possible que cette même causalité empirique soit cependant l'effet d'une causalité non-empirique, mais simplement intelligible. Ne pourrait-elle pas être l'effet de l'action originaire par rapport aux phénomènes d'une cause qui, à ce titre, n'est plus un phénomène. Cette cause serait intelligible quant à cette faculté ; du reste elle doit être rattachée au monde sensible, comme anneau de la chaine de la nature.

CHAPITRE MCXXXIII

DE LA RÉALITÉ DE CETTE CAUSALITÉ INTELLIGIBLE.

Sans le principe de la causalité des phénomènes entre eux, nous ne pourrions ni chercher ni fournir aux événements naturels des conditions naturelles, c'est-à-dire des causes phénoménales.

Ce point est-il accordé et ne l'altère-t-on par aucune exception? Nous rappellerons que l'entendement dans son usage empirique ne voit rien que la nature, en quoi il est d'ailleurs parfaitement fondé. Mais nous remarquerons qu'il a tout ce qu'il peut exiger; les explications physiques poursuivent leur cours sans interruption.

Sans faire le moindre tort à l'entendement on peut admettre ce qui suit, lors même que nous voudrions ne faire en cela qu'une simple fiction. Parmi les causes naturelles nous en admettons qui ont une faculté purement intelligible. Elle l'est en ce sens que ce qui détermine cette faculté à l'action ne repose jamais sur des conditions empiriques, mais sur de purs principes de l'entendement. Cependant cela se fait de telle sorte que l'action phénoménale de cette cause est conforme à toutes les lois de la causalité empirique.

De cette manière, le sujet, agissant comme cause de phénomènes, est bien enchaîné à la nature dans tous ses actes par un lien indissoluble; mais nous voulons remonter de l'objet empirique à l'objet transcendental. Nous le pouvons. Il suffira que ce qu'il y a de phénoménal dans le sujet, y compris toute sa causalité dans le phénomène, contienne certaines conditions qui, si l'on voulait faire la régression annoncée, devraient être considérées comme intelligibles.

Le plus souvent nous ne faisons que suivre la règle de la nature lorsque nous cherchons ce qui peut être cause parmi les phénomènes. Alors nous n'avons besoin de nous inquiéter ni du sujet transcendental, lequel nous est inconnu, ni de ce qui, dans ce sujet, doit être conçu comme principe de ces phénomènes et de leur liaison.

Ce principe intelligible n'intéresse en aucune manière

les questions empiriques, il ne concerne que la pensée dans l'entendement pur. Les effets de cette pensée et de cette action de l'entendement pur se trouvent bien dans les phénomènes ; mais cela n'empêche nullement ceux-ci de devoir être parfaitement expliqués par leurs causes phénoménales suivant des lois naturelles. On en suit le caractère purement empirique comme un principe suprême d'explication ; on laisse au contraire entièrement de côté, comme inconnu, le caractère intelligible qui est la cause transcendentale du premier, excepté en tant qu'il nous est indiqué par lui, comme par sa cause sensible.

On voit maintenant dans quel sens nous pouvons admettre la réalité d'une cause intelligible. Un exemple rendra ceci plus clair.

CHAPITRE MCXXXIV

EXEMPLE.

L'homme est un des phénomènes du monde sensible. A ce titre, il est aussi une des causes naturelles dont la causalité doit être soumise à des lois empiriques.

Comme tel, il doit avoir aussi un caractère empirique, ainsi que toutes les autres choses de la nature.

Nous remarquons ce caractère par les forces et les facultés qu'il manifeste dans ses effets.

Dans la nature inanimée ou purement animale, nous ne trouvons aucune raison de concevoir quelque autre faculté que celles qui sont soumises à des conditions purement sensibles.

L'homme, en tant qu'animal, ne connaît, il est vrai, la nature que par ses sens. Mais ce n'est pas par eux qu'il se connaît lui-même; c'est en vertu d'une simple aperception, c'est en des actes et des déterminations intérieures, qu'il ne peut rapporter à l'impression des sens. Par un côté, il est sans doute un phénomène, mais relativement à certaines facultés, il est un objet purement intelligible. Son action ne peut être attribuée à la réceptivité de la sensibilité.

Ces facultés, nous les appelons entendement et raison. La dernière surtout se distingue d'une manière tout à fait particulière de toutes les facultés soumises à des conditions empiriques. Elle n'examine ses objets que d'après des idées, elle détermine en conséquence l'entendement; celui-ci fait un usage empirique de ses concepts même purs.

CHAPITRE MCXXXV

LA RAISON SOURCE DU DEVOIR. — DU DEVOIR DANS LA NATURE.

Cette raison est douée de causalité; du moins nous nous représentons en elle une causalité. Cela résulte clairement des devoirs que dans l'ordre pratique la raison s'impose à elle-même ou, pour parler comme Kant, des impératifs que nous donnons pour règles à nos facultés actives.

Le devoir exprime une espèce de lien avec des principes, ou de nécessité qui ne se présente pas ailleurs dans toute la nature.

L'entendement ne peut connaître de celle-ci que ce qui est, a été ou sera. Il est impossible que quelque chose y *doive* être autrement qu'il n'est en effet dans ces rapports de temps.

Le mot devoir, quand on n'a devant les yeux que le cours de la nature n'a aucune espèce de sens. On ne peut pas plus demander ce qui doit être dans la nature qu'on ne pourrait demander quelles propriétés un cercle doit avoir. Tout ce qu'on peut demander, c'est ce qui arrive dans la nature ou quelles sont les propriétés du cercle.

CHAPITRE MCXXXVI

LA RAISON SOURCE DU DEVOIR. — SUITE.

Le devoir exprime une action possible, dont le principe n'est autre qu'un pur concept. Au contraire le principe d'une action simplement naturelle est toujours nécessairement un phénomène.

Sans doute quand le devoir s'applique à l'action, il faut qu'elle soit possible sous des conditions naturelles. Seulement celles-ci ne concernent pas la détermination de la volonté elle-même; elles ne concernent que son effet, et sa conséquence dans le phénomène.

Quelques nombreuses que soient les raisons naturelles qui nous poussent à vouloir, quelques nombreux que soient les mobiles sensibles, ils ne sauraient produire le devoir. Ils ne produisent que le vouloir, celui-ci toujours conditionnel et jamais nécessaire. A ce vouloir, le devoir, qui exprime la raison, impose une mesure et un but, il est une autorité et quelquefois une défense.

Qu'un objet soit donné par la simple sensibilité tel que l'agréable, ou qu'il le soit par la raison pure, tel que le bien, la raison ne cède point à un principe qui est donné empiriquement. Elle ne suit pas l'ordre des choses, telles qu'elles se montrent dans le phénomène. Elle se crée avec une parfaite spontanéité un ordre propre. Elle suit en cela des idées auxquelles elle adapte les conditions empiriques. D'après ces idées, elle tient pour nécessaires des actions qui ne sont pas arrivées et qui peut-être n'arriveront pas. Elle suppose néanmoins qu'elle peut avoir de la causalité sur ces mêmes actions. Autrement la raison n'attendrait de ces idées aucun effet dans l'expérience.

CHAPITRE MCXXXVII

NÉCESSITÉ POUR LA RAISON DE MONTRER UN CARACTÈRE EMPIRIQUE.

Tenons-nous-en là; bornons-nous à admettre au moins comme possible que la raison ait réellement de la causalité par rapport aux phénomènes. Supposons, si vous voulez, cette raison ayant atteint le plus haut degré de rationalité possible, il n'en faudra pas moins qu'elle montre un caractère empirique. Toute cause suppose une règle d'après laquelle certains phénomènes suivent comme effets; toute règle exige une uniformité d'effets, qui fonde le concept de la cause, comme d'une faculté.

Ce rapport, en tant qu'il ressort de simples phénomènes, forme ce que nous pouvons appeler le caractère empirique.

Cette faculté et ce caractère sont constants, mais leurs effets apparaissent sous des figures changeantes; cela tient à la diversité des conditions qui les accompagnent, ou qui les limitent en partie.

CHAPITRE MCXXXVIII

DU SENS AUQUEL ON PEUT NIER LA LIBERTÉ DANS L'HOMME.

Tout homme a donc un caractère empirique de sa volonté. Ce caractère n'est pas autre chose qu'une certaine causalité de sa raison. Par cette causalité celle-ci montre dans ses effets phénoménaux une règle d'après laquelle on peut inférer la nature et le degré des motifs et des actes de la raison. D'après elle encore on jugerait sans se tromper les principes subjectifs de sa volonté.

Ce caractère empirique est un effet. Comme tel, il doit être tiré des phénomènes et de leur règle. C'est l'expérience qui la fournit. Dès lors toutes les actions de l'homme dans le phénomène sont déterminées, suivant l'ordre de la nature, par son caractère empirique et par les autres causes concomitantes. Supposons pour un instant que nous puissions pénétrer jusqu'au fond tous les phénomènes de sa volonté; il n'y aura plus alors aucune action humaine que nous ne puissions prédire avec certitude. Nous pourrons reconnaitre leur nécessité à toutes par leurs conditions antérieures.

Au point de vue de ce caractère empirique il n'y aurait donc point de liberté. Remarquons que ce point de vue est celui auquel nous considérons nécessairement l'homme quand nous voulons l'observer simplement et scruter physiologiquement les causes déterminantes de ses actions, comme cela se pratique dans la science que les Allemands appellent l'anthropologie.

CHAPITRE MCXXXIX

DE LA CAUSALITÉ LIBRE DES IDÉES RATIONNELLES.

Examinons maintenant ces mêmes actions au point de vue de la raison, non pas il est vrai de la raison spéculative pour en expliquer l'origine, mais de la raison en tant qu'elle est une cause capable de les produire; rapprochons en un mot ces actions de la raison au point de vue pratique. Nous trouvons alors une tout autre règle et un tout autre ordre que celui de la nature.

Tout ce qui est arrivé suivant le cours de la nature, était infaillible d'après ses causes empiriques; mais peut-être d'après les lois de la raison, tout n'aurait-il pas dû arriver.

Or nous trouvons parfois, ou par fois nous croyons trouver que les idées de la raison ont réellement prouvé leur causalité, — la causalité libre, — par rapport aux actions de l'homme, considérées comme phénomènes. Celles-ci sont arrivées librement, parce qu'elles étaient déterminées, non par des causes empiriques, mais par des principes de la raison.

CHAPITRE MCXL

DE LA CAUSALITÉ DE LA RAISON COMME INCONDITIONNELLE.

Nous admettrons donc à l'avenir que la raison a de la causalité par rapport aux phénomènes; mais étions-nous dans notre droit quand nous l'avons appelée libre. Peut-elle être dite telle, lorsqu'elle est très-exactement déterminée et nécessaire dans son caractère empirique, dans notre façon de sentir? Ce caractère empirique est à son tour déterminé dans le caractère intelligible, la façon de penser.

Mais nous ne connaissons pas ce dernier. Nous ne faisons que le désigner par les phénomènes, lesquels, à proprement parler, ne nous font connaître immédiatement que la façon de sentir, le caractère empirique. La moralité propre de nos actions (le mérite et la faute), celle même de notre propre conduite, nous demeure donc, — d'après Kant, — absolument cachée. Nos imputations ne peuvent se rapporter qu'à leur caractère empirique. Quelle part au juste attribuer à la liberté, à la simple nature, aux vices involontaires du tempérament ou à ses heureuses qualités? Voilà ce que personne ne peut découvrir, ni par conséquent juger avec une parfaite justice.

Donc, continue Kant, nous ne connaissons immédiatement que notre faculté de sentir, ou le caractère empirique de la raison. Mais l'action doit être attribuée à la faculté de penser comme à sa cause. Elle n'en résulte cependant pas suivant des lois empiriques, c'est-à-dire de telle sorte que les conditions de la raison soient antérieures. Ce sont seulement ses effets dans le phénomène du sens interne qui précèdent. La raison pure comme faculté simplement intelligible n'est pas soumise à la forme du temps et par conséquent aux conditions de la succession.

La causalité de la raison, prise dans son caractère intelligible, ne *naît* pas. Elle ne commence pas dans un certain temps à produire un certain effet. Autrement elle serait elle-même soumise à la loi naturelle des phénomènes; elle serait déterminée par cette loi qui détermine la série des causes dans le temps; la causalité intelligible serait alors nature et non point liberté.

Comment donc concevons-nous que la raison peut avoir de la causalité par rapport aux phénomènes? C'est qu'elle est une faculté par laquelle commence véritablement la condition sensible d'une série empirique d'effets; la condition qui réside dans la raison n'est pas sensible; par conséquent elle ne commence pas elle-même.

Nous trouvons donc ici ce que nous cherchions en vain dans toutes les séries empiriques, une condition d'une série d'événements successifs qui est elle-même empiriquement inconditionnelle.

En effet la condition est ici, en dehors de la série des phénomènes, dans l'intelligible. Par conséquent elle n'est soumise à aucune condition sensible, et à aucune condition de temps par des causes antérieures.

CHAPITRE MCXLI

LA RAISON DÉTERMINANT LIBREMENT, EN VERTU DE LA SPONTANÉITÉ QUI LUI EST PROPRE, LA VOLONTÉ, DONT LES EFFETS SONT TOUJOURS SOUMIS A LA CONDITION DE SE MANIFESTER DANS LE TEMPS.

Pourtant cette même cause appartient aussi sous un autre rapport à la série des phénomènes. L'homme est lui-même un phénomène. Sa volonté a un caractère empirique, qui est la cause empirique de toutes ses actions. Il n'y a pas une des conditions déterminant l'homme d'après ce caractère, qui ne soit contenue dans la série des effets naturels. Toutes appartiennent à la loi de ces effets, d'après laquelle on ne trouve aucune causalité empiriquement inconditionnelle de ce qui arrive dans le temps. Nulle action ne peut être perçue autrement que comme phénomène. Aucune action donnée ne saurait donc commencer d'elle-même absolument.

Mais on ne peut dire de la raison que l'état où elle détermine la volonté a été précédé d'un autre état où il était lui-même déterminé. La raison n'est pas elle-même un phénomène; elle n'est nullement soumise aux conditions de la sensibilité; il n'y a en elle-même relativement à sa causalité aucune succession. Par conséquent la loi dynamique de la nature, qui détermine la succession suivant des règles, ne peut s'y appliquer.

CHAPITRE MCXLII

CARACTÈRE POSITIF DE LA LIBERTÉ DE LA VOLONTÉ.

La raison est la condition permanente de tous les actes volontaires par lesquels l'homme se manifeste. Chacun de ces actes est déterminé dans le caractère empirique de l'homme avant même d'arriver. Mais ce caractère empirique n'est que le schème du caractère intelligible, dans lequel, avons-nous dit, il n'y a ni avant ni après.

Toute action peut être considérée indépendamment du rapport de temps où elle se trouve avec les autres phénomènes ; elle est en ce sens l'effet immédiat du caractère intelligible de la raison pure.

Celle-ci agit donc librement ; elle n'est pas encore déterminée dynamiquement dans la chaine des causes naturelles par des principes antérieurs, internes ou externes.

Cette liberté ne doit pas être considérée uniquement d'une manière négative. Elle ne consiste pas seulement dans une simple indépendance des conditions empiriques ; alors la faculté de la raison cesserait d'être une cause de phénomènes. On peut aussi la caractériser d'une manière positive, comme une faculté de commencer d'elle-même une série d'événements. En elle-même rien ne commence, mais elle est la condition absolue de tout acte volontaire. Elle ne souffre au dessus d'elle aucune condition antérieure, bien que son effet commence dans la série des phénomènes ; toutefois il n'y forme jamais un commencement absolument premier.

CHAPITRE MCXLIII

ÉCLAIRCISSEMENT DE LA THÉORIE PRÉCÉDENTE PAR LE MOYEN D'UN EXEMPLE.

Éclaircissons notre pensée par un exemple tiré de l'usage empirique du principe de la raison. Nous ne voulons ici que rendre notre idée plus claire, nous ne voulons pas la confirmer; des preuves de ce genre ne sont pas applicables aux affirmations transcendentales.

Prenons un acte volontaire, par exemple un mensonge méchant. L'homme qui l'a proféré a introduit par là un certain désordre dans la société. Recherchons d'abord les causes qui ont déterminé ce mensonge. Cherchons ensuite comment il peut être imputé à cet homme avec toutes ses conséquences.

Sous le premier point de vue, on pénètre le caractère empirique de cet homme jusques dans ses sources; ce sera une mauvaise éducation, une détestable société, la méchanceté d'un naturel inaccessible à la honte, la légèreté, l'irréflexion, les circonstances occasionnelles qui ont pu agir à leur tour, etc.

Dans cette recherche, nous procéderons comme on le fait en général dans la recherche de la série des causes déterminantes d'un effet naturel donné.

On est bien certain que la cause a été déterminée par là; cependant on n'en blâme pas moins l'auteur. Quelle est la cause de ce blâme? Est-ce son mauvais naturel? Sont-ce les circonstances qu'on suppose avoir pesé sur lui, ou même sa conduite antérieure? Évidemment non; ce seraient là des circonstances atténuantes autant que des causes de blâme. D'ailleurs on peut laisser de côté tout ce qu'a été cette conduite, on peut regarder la série des conditions écoulées comme non avenue. Rien n'empêche de regarder cette action comme entièrement indépendante de l'état antérieur; on la prend comme si l'auteur avait par là commencé absolument de lui-même une série d'effets.

Sur quoi donc se fonde ce blâme? Sur une loi de la raison; on la regarde comme une cause qui a pu et dû déterminer la conduite de l'homme, indépendamment de toutes les causes empiriques indiquées.

On n'envisage pas ici la causalité de la raison comme concomitante, mais comme complète par elle-même. On persiste à la considérer comme telle quand même les mobiles sensibles ne lui seraient pas favorables, mais contraires. L'action est attribuée au caractère intelligible de l'auteur. Il se rend coupable au moment où il ment. Malgré toutes les conditions empiriques de l'action, la raison était entièrement libre; cet acte doit être absolument imputé à sa négligence.

CHAPITRE MCXLIV

LA RAISON LIBRE ET DÉTERMINANTE. — UN PROBLÈME INSOLUBLE.

Quand nous formons ce jugement d'imputabilité nous avons dans la pensée que la raison n'est nullement affectée par toute cette sensibilité. Elle ne se modifie pas, bien que ses phénomènes, c'est-à-dire la manière dont elle se manifeste dans ses effets, soient variables. Il n'y a point en elle d'état antérieur qui détermine le suivant ; elle n'appartient point à la série des conditions sensibles qui rendent les phénomènes nécessaires suivant des lois naturelles.

Cette raison est identiquement présente à toutes les actions de l'homme dans toutes les circonstances de temps, mais elle n'est pas elle-même dans le temps ; elle ne tombe pas dans un nouvel état où elle n'aurait pas été auparavant

Par rapport à tout état nouveau elle est déterminante, mais non déterminable.

On ne peut donc pas demander pourquoi la raison ne s'est pas déterminée autrement. On peut s'enquérir seulement pourquoi, par sa causalité, elle n'a pas autrement déterminé les phénomènes. Or il n'y a pas à cela de réponse possible.

Un autre caractère intelligible aurait donné un autre caractère empirique. Que disons-nous quand nous disons que, malgré toute sa conduite antérieure, le menteur aurait pu s'abstenir du mensonge ? Nous disons seulement que le mensonge est immédiatement au pouvoir de la raison. Celle-ci dans sa causalité n'est nullement soumise aux conditions du phénomène et du cours du temps. Nous ne nions pas que la différence du temps ne constitue une différence capitale entre les phénomènes ; ceux-ci ne sont pas des choses en soi, ni par conséquent des causes en soi. Mais la différence des temps n'en forme aucune entre les actions au point de vue de la raison.

CHAPITRE MCXLV

POURQUOI IL NOUS EST INUTILE DE CHERCHER A RÉSOUDRE CE PROBLÈME.

Quand il s'agit de juger les actions libres, tout ce que nous pouvons faire est de remonter, par rapport à leur causalité jusqu'aux causes intelligibles, mais non pas au delà. Nous pouvons reconnaître qu'elles peuvent être déterminées librement, c'est-à-dire indépendamment de la sensibilité. De cette manière elles peuvent former pour les phénomènes une condition inconditionnelle au point de vue sensible. Mais pourquoi le caractère intelligible donne-t-il précisément ces phénomènes et ce caractère empirique dans les circonstances présentes ?

C'est là une question dont la réponse dépasse de beaucoup toute la puissance de notre raison, et son droit même d'élever de simples questions. C'est comme si l'on demandait pourquoi l'objet transcendental de notre intuition sensible extérieure ne donne justement que l'intuition dans l'espace, et pourquoi il ne nous en donne pas une autre.

Le problème que nous avons à résoudre ne nous oblige pas du tout à répondre à cette question. Il s'agissait seulement de savoir si la liberté répugne à la nécessité naturelle dans une seule et même action. A cela nous avons suffisamment répondu ; nous avons montré que dans celle-là il peut y avoir une relation à une toute autre espèce de conditions que dans celle-ci. La loi de la dernière n'affecte pas la première ; toutes deux peuvent avoir lieu indépendamment l'une de l'autre, et sans être troublées l'une par l'autre.

CHAPITRE MCXLVI

SCOLIE.

Il faut bien remarquer que nous n'avons pas voulu par ce qui précède démontrer la réalité de la liberté, comme de l'une des facultés qui contiennent la cause des phénomènes de notre monde sensible.

Ce n'eut point été là une considération transcendentale; ce genre de considérations n'a affaire qu'à des concepts. D'ailleurs cela n'eut pas pu réussir; de l'expérience nous ne saurions jamais conclure à quelque chose qui ne doit pas être conçu d'après les lois de l'expérience.

Bien plus nous n'avons pas même voulu démontrer la possibilité de la liberté. Cela n'aurait pas réussi non plus; en général nous ne pouvons connaître par de simples concepts à priori la possibilité d'aucun principe réel et d'aucune causalité.

La liberté n'est ici traitée que comme une idée transcendentale. Par elle la raison pense commencer absolument la série des conditions dans le phénomène, par quelque chose d'inconditionnel au point de vue sensible. Elle s'engage là dans une antinomie avec les lois qu'elle prescrit elle-même à l'usage empirique de l'entendement.

Nous avons fait ici la seule chose que nous pouvions faire. Nous avons montré que cette antinomie repose sur une simple apparence; la nature n'est pas en contradiction avec la causalité libre. Le faire comprendre était la seule chose qui nous importàt.

CHAPITRE MCXLVII

RÉSUMÉ DU LIVRE CENT-DIX-HUITIÈME.

La loi de la causalité physique, par laquelle seule les phénomènes constituent la nature, et deviennent les objets de l'expérience, est une loi de l'entendement ; sous aucun prétexte, il n'est permis de s'en écarter.

Nous admettons donc pleinement cette loi ; mais il s'agit de savoir si en même temps toute la série des faits ne peut pas être envisagée comme l'effet d'une causalité libre et absolue.

Sans doute la loi de causalité physique exclut une cause première absolue, une action primitive. Mais pourvu que rien ne vienne interrompre la série phénoménale, l'entendement ne s'oppose pas à ce que, à côté des causes naturelles, on admette de plus des causes intelligibles.

Kant applique cette théorie à l'homme et à ses actions.

CHAPITRE MCXLVIII

SUITE DU RÉSUMÉ.

L'homme est un des phénomènes du monde sensible. A ce titre, il est aussi une des causes naturelles, dont les actes doivent être soumis à la loi même de la nature.

Il rentre ainsi par un côté sous la loi du monde sensible ; mais il en sort par un autre. Certaines facultés qui sont en lui, et particulièrement la raison, l'élèvent aux idées pures. Elles lui dictent des règles dont l'autorité impérative s'exprime par le mot *devoir*. Ce devoir est indépendant de tout mobile et de toute condition sensible, ce mot n'aurait aucune espèce de sens pour qui n'admettrait que le cours de la nature.

Sous le premier point de vue, l'homme ne peut pas être considéré comme un être libre. Chacun de ses actes se lie nécessairement suivant la loi de la causalité naturelle avec ceux qui l'ont précédé.

Sous le second point de vue, son action pourra être appelée libre. On la regarde comme déterminée non par des causes empiriques, mais par des principes de la raison pure.

Dès lors, il n'est plus nécessaire de rattacher chacun de nos actes à des conditions antérieures. On suppose la raison pure capable de les déterminer, comme faculté purement intelligible. Or la raison échappe à la forme du temps, et par conséquent aux conditions de la succession. On peut donc la concevoir comme une causalité par laquelle commence nécessairement une nouvelle série d'effets.

Ceux-ci se manifestent dans le monde sensible; ils tombent donc sous la loi de ce monde, mais en même temps ils lui échappent par leur principe intelligible.

Nous pouvons donc regarder les mêmes actes comme nécessaires ou comme libres, suivant que nous les envisageons de tel ou tel point de vue, suivant que nous considérons l'homme sous son caractère sensible, ou sous son caractère intelligible.

Le premier résulte de toutes les conditions empiriques où l'homme se trouve placé. Voulons-nous expliquer à ce point de vue une de ses actions? Nous cherchons la cause dans les circonstances précédentes ou concomitantes qui ont pu la déterminer. Pouvons-nous pénétrer jusqu'au fond de tous les phénomènes de sa volonté? Il n'y aura pas une seule de ses actions que nous ne puissions prédire avec certitude, et dont nous ne puissions reconnaître la nécessité par ses conditions antérieures.

Le second caractère, au contraire, relève de la raison; celle-ci est considérée comme capable de déterminer certains actes, et comme ne dépendant pas de la loi de la nature, à laquelle elle n'a jamais appartenu.

Au point de vue de l'ordre naturel, nos actes nous apparaissent comme nécessaires; mais au point de vue rationnel nous pouvons les considérer comme libres. C'est ainsi que Kant prétend concilier la nécessité avec la liberté.

CHAPITRE MCXLIX

FIN DU RÉSUMÉ.

Kant va nous fournir lui-même l'exemple particulier sur lequel il compte pour éclaircir tout ceci.

Supposons qu'un homme introduise un certain désordre dans la société par un mensonge. Comment nous expliquerons-nous cet acte?

Pour cela faire, nous chercherons à nous rendre compte du caractère de cet homme; nous procédons comme on le fait en général dans la recherche des causes d'un effet physique donné.

Mais tout en poursuivant cette explication, nous n'en blâmons pas moins l'auteur du mensonge; nous avons beau l'expliquer par toutes les circonstances qui l'ont précédé ou accompagné, nous n'en déclarons pas moins coupable celui qui l'a commis.

Nous pensons donc ici à autre chose qu'à toutes les circonstances qui ont accompagné cette action. Nous pensons que l'auteur aurait dû trouver dans sa raison un motif suffisant pour ne pas la commettre. Ainsi elle doit lui être imputée comme une faute qui n'était nullement inévitable.

Sans doute, personne ne peut découvrir quelle part il faut faire au juste à la liberté, et quelle part à la nature. Nous ne saurions juger nos semblables, ni nous-mêmes avec une parfaite équité. Mais le blâme que nous infligeons aux autres ou que nous nous adressons à nous-mêmes n'en est pas moins fondé sur une loi de la raison ; elle se distingue profondément de celles de la nature et nous élève au dessus de son empire.

Ainsi, selon Kant, la nécessité naturelle et la liberté peuvent très-bien se concilier dans un seul et même acte. C'est de cette manière qu'il résout l'antinomie soulevée par l'apparente contradiction de ces deux termes. Ils n'ont rien de contradictoire, par conséquent la liberté est possible. Voilà ce qui lui parait établi, et tout ce qu'il a voulu montrer pour le moment. Il reviendra plus tard sur la thèse de la liberté pour en prouver la vérité.

LIVRE CENT-DIX-NEUVIÈME

SOLUTION DE LA QUATRIÈME ANTINOMIE, LA SECONDE DANS L'ORDRE DES ANTINOMIES DYNAMIQUES.

CHAPITRE MCL

POSITION DE LA QUESTION.

Jusqu'à présent nous avons considéré les changements du monde sensible dans leur série dynamique. Chacun y est soumis à un autre comme à sa cause.

A présent, cette série d'états va nous servir seulement de guide pour parvenir à une existence qui puisse être la condition suprême de tout ce qui est changeant, à celle de l'être nécessaire.

Il ne s'agit pas ici de la nécessité absolue, mais de l'existence absolue de la substance même.

La série que nous avons maintenant en vue n'est à proprement parler qu'une série de concepts. Elle n'est pas une série d'intuitions dont l'une serait la condition de l'autre.

CHAPITRE MCLI

L'EXISTENCE NÉCESSAIRE NE POUVANT SE TROUVER EN AUCUN LIEU DE LA SÉRIE DES EXISTENCES DÉPENDANTES.

Tout est changeant dans l'ensemble des phénomènes ; par conséquent tout est conditionnel dans l'existence. Il ne peut donc y avoir dans la série de l'existence dépendante un membre inconditionnel dont l'existence serait absolument nécessaire.

Admettons pour un moment que les phénomènes soient des choses en soi. Alors leur condition appartient toujours avec le conditionnel à une seule et même série d'intuitions ; il ne pourra jamais y avoir place pour un être nécessaire comme condition de l'existence des phénomènes du monde sensible.

CHAPITRE MCLII

LA CONDITION DE LA RÉGRESSION DYNAMIQUE NE FORMANT PAS NÉCESSAIREMENT UNE SÉRIE EMPIRIQUE AVEC LE CONDITIONNEL.

Voici en quoi la régression dynamique se distingue de la régression mathématique.

Cette dernière n'a affaire qu'à la composition des parties en un tout, ou à la décomposition d'un tout en ses parties. Les conditions de cette série doivent toujours être considérée comme des parties de série et par conséquent comme homogènes avec elle ; elles doivent donc toujours être considérées comme des phénomènes.

La régression dynamique au contraire ne s'occupe point de la possibilité d'un tout absolu formé de parties données, ou de celle d'une partie absolue ramenée à un tout donné. Elle s'occupe de la dérivation qui fait sortir un état de sa cause, ou l'existence contingente de la substance même de l'existence nécessaire. Ici la condition ne doit pas nécessairement former avec le conditionnel une série empirique.

CHAPITRE MCLIII

POSSIBILITÉ D'UNE SOLUTION DE LA QUATRIÈME ANTINOMIE. DISTINCTION DE L'EXISTENCE ET DE LA CAUSE.

Il nous reste donc une issue ouverte dans l'antinomie apparente qui s'offre à nous ; les deux thèses contradictoires peuvent être vraies en même temps dans deux sens différents. Les choses de ce monde sont entièrement contingentes, elles n'ont toujours qu'une existence empiriquement conditionnelle; néanmoins il peut y avoir pour toute la série une condition non-empirique, il peut exister un être absolument nécessaire.

En tant que condition intelligible, l'être nécessaire n'appartient pas à cette série comme en étant un membre, pas même lorsqu'il en serait le plus élevé. Il ne rend non plus aucun membre de la série empiriquement inconditionnel, il laissera le monde sensible tout entier conserver son existence empiriquement conditionnelle à travers tous ses membres.

Voici maintenant comment cette manière de donner pour principe aux phénomènes une existence inconditionnelle se distingue de la causalité empiriquement inconditionnelle, de la liberté, dont il a été ci-devant question. Dans la liberté la chose elle-même (par exemple l'homme) faisait partie comme cause de la série des conditions ; sa causalité seule était conçue comme intelligible. Ici au contraire l'être nécessaire doit être conçu comme extra-mondain, c'est-à-dire comme tout à fait en dehors de la série du monde sensible. Il doit l'être d'une manière purement intelligible ; cela seul peut l'empêcher d'être lui-même soumis à la loi de la contingence et de la dépendance qui régit tous les phénomènes.

CHAPITRE MCLIV

DU PRINCIPE RÉGULATEUR DE LA RAISON RELATIVEMENT A LA SOLUTION DE LA QUATRIÈME ANTINOMIE.

Relativement à notre problème, le principe régulateur de la raison est celui-ci :

Tout dans le monde sensible a une existence empiriquement conditionnelle. Il n'y a nulle part en lui par rapport à aucune propriété une nécessité inconditionnelle. Il n'existe aucun membre de la série des conditions dont on ne doive toujours attendre, et, aussi loin qu'on le peut, chercher la condition empirique dans une expérience possible. Rien ne nous autorise à dévier une existence quelconque d'une condition placée en dehors de la série empirique, ou à la tenir dans la série même pour absolument indépendante et subsistant par elle-même. Mais nous ne nierons pas pour cela que toute la série ne puisse avoir son fondement dans quelque être intelligible, libre de toute condition empirique, et contenant au contraire en lui le principe de la possibilité de tous les phénomènes.

CHAPITRE MCLV

DE L'ENTENDEMENT ET DU MONDE INTELLIGIBLE.

Il faut bien se rendre compte de ce que nous avons voulu démontrer ici.

Nous n'avons songé nullement à prouver l'existence absolument nécessaire d'aucun être; nous n'avons pas même voulu fonder la possibilité d'une condition purement intelligible de l'existence des phénomènes du monde sensible. Seulement nous avons voulu limiter la raison de telle sorte qu'elle ne perde pas le fil des conditions empiriques; nous n'avons pas voulu la laisser s'égarer en des principes d'explication transcendants et qui ne seraient susceptibles d'aucune représentation sensible.

Nous voulons aussi d'un autre côté restreindre la loi de l'usage purement empirique de l'entendement. Nous l'empêcherons de décider de la possibilité des choses en général, et de tenir l'intelligible pour impossible, par cette raison qu'il n'y a pas lieu de s'en servir pour l'explication des phénomènes.

Nous n'avons voulu prouver qu'une chose : la contingence universelle de tous les objets de l'expérience, dont l'ensemble compose la nature, celle de toutes leurs conditions empiriques, peuvent très-bien s'accorder avec la supposition d'une condition nécessaire, quoique purement intelligible ; il n'y a point de véritable contradiction entre ces assertions, mais elles peuvent être vraies toutes deux.

Peut-être un être intelligible de ce genre, un être absolument nécessaire, est-il impossible en soi ; mais c'est ce qu'on ne saurait conclure de la contingence universelle et de la dépendance de tout ce qui appartient au monde sensible, non plus que du principe qui veut qu'on ne s'arrête à aucun membre de ce monde, en tant qu'il est contingent, et qu'on en appelle à une cause hors du monde. La raison suit partout son chemin, tant dans l'usage empirique que dans l'usage transcendental.

CHAPITRE MCLVI

UN PRINCIPE INTELLIGIBLE POUVANT ÊTRE ATTRIBUÉ AUX PHÉNOMÈNES SANS NUIRE A LEUR CONTINGENCE EMPIRIQUE.

Le monde sensible ne contient que des phénomènes ; ceux-ci sont de simples représentations qui à leur tour sont soumises à des conditions sensibles. Nous n'avons ici jamais pour objets des choses en soi ; nous ne nous étonnerons point de n'être jamais fondés à sauter d'un membre des séries empiriques, quel qu'il soit, hors de l'enchaînement des choses sensibles. Elles ne sont pas des choses en soi, existant en dehors de leur principe transcendental ; on ne peut pas les abandonner pour chercher hors d'elle la cause de leur existence.

Cela finirait certainement par arriver dans les choses contingentes ; mais cela n'arrivera pas dans les simples représentations des choses. La contingence de celles-ci n'est elle-même qu'un phénomène; elle ne saurait conduire à aucune autre régression qu'à celle qui détermine les phénomènes, à celle qui est empirique.

Mais concevoir un principe intelligible des phénomènes, c'est-à-dire du monde sensible n'a rien de contraire ni à la régression empirique illimitée de la série des phénomènes, ni à leur contingence universelle.

Aussi est-ce la seule chose que nous puissions faire pour lever l'antinomie apparente; de plus, elle ne peut être levée que de cette façon.

En effet, chaque condition pour chaque conditionnel, quant à l'existence, est sensible; elle fait par là partie de la série. De plus elle est elle-même à son tour conditionnelle, comme le démontre l'antithèse de la quatrième antinomie.

Il fallait donc opter. Ou bien on laissait subsister le conflit avec la raison, laquelle exige l'inconditionnel. Ou bien il fallait placer celui-ci en dehors de la série dans l'intelligible. La nécessité de celui-ci n'exige ni ne souffre aucune condition empirique. Ainsi par rapport aux phénomènes, elle est inconditionnellement nécessaire.

CHAPITRE MCLVII

ACCORD PARFAIT DU PRINCIPE SENSIBLE ET DU PRINCIPE INTELLIGIBLE.

L'usage empirique de la raison, relativement aux conditions de l'existence dans le monde sensible, n'est point affecté par ce fait que l'on accorderait un être purement intelligible, mais il suit toujours le principe de la contingence universelle. Il va toujours de conditions empiriques à des conditions plus élevées, qui sont à leur tour également empiriques.

Mais aussi ce principe régulateur n'exclut pas davantage l'admission d'une cause intelligible qui ne soit pas dans la série, quand il s'agit de l'usage pur de la raison par rapport aux fins.

En effet cette cause ne signifie que le principe intelligible de la possibilité de la série sensible en général ; ce principe, purement transcendental, nous est en lui-même inconnu. Mais l'existence de ce principe est indépendante de toutes les conditions de cette série ; relativement à elle, elle est absolument nécessaire. Elle n'est pas du tout contraire à leur contingence illimitée ; elle ne nuit en aucune façon à la régression infinie de la série des conditions empiriques.

CHAPITRE MCLVIII

RÉSUMÉ DU LIVRE CENT-DIX-NEUVIÈME.

La quatrième et dernière antinomie roule sur la question de savoir si tout est contingent, et s'il n'y a pas un être nécessaire Elle se résout de la même manière que la précédente. L'auteur s'appuie sur la distinction du sensible et de l'intelligible. Sa solution consiste à montrer que les deux thèses peuvent être vraies en même temps, l'une dans un sens et l'autre dans un autre.

Il est vrai ; par rapport au monde sensible, tout a une existence dépendante d'une condition empirique. A ce point de vue, nous devons toujours remonter de conditions en conditions; nous ne pouvons aboutir jamais, comme condition, à une substance existant par elle-même ou absolument indépendante, qui formerait le dernier terme de la série, ou serait placée en dehors d'elle.

Mais il est également vrai, qu'au point de vue intelligible, la série, prise dans sa totalité, peut avoir son fondement dans quelque existence indépendante de toute condition empirique, et contenant le principe de tous les phénomènes.

Le monde est-il en soi tel qu'il se manifeste à nous dans l'ordre des phénomènes? Alors il n'y aura en effet aucune place pour une substance de ce genre non plus que pour la liberté.

Au contraire les phénomènes ne sont-ils que de simples représentations et non plus des choses en soi? Alors l'existence d'un être absolument nécessaire cesse d'être inadmissible. Elle peut très-bien se concilier avec la contingence universelle, absolument comme dans l'antinomie précédente la liberté s'est conciliée avec la nécessité naturelle.

La solution de la quatrième antinomie a donc ceci de commun avec celle de la précédente : Elle réduit à une pure apparence la contradiction des deux termes, en montrant qu'ils peuvent être vrais tous deux. Il y a cependant entre elles une différence : Dans le précédent problème relatif à la liberté, la chose même, l'être humain par exemple, pouvait être considérée comme faisant partie de la série des conditions du monde sensible; sa causalité seule était conçue comme intelligible. Ici au contraire l'être nécessaire est conçu comme étant tout entier hors des conditions du monde sensible.

LIVRE CENT-VINGTIÈME

OBSERVATIONS SUR CE QUI PRÉCÈDE

CHAPITRE MCLIX

REMARQUE FINALE SUR TOUTE L'ANTINOMIE DE LA RAISON PURE.

Nos concepts rationnels peuvent n'avoir pour objets que la totalité des conditions du monde sensible, et ce qui peut par rapport à ce monde tourner au profit de la raison. Tant que nous nous en tenons là, nos idées sont à la vérité transcendentales, mais non transcendantes, elles sont cosmologiques.

Cependant il s'agit bien de l'absolu; c'est à lui que peuvent être ramenées toutes les idées rationnelles. Aussi sommes nous toujours tentés de le placer tout à fait en dehors du monde sensible, en dehors de toute expérience possible. Alors les idées sortent du domaine de la cosmologie, elles ne sont plus simplement transcendentales, elles deviennent transcendantes. Elles servent à bien autre chose qu'à l'accomplissement de l'usage empirique de la raison. Néanmoins cet usage reste une idée qu'il faut toujours poursuivre, quoi qu'il soit impossible de la réaliser jamais d'une manière adéquate.

Mais une fois devenues transcendantes, les idées

se séparent entièrement de cet usage empirique. Elles se transforment en objets dont la matière n'est pas tirée de l'expérience. La réalité objective de ces objets ne repose pas sur l'accomplissement de la série empirique, mais sur des concepts purs à priori.

Ces sortes d'idées transcendantes ont un objet purement intelligible. Il nous est sans doute permis de l'admettre, comme un objet transcendantal, de nous d'ailleurs parfaitement inconnu. Nous n'avons donc aucune raison ni aucun droit de l'admettre en le concevant comme une chose déterminable par ses prédicats distinctifs et essentiels. Ce n'est qu'un être de raison.

CHAPITRE MCLX

PASSAGE DE LA COSMOLOGIE A LA THÉOLOGIE.

Nous ne pouvons cependant résister au désir de déterminer cet être transcendant inconnu. Nous sommes poussés à risquer ce pas par celle des idées cosmologiques, qui a occasionné la quatrième antinomie.

Nous le savons, l'existence des phénomènes n'a nullement son fondement en elle-même, elle est toujours conditionnelle. La nécessité de leur trouver un fondement nous engage à chercher quelque chose qui en soit distinct, un objet intelligible en qui cesse cette contingence.

Avons-nous pris une fois la liberté d'admettre, hors du champ de la sensibilité, une réalité existant par elle-même? Considérons-nous les phénomènes comme de simples modes contingents de représentations d'objets intelligibles, d'êtres qui sont eux-mêmes des intelligences? Alors il ne nous reste plus qu'à nous laisser guider par l'analogie. Par elle nous employons les concepts de l'expérience pour nous faire quelque vague notion des choses intelligibles, dont nous n'avons pas en soi la moindre connaissance.

Nous n'apprenons à connaître le contingent que par l'expérience. Or il est ici question de choses qui ne sauraient être des objets d'expérience. Nous devrons donc en dériver la connaissance de ce qui est nécessaire en soi, de purs concepts des choses en général.

Le premier pas, que nous faisons en dehors du monde sensible, nous oblige donc à commencer nos nouvelles connaissances par la recherche de l'être absolument nécessaire. Nous dériverons du concept de cet être ceux de toutes les choses, en tant qu'elles sont purement intelligibles. C'est là l'essai que nous allons faire maintenant.

CHAPITRE MCLXI

RÉSUMÉ DU LIVRE CENT-VINGTIÈME.

C'est par l'étude du contingent que nous avons été amenés à concevoir un être nécessaire. Par cette conception nous sortons de la série des conditions du monde sensible. Il nous importe de bien assurer nos pas dans cette nouvelle voie, de chercher en quel sens et jusqu'où nous pouvons nous y avancer.

La raison n'a pas le droit de tenir pour impossible l'existence de l'être nécessaire; mais quelle est sa nature et quel usage la raison doit elle faire de l'idée d'un tel être ?

C'est ce qu'à la suite de Kant, nous allons maintenant rechercher.

Ici finit la cosmologie de Kant et commence sa théologie. Suivant notre usage, nous allons, avant de le suivre dans cette nouvelle étude, résumer brièvement sa cosmologie.

LIVRE CENT-VINGT-UNIÈME

BRIÈVE RÉCAPITULATION DE TOUTE LA COSMOLOGIE

CHAPITRE MCLXII

DES IDÉES COSMOLOGIQUES (RÉSUMÉ).

Les idées rationnelles, nous le savons, ne sont pas autre chose que les catégories étendues jusqu'à l'absolu, par suite du besoin qu'éprouve la raison de ramener les notions à la plus haute unité possible.

Les idées cosmologiques ont pour objet la totalité absolue de la synthèse régressive des conditions, c'est-à-dire elles sont nées du besoin de la raison de remonter jusqu'à la condition absolue de tout ce qui existe. L'expérience ne nous montre partout que des phénomènes conditionnels ou relatifs. La raison en recherche la condition suprême pour réaliser le concept de l'absolu, qui est en elle à priori et qui est la source de son activité.

Il y a quatre idées cosmologiques, celle de l'absolu quant au temps et à l'espace, celle de l'absolu quant à la division de la matière, celle de l'absolu quant à l'origine d'un phénomène en général sous le rapport de la causalité, enfin celle de l'absolu de l'existence de ce qu'il y a de variable et de contingent dans les phénomènes, en d'autres termes, celle d'un être nécessaire. Cette dernière idée sert de pont entre la cosmologie et la théologie.

Les deux premières de ces idées ont pour objet l'absolu mathématique, Kant les appelle cosmiques. Les deux dernières portent sur l'absolu dynamique, Kant les appelle des concepts physiques transcendants.

CHAPITRE MCLXIII

DES ANTINOMIES (RÉSUMÉ).

Dans la cosmologie rationnelle, la dialectique transcendentale s'engage dans une série d'antithèses également démontrables. Elles ont leur source dans une sorte d'antinomie du raisonnement.

Chacune des idées cosmologiques donne lieu à deux systèmes contradictoires. Chaque couple de systèmes constitue ce que Kant appelle une antinomie.

D'un côté nous trouvons un système cosmologique fondé sur ces quatre propositions : Le monde a commencé, et il est limité dans l'espace ; — toute substance composée se compose de parties simples ; — pour expliquer complétement les phénomènes ; il faut admettre une causalité hyperphysique, une causalité par liberté, — enfin pour expliquer l'unité, il faut admettre un être nécessaire.

D'un autre côté le raisonnement établit les propositions suivantes : Le monde est infini quant au temps et quant à l'espace ; — il n'y a rien de simple dans le monde ; — il n'y a point de liberté, tout obéit à des lois nécessaires ; — il n'y a point d'être nécessaire, ni dans le monde ni hors du monde.

CHAPITRE MCLXIV

DE L'INTÉRÊT DE LA RAISON DANS LA QUESTION DES ANTINOMIES (RÉSUMÉ).

Les deux systèmes se présentent chacun avec leurs preuves à l'appui. Ils peuvent être également légitimes aux yeux d'un dogmatisme indifférent. Mais l'intérêt de la raison, qui est aussi celui de l'humanité, la porte à donner la préférence au premier. Il repose en partie sur des principes intellectuels; Kant l'appelle le dogmatisme de la raison pure. Le système opposé repose au contraire sur le principe de l'empirisme absolu.

L'intérêt moral et religieux, l'intérêt spéculatif, ainsi que le sens commun sont du côté du rationalisme. Ils repoussent l'empirisme pur, comme subversif de toute religion, et comme n'offrant à la spéculation synthétique aucun point de départ ni de repos, aucune base solide.

D'un autre côté l'empirisme pur ouvre à l'observation scientifique un champ infini. Mais en niant qu'il y ait rien au delà de la portée des sens, il pose à la raison des limites qu'elle ne peut reconnaître et qu'elle est impatiente de franchir.

Kant s'étonne que ce système soit si peu populaire; mais le vulgaire, dit-il, n'est que vanité et ignorance.

CHAPITRE MCLXV

INTRODUCTION A LA SOLUTION DES ANTINOMIES (RÉSUMÉ).

Il n'y a, quant aux questions cosmologiques, continue Kant, de solution possible que par la voie de la critique. Toute prétention d'y répondre dogmatiquement est vaine et ne fait qu'ajouter à notre ignorance. Les idées cosmologiques vont toujours au delà, ou restent en deçà de l'expérience. Elles reposent sur une méprise de la raison qu'il est du devoir de la critique de dévoiler.

L'idéalisme transcendental peut seul expliquer et résoudre les antinomies.

Le raisonnement sur lequel est fondé toute la cosmologie est vicieux, en ce qu'il considère les phénomènes comme des choses en soi. Les antinomies résultent de ce que la raison confond le monde phénoménal avec le monde tel qu'il peut être indépendamment du sujet, avec le monde tel qu'il est en soi.

Le monde, ne nous étant connu que comme phénomène, ne nous est donné ni comme fini ni comme infini. L'idée de la totalité va au delà de l'expérience; c'est à tort qu'on l'applique aux phénomènes. Le monde phénoménal n'est pas un tout absolu. Quant à l'ensemble des choses prises en soi, nous ne pouvons en rien savoir.

Ni les idées ne peuvent s'appliquer au monde phénoménal, ni les catégories au monde sensible.

Les contradictions où s'engage la raison proviennent de ce qu'elle regarde les idées comme des principes constitutifs; elles ne sont que des principes régulateurs.

Elles n'ont d'autre but que de nous servir de règle dans nos recherches; elles donnent à l'expérience la plus grande extension et la plus haute unité possible.

Par les idées, la nature a voulu nous inviter à ne jamais nous arrêter dans la recherche régressive ou analytique des causes et des conditions.

Ainsi selon Kant, les idées n'ont aucune valeur réelle. Elles ne sont qu'un stimulant pour nous pousser à d'incessantes investigations, une règle purement logique. Elles n'ont pas pour but de nous élever au dessus du monde sensible.

Kant va maintenant appliquer sa règle à la solution des antinomies. Selon qu'elles sont mathématiques ou dynamiques, elles reçoivent une solution différente.

CHAPITRE MCLXVI

SOLUTION DES ANTINOMIES MATHÉMATIQUES (RÉSUMÉ).

Quant aux antinomies mathématiques, la critique déclare également fausses la thèse et l'antithèse.

1° On ne peut pas dire du monde qu'il soit fini, ni qu'il soit infini.

Nous ne pouvons pas dire qu'il soit fini, il nous est impossible d'en apercevoir les limites.

Nous ne pouvons pas dire qu'il soit infini, ce serait anticiper sur le résultat de la régression.

Tout ce que nous pouvons dire c'est que cette régression est indéfinie; le monde phénoménal n'a pas une grandeur qui puisse être déterminée.

2° La divisibilité d'un corps est infinie; mais dire

qu'on puisse ou qu'on ne puisse pas arriver jamais à des parties simples, ce serait anticiper sur les résultats d'une opération qui n'est jamais terminée.

La divisibilité infinie n'est pas une loi de l'expérience; elle est une règle de la raison. D'après cette règle aucune décomposition ne doit jamais être considérée comme achevée.

CHAPITRE MCLXVII

SOLUTION DES ANTINOMIES DYNAMIQUES (RÉSUMÉ).

Quant aux antinomies qui naissent des idées dynamiques, elles peuvent se concilier ensemble mais pour cela il faut les compléter.

3° L'idée de liberté est née du besoin de la raison de rattacher la série des effets et des causes à une cause première qui ne soit plus l'effet d'une autre cause.

Une pareille cause ne saurait être perçue, l'expérience tout entière est soumise à la loi d'une causalité indéfinie.

Il s'agit de concilier ensemble la liberté transcendentale, de laquelle dépend la liberté morale, avec la loi de la causalité physique universelle.

Pour cela, il n'y a qu'un moyen, selon Kant. Il faut montrer qu'un même fait envisagé sous deux faces différentes peut être tout à la fois l'effet d'une cause nécessaire et d'un acte de liberté.

C'est ici que Kant s'applaudit de la distinction qu'il a établie entre les phénomènes et les choses en soi. Si les phénomènes représentent les choses telles qu'elles sont en soi, il nous dira que la liberté est perdue. Si au contraire ils ne sont que des apparences, ces apparences seules sont liées par les lois de l'expérience. Il faudra leur supposer des causes qui ne soient pas phénoménales elles-mêmes, mais intelligibles.

En admettant des causes phénoménales et des causes intelligibles, il devient possible de considérer le même fait comme nécessaire quant à celles-là, et comme produit librement quant à celles-ci.

Kant prend pour exemple l'homme. Considéré comme phénomène, il est sujet à la nécessité qui est la loi de toute la nature ; comme tel ses actions sont nécessaires. Comme être intelligible, il produit des actions qui sont indépendantes des causes physiques. Elles ont pour principe le sentiment du devoir, la loi morale ; mais celle-ci n'a aucun sens si tout est soumis à la nécessité. Les mêmes actions sont nécessaires ou libres, suivant qu'on les considère comme faisant partie de l'ordre phénoménal ou comme ayant été déterminées par notre raison considérée comme faculté intelligible.

Ainsi peuvent se concilier la thèse et l'antithèse de la troisième antinomie. Tout est nécessaire dans le monde phénoménal ; mais il peut se rattacher à une cause intelligible existant en dehors de ce monde. Quant à l'homme ses actions peuvent être considérées comme nécessaires, une fois tombées dans le monde physique. Elles sont libres tant qu'elles n'ont pas fait encore, en dehors du monde de la volonté, un pas dont il ne dépendait que de celle-ci de s'abstenir.

Remarquons-le en passant, ici Kant ne regarde déjà plus la raison comme une simple faculté logique. Elle est de plus pour lui, la dépositaire et l'organe de la loi morale. Elle détermine les actions humaines d'après une règle positive qui est en elle à priori.

4° Kant concilie de la même manière les deux systèmes quant à la quatrième antinomie. Dans le monde phénoménal et sensible tout est contingent et n'a qu'une existence relative; mais cette contingence universelle n'empêche pas d'admettre que toute la série des phénomènes dépend d'un être nécessaire intelligible. L'entendement ne s'oppose point à cette reconnaissance d'un être nécessaire et absolu, tout en soutenant qu'il n'y a rien que de contingent et de relatif dans le monde phénoménal.

On ne résume pas des résumés. — Nous passons à la théologie de Kant.

LIVRE CENT-VINGT-DEUXIÈME

THÉOLOGIE DE KANT. — DE L'IDÉAL DE LA RAISON PURE, ET D'ABORD DE L'IDÉAL EN GÉNÉRAL.

CHAPITRE MCLXVIII

LES IDÉES RATIONNELLES NE POUVANT, AU REBOURS DES CATÉGORIES, S'APPLIQUER A DES OBJETS D'EXPÉRIENCE.

Nous avons vu plus haut que, sans les conditions de la sensibilité, les concepts purs de l'entendement ne peuvent nous représenter absolument aucun objet. Les conditions de la réalité objective de ces concepts leur manquent alors. On n'y trouve plus autre chose que la simple forme de la pensée. On peut du moins les exhiber empiriquement en les appliquant à des phénomènes. Ils y trouvent proprement la matière qui en fait des concepts d'expérience; ceux-ci ne sont rien que des concepts de l'entendement, transportés dans le concret.

Les idées sont encore plus éloignées de la réalité objective que les catégories. On ne saurait trouver un phénomène où elles puissent être représentées empiriquement.

Elles contiennent une certaine perfection à laquelle n'atteint aucune connaissance empirique possible. La raison n'y voit qu'une unité systématique dont elle cherche à rapprocher l'unité empirique possible, mais sans pouvoir jamais l'atteindre.

CHAPITRE MCLXIX

L'IDÉAL ENCORE BIEN PLUS ÉLOIGNÉ DE L'EXPÉRIENCE QUE LES IDÉES RATIONNELLES.

Individualisons maintenant les idées rationnelles; construisons par la pensée un individu doué de toutes les perfections contenues dans l'idée, nous obtiendrons ainsi ce que l'on appelle un idéal. Rien de parfait ne se réalise; cet individu parfait sera par essence un être de raison. Il est encore bien moins réalisable que l'idée qu'il personnifie, non-seulement que l'idée concrète, mais même que l'idée individuelle, ou si vous aimez mieux que l'idée d'une chose individuelle qu'elle seule peut déterminer et qu'elle détermine en effet. Il est situé dans un lieu encore bien plus élevé.

CHAPITRE MCLXX

DÉFINITION DE L'IDÉAL HUMAIN. — DE CELUI DE PLATON.

L'homme idéal est le prototype individualisé de l'humanité dans toute sa perfection. Cette humanité parfaite ne contient pas seulement la perfection de toutes les qualités qui appartiennent essentiellement à notre nature et constituent le concept que nous en avons. Ces qualités ne sont pas seulement poussées en elle au point de concorder parfaitement avec leurs fins. Ce serait bien là notre idée de l'humanité parfaite, mais son idéal renferme encore plus. Il implique aussi tout ce qui, outre ce concept, appartient à la détermination complète de l'idée, tout ce qui en individualise les perfections, et en fait un prototype. De tous les prédicats opposés, il n'y en a qu'un seul qui puisse convenir à l'idée de l'homme parfait.

Ce qui pour nous est un idéal était pour Platon une idée de l'entendement divin, un objet individuel dans la pure intuition de cet entendement, la perfection de chaque espèce d'êtres possibles, le prototype de toutes les copies dans le monde des phénomènes.

CHAPITRE MCLXXI

DE L'IDÉAL MORAL.

Sans nous élever si haut, nous devons reconnaitre que la raison humaine ne contient pas seulement des idées, mais des idéaux. Ils n'ont pas, il est vrai, comme ceux de Platon, une vertu créatrice, mais ils ont, comme principes régulateurs, une vertu pratique; ils servent de fondement à la possibilité de la perfection de certains actes.

Les concepts moraux ne sont pas tout à fait de purs concepts rationnels; ils ont pour fondement quelque chose d'empirique, plaisir ou peine. Mais on peut les envisager du côté des principes par lesquels la raison met des bornes à la liberté, qui par elle-même est sans loi. Par conséquent, en ne considérant que leur forme, on peut très-bien les donner comme exemples de concepts rationnels.

La vertu et avec elle la sagesse humaine, dans toute leur pureté, sont des idées. Mais le sage des Stoïciens est un idéal. C'est un homme que nous ne rencontrerons jamais dans l'expérience; il n'existe que dans la pensée, mais il concorde parfaitement avec l'idée de la sagesse.

L'idée donne la règle; l'idéal sert de prototype pour la complète détermination de la copie. Nous n'avons pas d'autre mesure de nos actions que la conduite de cet homme divin que nous trouvons dans notre pensée. Nous nous comparons avec lui, nous nous jugeons et nous nous corrigeons d'après lui; mais nos prétentions ne vont pas jusqu'à pouvoir jamais atteindre à ses perfections.

CHAPITRE MCLXXII

DE L'USAGE DE L'IDÉAL.

On ne saurait attribuer à ces idéaux une réalité objective, une existence hors de nous; néanmoins on ne doit pas les regarder comme de pures chimères. Ils fournissent à la raison une mesure indispensable; la raison a besoin du concept de ce qui est absolument parfait dans son espèce, afin de pouvoir estimer et mesurer en conséquence le degré et le défaut de ce qui est imparfait.

Mais vouloir réaliser l'idéal dans le phénomène,

comme on réaliserait le sage dans un roman, c'est là ce qui est impraticable. Heureusement, car ce serait peu sensé et peu édifiant. Les bornes naturelles dérogent continuellement à la perfection idéale. Elles rendent toute illusion impossible dans une pareille tentative, elles nous conduisent par là à regarder comme suspect et comme imaginaire le bien même qui est dans l'idée.

CHAPITRE MCLXIII

VANITÉ DE L'IDÉAL ARTISTIQUE.

Voilà ce qui est vrai de l'idéal de la raison. Reposant toujours sur des concepts déterminés, il sert de règle et de type soit pour l'action (idéal moral), soit pour le jugement (idéal transcendental).

Il en est autrement des créations de l'imagination. Personne ne peut en donner aucune explication ni aucune notion intelligible. Ce sont comme des monogrammes, composés de traits isolés, bien que déterminés d'après une prétendue règle. Cela forme plutôt en quelque sorte un dessin flottant au milieu d'expériences diverses qu'une image arrêtée.

Tels sont les prétendus idéaux que les peintres et les physionomistes prétendent avoir dans l'esprit. Ce sont comme des ombres incommunicables de leurs productions et de leurs jugements.

C'est pourquoi suivant l'usage reçu, nous les laisserons bien appeler ces fantômes leurs idéaux. Ces idéaux de la sensibilité doivent en effet être le modèle toujours imparfaitement réalisable d'intuitions empiriques possibles; ils ne sauraient pourtant fournir aucune règle susceptible de définition et d'examen.

CHAPITRE MCLXXIV

DU BUT DE LA RAISON DANS LA CONCEPTION DE L'IDÉAL.

La raison avec son idéal a au contraire pour but une complète détermination, fondée sur des règles à priori; aussi conçoit-elle un objet qui doit être complétement déterminable d'après des principes, bien que le concept même de cet objet soit transcendant, et que l'expérience n'offre pas à cet égard des conditions suffisantes.

CHAPITRE MCLXXV

RÉSUMÉ DU LIVRE CENT-VINGT-DEUXIÈME.

Les idées de la raison expriment en général une certaine perfection qu'aucune expérience ne saurait reproduire. La raison n'y voit qu'une unité systématique dont elle cherche à rapprocher l'unité empirique possible sans pouvoir jamais l'atteindre.

Concevons maintenant cette perfection dans un être individuel, l'homme par exemple; l'idée devient alors l'idéal.

Les idées ainsi conçues étaient pour Platon des objets de l'entendement divin; elles y jouissaient d'une sorte d'existence objective, et, supérieures en cela à nos modernes idéaux, elles y résidaient en qualité de types, doués eux-mêmes d'une vie *sui generis,* et créateurs de tous les objets correspondants à chacun d'eux dans le monde sensible.

Kant aussi voit dans l'idéal une personnification de l'idée; mais il ne lui accorde aucune réalité, et il ne l'objective point. Il ne prétend pas s'élever si haut; il se borne à reconnaître dans la raison humaine la puissance de concevoir certaines idées, sous la forme d'un idéal qui doit servir de règle à nos jugements (idéal transcendental) ou de type à nos actions (idéal moral).

Tel est l'idéal du sage, comme le concevaient par exemple les Stoïciens.

Kant n'accordera jamais à Platon qu'une telle idée puisse être objectivement réalisée. Il trouve peu sensé de vouloir la reproduire même dans un roman. Mais il ne regarde pas pour cela cet idéal comme une pure chimère. Il voit au contraire une mesure indispensable pour nous juger et nous corriger nous-mêmes; ainsi nous nous rapprocherons toujours davantage de la perfection, mais sans pouvoir jamais l'atteindre.

L'idéal de la raison pure est donc la personnification d'une règle qui doit toujours reposer sur des concepts déterminés. Il faut bien se garder de le confondre avec celui que les peintres, par exemple, croient avoir à priori dans l'esprit. Ce dernier ne peut jamais servir de règle; il n'est qu'une image flottante au milieu d'expériences diverses. Appelons-le, si vous voulez, un idéal de la sensibilité et de l'imagination; cependant cette expression même d'idéal ne lui convient guère; il ne fournit aucune règle susceptible de définition.

Pour mieux nous faire comprendre ce qu'il entend en général par l'idéal, Kant a pris un exemple emprunté à l'ordre moral, ou à la raison pratique; mais c'est de l'idéal transcendental (idéal de la raison spéculative) qu'il doit être ici question; c'est la raison spéculative seule qui est l'objet de cette critique.

Nous allons voir en quoi consiste précisément cet idéal.

LIVRE CENT-VINGT-TROISIÈME

DE L'IDÉAL TRANSCENDENTAL.

CHAPITRE MCLXXVI

DU PRINCIPE LOGIQUE DE TOUT CONCEPT.

Tout concept est indéterminé par rapport à ce qui n'est pas contenu en lui. Il est soumis à ce principe que de deux prédicats contradictoires opposés un seul peut lui convenir.

Ce principe est purement logique, il repose sur le principe de contradiction, il fait abstraction de toute matière de la connaissance, pour n'en considérer que la forme.

CHAPITRE MCLXXVII

DU PRINCIPE DE LA POSSIBILITÉ DES CHOSES.

Mais le concept d'une chose n'est pas toute la chose. Celle-ci aspire à se réaliser; l'existence en principe ne saurait lui suffire. Il lui faut en outre une existence de fait.

La chose, quant à sa possibilité est soumise en outre

au principe de la détermination complète. Comparons tous les prédicats possibles des choses à leurs contraires; de tous, il faut qu'il y en ait un qui convienne à la chose.

Cela ne repose plus uniquement sur le principe de contradiction. On y considère d'abord le rapport de deux prédicats contradictoires. On considère en outre chaque chose dans son rapport avec toute la possibilité. On conçoit cette possibilité totale comme l'ensemble de tous les prédicats des choses en général. On suppose cette possibilité comme condition à priori. On se représente chaque chose comme si elle dérivait sa propre possibilité de la part qu'elle prend dans cette possibilité totale.

La possibilité totale est ainsi le corrélatif commun auquel chaque chose est rapportée. Veut-on admettre que cette matière de tous les prédicats possibles puisse se trouver dans l'idée d'une seule chose? Cela prouverait l'affinité de tout le possible par l'identité du principe de sa complète détermination.

La déterminabilité de tout concept est soumise à l'universalité du principe qui exclut tout milieu entre deux prédicats opposés; mais la détermination d'une chose est soumise à la totalité ou à l'ensemble de tous les prédicats possibles.

Il est donc maintenant question d'autre chose que de la forme logique d'un concept, il est question de son contenu. C'est lui que concerne le principe de la détermination complète. Il est celui de la synthèse de tous les prédicats qui doivent former la notion parfaite d'une chose. Il est autre chose et plus que celui de la représentation analytique qui a lieu au moyen de l'un des deux prédicats opposés. Il renferme une supposition transcendentale, celle de la matière de toute possibilité. Cette proposition contient à priori les données nécessaires à la possibilité particulière de chaque chose.

CHAPITRE MCLXXVIII

CE QU'IL FAUT ENTENDRE PAR LA DÉTERMINATION COMPLÈTE D'UNE CHOSE.

Que signifie cette proposition : toute chose existante est complétement déterminée ? Ceci : Il y a toujours un prédicat qui convient à la chose, non-seulement dans chaque couple donné de prédicats opposés l'un à l'autre, mais aussi dans tous les prédicats possibles. Cette proposition n'implique pas seulement une comparaison logique entre des prédicats; elle implique de plus une comparaison transcendentale entre la chose même et l'ensemble de tous les prédicats possibles.

Elle revient à dire que, pour connaitre parfaitement une chose, il faut connaître tout le possible. Il faut déterminer cette chose par là, soit positivement, soit négativement.

La détermination complète est un concept que, dans sa totalité, nous ne pouvons jamais nous représenter dans l'expérience. Elle se fonde sur une idée qui a uniquement son siège dans la raison; celle-ci prescrit à l'entendement la règle de son parfait usage.

CHAPITRE MCLXXIX

PASSAGE DE L'IDÉE A L'IDÉAL.

Revenons encore sur l'idée de l'ensemble de toute possibilité. Prenons cet ensemble pour fondement comme condition de la détermination complète de chaque chose. Cette idée est elle-même indéterminée relativement aux prédicats qui constituent cet ensemble. Par là nous ne pensons rien de plus qu'un ensemble de tous les prédicats possibles en général.

Cependant, en y regardant de plus près, nous y trouverons autre chose. Comme concept primitif, elle exclut une foule de prédicats, qui sont déjà donnés par d'autres comme dérivés, ou qui ne peuvent exister ensemble. Elle s'épure jusqu'à devenir un concept complétement déterminé à priori. Elle devient ainsi le concept d'un objet individuel, qui est complétement déterminé par la seule idée. Par conséquent, quoique toujours subjectif, cet objet ainsi individualisé peut être appelé un idéal de la raison pure.

CHAPITRE MCLXXX

DE LA NÉGATION LOGIQUE ET DE LA NÉGATION TRANSCENDENTALE.

Examinons tous les prédicats possibles, non point au point de vue logique, mais au point de vue transcendental, ou quant à leur contenu. Nous trouverons que par quelques uns d'entre eux un être est représenté, et par d'autres un simple non-être.

La négation logique se désigne par le petit mot : non. Elle ne s'applique jamais proprement à un concept, mais seulement au rapport d'un concept à un autre dans le jugement. Par conséquent elle est loin de suffire à désigner un concept par rapport à son contenu.

Par exemple l'expression : non-mortel, ne peut pas faire connaître qu'un simple non-être est représenté par là dans l'objet, mais elle laisse de côté toute matière.

Une négation transcendentale au contraire signifie le non-être en soi. On lui oppose l'affirmation transcendentale. Celle-ci est quelque chose dont le concept en soi exprime déjà un être. Par conséquent cet être, n'eut-il qu'une existence subjective, s'appelle réalité. Par elle seule les objets sont quelque chose et par suite des choses, cela dans toute l'étendue de sa sphère. La négation opposée désigne simplement un manque; là où elle est simplement conçue, on se représente toute chose comme supprimée.

CHAPITRE MCLXXXI

CE QU'IL FAUT POUR CONCEVOIR UNE NÉGATION.

Personne ne peut concevoir une négation d'une manière déterminée, sans prendre pour fondement l'affirmation opposée.

L'aveugle-né ne peut se faire la moindre représentation de l'obscurité, il n'en a aucune de la lumière. Le sauvage ne peut avoir aucune idée de la misère, il ne connaît pas l'opulence. L'ignorant n'a aucune idée de son ignorance, il n'en a aucune de la science.

N. B. Les observations et les calculs des astronomes nous ont appris beaucoup de choses étonnantes; mais le plus important est qu'il nous on découvert l'abîme de l'ignorance. Sans leurs découvertes, la raison humaine n'aurait jamais pu se le représenter aussi profond. La réflexion sur cette ignorance doit apporter un grand changement, dans la détermination du but final de l'usage de notre raison.

CHAPITRE MCLXXXII

DU SUBSTRATUM TRANSCENDENTAL FONDEMENT D'UNE DÉTERMINATION COMPLÈTE.

Donc tous les concepts des négations sont dérivés. Les réalités contiennent les données, la matière, le contenu transcendental de la possibilité et de la complète détermination de toutes choses.

Donc encore, la complète détermination des choses a pour fondement dans notre raison un substratum transcendental qui contient en quelque sorte toute la provision de matière d'où peuvent être tirés tous les prédicats possibles des choses.

Mais ce substratum n'est pas autre chose que l'idée d'un tout de la réalité. Toutes les véritables négations ne sont donc que des limites. On ne pourrait pas les désigner ainsi, si l'on ne prenait pour base le tout illimité.

CHAPITRE MCLXXXIII

DE L'*ENS REALISSIMUM*.

C'est par cette entière possession de la réalité que le concept d'une chose en soi est représenté comme complétement déterminé. Le concept de l'*ens realissimum* est celui d'un être individuel, quoique n'existant peut-être encore que dans notre intelligence; de tous les prédicats opposés possibles, un seul être entre dans sa détermination, c'est celui qui appartient absolument à l'être.

C'est donc un idéal transcendental, conçu comme une individualité, qui sert de fondement à la complète détermination nécessairement inhérente à tout ce qui existe. C'est lui qui constitue la suprême condition matérielle et parfaite de sa possibilité, la condition à laquelle doit être ramenée toute pensée des choses en général au point de vue de leur contenu.

C'est aussi proprement le seul idéal dont la raison humaine soit capable. C'est uniquement dans ce cas qu'un concept universel en soi d'une chose est complétement déterminé par lui-même, et qu'il est connu comme la représentation d'un individu, celui-ci n'existât-il que dans cette représentation même.

CHAPITRE MCLXXXIV

OÙ KANT REVIENT SUR CETTE IDÉE SINGULIÈREMENT PARADOXALE QUE SI L'ESPRIT HUMAIN S'ÉLÈVE JUSQU'A L'IDÉAL, C'EST PARCE QU'IL EST CAPABLE DU RAISONNEMENT DISJONCTIF.

La détermination logique d'un concept par la raison repose sur un raisonnement disjonctif. La majeure contient une division logique, la division de la sphère d'un concept général ; la mineure limite cette sphère à une partie ; la conclusion détermine le concept par cette partie.

Le concept universel d'une réalité en général ne peut pas être divisé à priori ; sans l'expérience on ne connait aucune espèce déterminée de réalité qui soit comprise sous ce genre.

La majeure transcendentale de la détermination complète de toutes choses n'est donc que la représentation de l'ensemble de toute réalité. Par conséquent elle n'est pas seulement un concept qui comprenne *sous lui* tous les prédicats quant à leur contenu transcendental, mais en outre ce concept les contient *en lui*. La détermination complète de chaque chose repose sur la limitation de ce tout de la réalité. Quelque partie de la réalité est attribuée à la chose, mais le reste en est exclu. Cela s'accorde avec le *ou* répété de la majeure disjonctive, et la détermination de l'objet par un des membres de cette division dans la mineure.

Nous avons vu que la raison donne l'idéal transcendental pour fondement à sa détermination de toutes les choses possibles; l'usage qu'elle en fait ainsi est donc analogue à celui d'après lequel elle procède dans les raisonnements disjonctifs. C'est, on s'en souvient, le principe que Kant a pris plus haut pour base, dans la division systématique de toutes les idées transcendentales, suivant lequel elles seraient produites d'une manière parallèle et correspondante aux trois espèces de raisonnements. C'est ce principe que nous avons dit alors ne pouvoir lui accorder.

CHAPITRE MCLXXXV

L'IDÉAL CONÇU COMME N'EXISTANT QUE DANS L'ESPRIT DE L'HOMME.

Quel est le but que nous voulons atteindre? Que nous faut-il pour nous représenter simplement la détermination nécessaire et complète des choses? Avons-nous besoin pour cela de l'existence d'un être conforme à l'idéal?

Non. Il nous suffit de l'idée de cet être. Nous n'avons besoin que de cette idée pour dériver d'une totalité inconditionnelle de la détermination complète la détermination conditionnelle, c'est-à-dire la détermination du limité.

L'idéal est donc pour la raison le prototype de toutes les choses, qui en sont ses copies défectueuses. Elles en tirent la matière de leur possibilité, elles s'en rapprochent plus ou moins, mais quoi qu'elles fassent, elles en restent toujours infiniment éloignées.

CHAPITRE MCLXXXVI

L'IDÉAL CONSIDÉRÉ COMME ÊTRE ORIGINAIRE, ÊTRE SUPRÊME, ÊTRE DES ÊTRES.

Toute possibilité de la synthèse des éléments divers des choses quant à leur contenu, ou, pour être plus court, toute possibilité des choses, est donc considérée comme dérivée. Seule, celle de ce qui renferme en soi toute réalité est regardée comme originaire.

Il est des prédicats, par lesquels seuls tout ce qui n'est pas l'être réel par excellence se distingue de lui. Ce sont les négations. Celles-ci sont de simples limitations d'une réalité supérieure, et enfin de la plus haute réalité. Elles la présupposent et en dérivent quant à leur contenu.

Toutes les choses diverses ne sont que des manières également diverses de limiter le concept de la suprême réalité. Ce concept est leur substratum commun; c'est ainsi que toutes les figures ne sont que des manières diverses de limiter l'espace infini.

L'objet idéal de la suprême réalité ne réside que dans la raison; il n'est qu'un être de raison que la raison individualise quoique toujours subjectivement. Ainsi individualisé, comme primitif, il est l'être originaire. En tant qu'il n'a aucun être au dessus de lui, il est l'être suprême; en tant que tout lui est subordonné comme conditionnel il est l'être des êtres.

Mais toutes ces expressions ne désignent point le rapport objectif d'un objet réel aux autres choses; elles ne désignent que le rapport de l'idée à des concepts;

elles nous laissent dans une complète ignorance touchant l'existence objective d'un être d'une supériorité si éminente.

CHAPITRE MCLXXXVII

L'ÊTRE ORIGINAIRE CONSIDÉRÉ COMME SIMPLE.

Il y aurait contradiction à dire qu'un être originaire se compose de plusieurs êtres dérivés; chacun de ces derniers le présuppose et ne saurait le constituer.

L'idéal ou être originaire doit être aussi conçu comme simple.

CHAPITRE MCLXXXVIII

DE L'IDÉAL CONÇU COMME SUBSTANCE.

L'être originaire est-il conçu comme simple, dériver de lui toute autre possibilité est une proposition dont la signification change. Pour parler exactement, cette dérivation n'est plus une limitation de la suprême réalité et en quelque sorte un partage. Alors nous ne considérions l'être originaire que comme un simple agrégat d'êtres dérivés, et nullement comme l'être simple leur principe. Mais d'après ce que nous venons de dire, c'est comme être simple que nous devons le considérer désormais, quoique nous l'ayons considéré comme un agrégat dans une première et grossière esquisse.

La suprême réalité sert de fondement à la possibilité

des choses, bien plus comme principe que comme ensemble. Leur diversité ne constitue plus autant de limitations de l'être originaire. Elle repose maintenant sur son parfait développement. Notre sensibilité en ferait partie ainsi que toute réalité phénoménale; elle n'appartient pas pour cela comme ingrédient à l'idée de l'être suprême. Il va devenir une substance pour peu qu'il nous plaise de l'hypostasier.

CHAPITRE MCLXXXIX

ORIGINE DES RECHERCHES THÉOLOGIQUES.

Poursuivons plus avant cette idée et faisons-en une hypostase. Nous pourrons déterminer l'être premier, par le seul concept de la réalité suprême, comme un être unique, simple, suffisant à tout, éternel, etc. En un mot nous pouvons le déterminer dans son absolue perfection par tous ses prédicats.

Le concept d'un tel être est celui de Dieu conçu dans le sens transcendental; c'est ainsi que l'idéal de la raison pure est l'objet d'une théologie transcendentale comme nous l'avons indiqué plus haut.

CHAPITRE MCXC

HYPOSTASIER L'IDÉAL N'EST NULLEMENT UNE NÉCESSITÉ DE LA RAISON.

Cet usage de l'idée transcendentale dépasse déjà les bornes de sa destination et de son admissibilité.

La raison la donne bien pour fondement à la détermination complète des choses en général; mais elle ne la pose que comme concept de toute réalité. Elle ne demande pas pour cela que cette toute réalité soit donnée objectivement et constitue elle-même une chose.

Cette chose n'est qu'une pure fiction. Par elle nous rassemblons et réalisons la diversité de nos idées dans un idéal, comme dans un être particulier. Mais nous n'avons pas pour cela le droit d'admettre une pareille hypostase.

Il en est de même de toutes les conséquences qui découlent d'un pareil idéal, elles ne concernent en rien la complète détermination des choses en général. Elles n'ont pas sur elle la moindre influence, cette détermination ne dépend que de l'idée seule.

CHAPITRE MCXCI

QUESTION QUI NAÎT DE LA POSSIBILITÉ DES CHOSES.

Il ne suffit pas de décrire le procédé de notre raison et sa dialectique ; il faut encore chercher à en découvrir les sources. Il faut pouvoir expliquer cette apparence même comme un phénomène de l'entendement ; l'idéal dont nous parlons n'est pas fondé sur une idée purement arbitraire, il l'est sur une idée naturelle.

Comment la raison arrive-t-elle à regarder naturellement toute possibilité des choses comme dérivée d'une seule possibilité qui leur sert de fondement, de celle de la réalité suprême ? Comment en vient-elle à présupposer celle-ci comme renfermée dans un premier être particulier ?

CHAPITRE MCXCII

RÉPONSE A LA PREMIÈRE QUESTION.

La réponse à la première question ressort par elle-même des développements de l'analytique transcendentale.

La possibilité des objets des sens est un rapport de ces objets à notre pensée. Celle-ci conçoit à priori la forme empirique de ces objets tels qu'ils nous apparaissent dans l'expérience ; mais elle ne saurait en concevoir à priori la matière. En ce qui concerne cette dernière, ce qui dans la sensation constitue la réalité du phénomène doit être donné. Sans cela il ne pourrait pas même être conçu. Par conséquent sa possibilité ne pourrait pas être représentée.

Or un objet des sens ne peut être complétement déterminé que quand il est comparé à tous les prédicats du phénomène. Il faut de plus qu'il soit représenté au moyen de ces prédicats d'une manière affirmative ou négative.

Mais, avons-nous dit, ce qui constitue la chose même dans le phénomène, par conséquent le réel doit être donné, sans quoi il ne pourrait pas même être conçu. De plus ce en quoi le réel de tout phénomène est donné est l'expérience unique et comprenant tout. La matière de la possibilité de tous les objets des sens doit être présupposée comme donnée dans un ensemble. La limitation seule de celui-ci peut servir de fondement à toute possibilité d'objets empiriques, à leur différence entre eux et à leur complète détermination.

Dans le fait, il n'y a que les objets des sens qui puissent nous être donnés; ils ne peuvent l'être que dans le contexte d'une expérience possible. Il suit de là que rien n'est objet pour nous, sans supposer l'ensemble de toute réalité empirique comme condition de sa possibilité.

Maintenant, par une illusion naturelle, nous étendons à toutes les choses en général un principe qui n'a de valeur que relativement à celles qui sont données comme objets de nos sens. Le principe empirique de nos concepts de la possibilité des choses comme phénomènes devient ainsi pour nous, par le retranchement de cette restriction, un principe transcendental de la possibilité des choses en général.

CHAPITRE MCXCIII

RÉPONSE A LA SECONDE QUESTION.

Nous demande-t-on maintenant comment il se fait que, n'y étant pas poussés par une nécessité absolue, nous veuillons hypostasier cette idée de l'ensemble de toute réalité?

Nous répondrons que nous y sommes poussés par une subreption transcendentale et une illusion de la raison. D'abord nous transformons dialectiquement l'unité distributive de l'usage expérimental de l'entendement en unité collective d'un tout d'expérience. Ensuite, dans ce tout du phénomène nous concevons une chose individuelle qui contient en soi toute réalité empirique. Enfin nous transformons subrepticement cette réalité en concept d'une chose placée au sommet de la possibilité de toutes les choses, qui trouvent en elle les conditions réelles de leur complète détermination.

CHAPITRE MCXCIV

CONSÉQUENCES.

Au début, cet idéal de l'être souverainement réel n'est en nous qu'une idée. Par une première illusion de la raison cette idée se réalise en devenant un objet; plus tard elle s'hypostasie en devenant une substance; enfin, comme nous le montrerons bientôt elle le personnifie, toujours par suite de la marche naturelle de la raison vers l'achèvement de l'unité.

L'unité régulatrice de l'expérience ne repose pas sur les phénomènes eux-mêmes, sur la sensibilité toute seule. Elle repose sur l'enchaînement de leurs éléments divers dans une aperception, par l'entremise de l'entendement. L'unité de la suprême totalité et la complète déterminabilité (ou possibilité) de toutes choses semblent résider dans un entendement suprême, et par conséquent dans une intelligence.

CHAPITRE MCXCV

RÉSUMÉ DU LIVRE CENT-VINGT-TROISIÈME.

Pour connaître parfaitement une chose, il faudrait connaître tout le possible. Ce n'est que par là que nous pourrions la déterminer complètement, soit affirmativement, soit négativement.

Cette connaissance de tout le possible est la condition de la détermination complète de chaque chose ; mais elle ne nous est pas donnée. La détermination des choses ne peut être pour nous qu'un concept se fondant sur une idée de la raison. Il a pour but de prescrire à l'entendement la règle de son parfait usage.

Il ne suffit pas de concevoir cette idée comme celle de l'ensemble de toute possibilité. La raison en fait un concept complètement déterminé. Elle nous le présente comme celui d'un être possédant la plénitude de la réalité, et renfermant en elle toute la substance d'où peuvent être tirés tous les prédicats possibles des choses. C'est cette idée, ainsi déterminée à priori, qui forme l'idéal transcendental de la raison pure.

Toute possibilité des choses est en effet considérée comme dérivée. Seule celle de ce qui renferme en soi toute réalité est considérée comme originaire.

Nous ne pouvons donc songer à la possibilité d'aucune chose sans nous élever à l'idée d'un être originaire ; nous l'appelons soit l'être suprême, en tant que nous n'en concevons aucun autre au dessus de lui, soit l'être des êtres, en tant que nous concevons tous les autres comme lui étant subordonnés.

Pour ce qui le concerne personnellement, Kant croit à l'existence réelle de cet être, mais c'est par des motifs provenant de la raison pratique, lesquels n'ont rien à voir avec les arguments de la raison spéculative pure. Les arguments de celle-ci ne sont pas suffisants, d'après lui, pour nous faire admettre l'existence d'un tel être ; ils nous laissent à cet égard dans une parfaite ignorance ; mais ils suffisent à nous faire voir que nous ne pouvons pas nous dispenser d'en supposer l'idée, pour y ramener toute pensée des choses en général, considérées au point de vue de leur possibilité.

C'est un idéal que nous trace la raison spéculative pure. Elle en fait la règle suprême de notre jugement. Mais à elle seule, elle ne suffit pas à nous donner le droit d'en affirmer la réalité objective.

Ce dernier point, c'est-à-dire l'impuissance de la raison spéculative à démontrer à elle seule l'existence d'un être suprême, ou de Dieu, mérite une discussion approfondie. Cette discussion forme une des parties les plus importantes de la critique de la raison pure. Nous y suivrons Kant pas à pas.

LIVRE CENT-VINGT-QUATRIÈME

DES ARGUMENTS DE LA RAISON SPÉCULATIVE EN FAVEUR DE L'EXISTENCE OBJECTIVE D'UN ÊTRE SUPRÊME.

CHAPITRE MCXCVI

UN MOT SUR LA MARCHE NATURELLE DE L'ESPRIT HUMAIN DU CONDITIONNEL A L'INCONDITIONNEL.

Un des plus pressants besoins de la raison est celui de supposer quelque chose, qui puisse complétement servir de principe à l'entendement, pour l'entière détermination de ces concepts. Néanmoins elle remarque aisément ce qu'il y a d'idéal et de purement fictif dans une telle supposition. Elle n'est pas persuadée par cela seul de la nécessité d'admettre aussitôt comme un être réel ce qui peut n'être qu'une simple création de sa pensée.

Cependant elle admet cette nécessité bien vite, elle s'y sent poussée par un autre endroit à chercher quelque part son repos, dans la régression du conditionnel donné vers l'inconditionnel. A la vérité celui-ci n'est pas donné comme réel en soi et dans son simple concept, mais il peut seul accomplir la série des conditions ramenées à leurs principes.

Telle est la marche naturelle que suit chaque raison

humaine, même la plus vulgaire, quoique toutes n'y restent pas. Elle ne commence pas par des concepts, mais par l'expérience commune, elle prend ainsi pour fondement quelque chose d'existant.

Mais ce fondement s'affaisse, quand il ne repose pas sur le roc immobile de l'absolue nécessité.

Celui-ci à son tour reste suspendu sans appui, quand il est entouré d'un espace vide; il lui faut tout remplir par lui-même et ne laisser aucune place au pourquoi. Il lui faut être infini en réalité.

CHAPITRE MCXCVII

DU FONDEMENT DE LA PROGRESSION DE LA RAISON VERS L'ÊTRE NÉCESSAIRE.

Il existe quelque chose, puisque moi tout au moins j'existe. Or quelque chose ne saurait exister, sans une autre chose qui existe nécessairement.

Le contingent n'existe que sous la condition d'une autre chose qui soit sa cause. De celle-ci le raisonnement continue de remonter jusqu'à une cause qui ne soit plus contingente, et qui par là existe nécessairement sans condition.

Tel est l'argument sur lequel la raison fonde sa progression vers l'être nécessaire.

CHAPITRE MCXCVIII

POURQUOI LE CONCEPT DE LA NÉCESSITÉ ABSOLUE.

Pourquoi la raison cherche-t-elle le concept d'un être auquel convienne une prérogative d'existence, telle que celle de la nécessité absolue?

Notons d'abord que ce n'est pas pour conclure à priori du concept de cet être à son existence. Si la raison s'en croyait capable, elle n'aurait qu'à diriger ses recherches parmi de simples concepts; elle n'aurait pas besoin de prendre pour fondement une existence donnée.

Mais c'est parce que la raison veut trouver un concept, entre tous ceux de choses possibles, qui n'implique rien de contraire à la nécessité absolue.

Elle tient pour déjà démontré par son premier raisonnement qu'il doit exister quelque chose d'absolument nécessaire. Peut-elle écarter tout ce qui ne s'accorde pas avec cette nécessité? Ne sera-t-elle pas forcée d'en accepter quelque chose? Mais alors, ce quelque chose qu'on ne peut rejeter est l'être absolument nécessaire, que l'on puisse ou non en comprendre la nécessité, c'est-à-dire la dériver de son seul concept.

CHAPITRE MCXCIX

DE L'ÊTRE A QUI CONVIENT L'ABSOLUE NÉCESSITÉ.

La raison conçoit donc une chose dont le concept contient en soi le pourquoi de toutes les autres. Ce pourquoi n'est jamais défectueux dans aucun cas et sous aucun point de vue, il suffit partout comme condition. Il semble qu'il soit, par là-même l'être à qui convient l'absolue nécessité. Possédant toutes les conditions de tout le possible, il n'en a besoin lui-même d'aucune; il n'en est pas même susceptible. Par conséquent il satisfait au moins d'un côté au concept de la nécessité absolue. Nul autre concept ne peut le faire comme lui. Tout autre est défectueux et manque de complément; il ne montre pas ce caractère d'indépendance par rapport à toutes les conditions ultérieures.

On ne peut pas, il est vrai, conclure encore sûrement de là que ce qui ne contient pas en soi la condition suprême, et à tous égards parfaite, doive être par là-même conditionnel dans son existence. Il lui manque ce caractère unique de l'existence inconditionnelle, qui sert à la raison pour reconnaître un être comme inconditionnel, au moyen d'un concept à priori.

CHAPITRE MCC

DE LA RÉALITÉ SUPRÊME COMME ATTRIBUT DE L'ÊTRE ABSOLUMENT NÉCESSAIRE.

Entre tous les concepts de choses possibles, celui d'un être possédant la suprême réalité est celui qui convient le mieux au concept d'un être absolument nécessaire.

Il ne nous satisfait pas pleinement, mais nous n'avons pas le choix. Nous nous voyons obligés de nous y tenir; nous ne pouvons pas jeter au vent l'existence d'un être nécessaire. Mais tout en l'accordant, nous ne saurions trouver, dans tout le champ de la possibilité, rien qui puisse élever une prétention fondée à la nécessité absolue dans l'existence.

CHAPITRE MCCI

AUTRE COUP-D'ŒIL SUR L'ENSEMBLE DE TOUTE LA MARCHE NATURELLE DE LA RAISON HUMAINE.

Telle est donc la marche naturelle de la raison humaine. Elle se persuade d'abord de l'existence de quelque être nécessaire, elle reconnaît dans cet être une existence inconditionnelle, elle cherche le concept de ce qui est indépendant de toute condition, elle le trouve dans ce qui contient soi-même la condition suffisante de toute chose, dans ce qui contient toute réalité.

Le tout sans bornes est une unité absolue, il implique le concept d'un être unique, de l'être suprême.

La raison conclut ainsi que l'être suprême existe d'une manière absolument nécessaire, comme principe fondamental de toutes choses.

CHAPITRE MCCII

LE CONCEPT D'UN ÊTRE SUPRÊME ET NÉCESSAIRE N'EMPORTANT PAS AVEC LUI LA NÉCESSITÉ DE LA RÉALITÉ OBJECTIVE D'UN TEL ÊTRE.

On ne saurait contester à ce concept une certaine solidité, lorsqu'on ne veut pas ajourner toute cette affaire et qu'il s'agit de se décider, c'est-à-dire de prendre parti en faveur d'un être nécessaire et d'en embrasser la cause, quel que soit l'endroit cosmique ou hypercosmique, où il nous plaise de le placer. On ne saurait faire un choix plus convenable, ou plutôt on n'a pas le choix ; on est obligé de donner son suffrage à l'unité absolue de la réalité parfaite, comme à la source première de la possibilité.

Mais rien ne nous presse de nous décider aussi vite. Nous pouvons attendre. Nous ne sommes pas encore contraints par le poids des arguments à donner notre assentiment. Il ne s'agit encore que de juger ce que nous savons réellement sur cette question et de le distinguer d'avec ce que nous nous flattons seulement de savoir. Alors le raisonnement précédent ne se montre plus à beaucoup près sous un jour aussi avantageux ; il a besoin que la faveur supplée au défaut de titres qu'il prétend faire valoir.

CHAPITRE MCCIII

DES ÊTRES CONDITIONNELS ET DE LA RÉALITÉ ABSOLUE.

Laissons les choses comme elles se présentent ici à nous. Admettons d'abord que de quelque existence donnée, ne fût-ce que de la nôtre, nous puissions légitimement conclure à l'existence d'un être absolument nécessaire. Admettons ensuite qu'on doit regarder comme tel, un être qui contient toute réalité partant aussi toute condition. Admettons enfin que le concept d'une chose à laquelle convient l'absolue nécessité est prouvé par là. Eh bien, nous ne sommes pas en droit d'en conclure qu'un être fini, par cela seul qu'il ne contient pas toute la réalité, n'est pas absolument nécessaire. Le concept d'un être borné, qui n'a pas la réalité totale, n'a rien pour cela qui répugne à la nécessité absolue.

Il est vrai, dans ce concept d'un être borné nous n'atteignons pas l'inconditionnel, qui implique par lui-même la totalité des conditions; nous ne pouvons pas en conclure que son existence doive être par là-même conditionnelle. Il en est ici comme dans le raisonnement hypothétique, nous ne pouvons pas dire : là où n'est pas une certaine condition, — ici cette condition serait la perfection suivant des concepts, — là n'est pas non plus le conditionnel.

Il nous sera plutôt permis de donner tous les autres êtres bornés, comme tout aussi absolument nécessaires, bien que nous ne puissions pas conclure leur nécessité du concept général que nous en avons. Mais de cette manière notre argument ne nous donne pas le moindre concept des propriétés d'un être nécessaire, il n'aboutit à rien du tout.

CHAPITRE MCCIV

DE L'IMPORTANCE ET DE L'AUTORITÉ RELATIVES DE CET ARGUMENT.

Toutefois, malgré son insuffisance objective, cet argument conserve une certaine importance et une autorité qu'on ne saurait lui enlever tout d'un coup.

Supposons des obligations qui dans l'idée de la raison seraient tout à fait rigoureuses, mais qui seraient dépourvues de mobiles suffisants pour nous pousser à nous les appliquer à nous-mêmes, tant que nous ne supposerons pas un être suprême, qui puisse assurer aux lois pratiques effet et force. Dans ce cas, quelque objectivement insuffisants que soient théorétiquement nos concepts, nous nous trouverons bien dans l'obligation de les suivre dans la pratique, puisqu'ils sont décisifs selon la mesure de notre raison, et que, nous ne connaissons rien de meilleur ni de plus convaincant.

Le devoir de choisir mettrait ici fin aux irrésolutions de la spéculation, par une nécessité pratique. La raison est un juge très-vigilant, aussi ne trouverait-elle en elle-même aucune justification si, malgré l'insuffisance de ses lumières, elle ne se laissait pas influencer par des mobiles aussi pressants, et si elle ne suivait ces principes de son jugement; ce sont au moins les meilleurs que nous connaissions.

CHAPITRE MCCV

POPULARITÉ DE CET ARGUMENT.

En fait cet argument est transcendental, il repose sur l'insuffisance essentielle du contingent; il est pourtant si simple et si naturel, qu'il se trouve approprié au sens commun le plus vulgaire dès qu'il lui est présenté.

On voit des choses changer, naître et périr; il faut donc que ces choses, ou du moins que leur état ait une cause.

Mais toute cause qui peut être donnée dans le phénomène ramène à son tour la même question.

Où placerons-nous plus justement la suprême causalité, si ce n'est là où est aussi la causalité la plus haute? Nous la placerons dans l'être qui contient originairement en soi la raison suffisante de l'effet possible, et dont le concept est très-aisément caractérisé par ce seul trait, la perfection absolue.

Cette cause suprême, nous la tenons pour absolument nécessaire ; nous trouvons absolument nécessaire de nous élever jusqu'à elle, mais nous n'avons aucune raison de nous élever encore au dessus d'elle. Aussi voyons-nous briller chez tous les peuples, à travers les nuages du plus aveugle polythéisme, quelques étincelles de monothéisme. Ils y sont conduits, non par la réflexion ou de profondes spéculations, mais par la marche naturelle de la raison vulgaire s'éclairant peu à peu.

CHAPITRE MCCVI

DU NOMBRE ET DE LA VALEUR DES PRÉTENDUES PREUVES APPORTÉES PAR LA RAISON SPÉCULATIVE POUR TENTER DE DÉMONTRER L'EXISTENCE DE DIEU.

Toujours est-il que Kant a promis de nous faire voir l'impuissance de la raison spéculative à nous démontrer l'existence de Dieu ; le simple concept d'un être nécessaire n'est qu'une idée de la raison, il n'est nullement une preuve de la réalité objective de cet être : Kant ramène à trois toutes les preuves au moyen desquelles la raison tente cette démonstration.

Ou bien, prenant pour point de départ l'argument que nous venons de développer, elle s'appuie sur l'observation du monde sensible pour démontrer par là, suivant la loi de la causalité, l'existence d'une causalité suprême, existant hors du monde. C'est la preuve par les causes finales, dite physico-théologique.

Ou bien, dédaignant les observations multipliées et portant sur les détails du monde sensible, elle se borne à une observation très-générale, et prend son point de départ dans une expérience indéterminée, une existence contingente quelconque ; elle conclut de la contingence du monde en général à la nécessité d'un être suprême. C'est la preuve *à contingentiâ mundi*, dite preuve cosmologique.

Ou enfin, elle fait totalement abstraction de l'expérience, soit déterminée comme dans le premier cas, soit indéterminée comme dans le second ; elle conclut tout à fait à priori de simples concepts à l'existence de la cause suprême. C'est la preuve transcendentale, dite preuve ontologique.

Telles sont, suivant Kant, les seules voies que puisse suivre la raison spéculative pour s'élever à l'existence de Dieu. Il n'y en a pas, dit-il, et il ne peut pas y en avoir davantage.

Or il se fait fort de démontrer que la raison spéculative n'arrive à rien par aucune de ces voies ; pas plus par la voie empirique que par la voie transcendentale, elle déploie vainement ses ailes pour s'élever au dessus du monde sensible par la seule force de la spéculation. Elle n'y arrivera que par la morale et en devenant pratique.

Kant va donc nous montrer la vanité des trois prétendues preuves qu'il vient de nous énumérer. Dans quel ordre les soumettra-t-il à notre examen ? Ce sera dans un ordre inverse de celui que suit la raison en se développant peu à peu, et dans lequel Kant nous les a d'abord présentées. C'est bien en effet l'expérience qui nous fournit ici la première occasion, mais c'est toujours le concept transcendental qui, seul, guide la raison dans ses efforts. Il fixe dans toutes les recherches de ce genre le but qu'elle s'est proposé.

Kant va donc commencer par l'examen de la preuve transcendentale ou ontologique. Il cherchera ensuite ce que l'addition de l'élément empirique peut ajouter à sa valeur démonstrative.

CHAPITRE MCCVII

RÉSUMÉ DU LIVRE CENT-VINGT-QUATRIÈME.

La raison éprouve un besoin pressant de supposer quelque chose qui puisse servir de base à la complète détermination des concepts de l'entendement; mais elle comprend trop aisément ce qu'il y a de fictif dans cette supposition pour se persuader aussitôt qu'elle est une réalité. Elle s'y refuserait sans doute, si elle ne se sentait pressée de trouver un point de repos dans sa régression vers l'inconditionnel.

Telle est la marche naturelle de la raison, elle ne commence pas par des concepts, mais par l'expérience. Cependant ce sol sur lequel elle se place d'abord cède sous ses pas, il lui faut l'établir sur le roc inébranlable du nécessaire absolu. Et cette base elle-même est sans fondement si à côté ou au dessous d'elle on admet un espace vide, si elle ne remplit pas tout, en un mot, si l'être nécessaire n'est pas d'une réalité infinie.

Si quelque chose existe, il faut admettre quelque autre chose qui existe nécessairement; le contingent n'existe que sous la condition d'un autre qui en soit la cause. De cette cause la raison remonte à une troisième et de là à une cause nécessaire et absolue, au delà de laquelle on ne puisse plus remonter.

Après cela la raison va à la recherche de la notion d'un être qui remplisse entièrement cette condition d'une absolue nécessité. Concevant ensuite un être possible qui seul répond à cette notion, elle le proclame absolument nécessaire. Il renferme la plus complète réalité possible, il suffit à tout comme condition universelle. Il le faut pour que cet être réponde à son idée. Ce tout sans bornes est unité absolue, être universel et souverain. De là la raison conclut que l'être suprême comme premier principe de toutes choses existe nécessairement.

CHAPITRE MCCVIII

SUITE ET FIN DU RÉSUMÉ.

Cette argumentation ne prouve rien pourtant. Il est vrai, un être renfermant toute réalité est par lui-même absolument nécessaire. Mais on ne peut pas en conclure qu'aucun être fini ne puisse être absolument nécessaire, par cela seul qu'il ne contient pas toute réalité.

Toutefois, malgré son insuffisance objective, cet argument conserve une certaine importance et une autorité qui lui assurera la victoire sur la thèse contraire, lorsque les intérêts de la raison pratique nous obligeront d'opter entre les deux systèmes.

Il est en même temps si simple et si naturel que, bien que transcendental, le sens commun le saisit sans peine. Il est la plus facilement saisissable à l'intelligence du vulgaire entre les trois manières possibles de prouver spéculativement l'existence de Dieu ; ce sont les arguments connus sous le nom de physico-théologique, de cosmologique et d'ontologique.

Dans la critique à laquelle Kant va les soumettre, il commencera par la preuve ontologique, à laquelle peuvent se ramener toutes les autres, bien que ce soit par là que finisse la raison dans son développement théorétique.

LIVRE CENT-VINGT-CINQUIÈME

DE LA PREUVE ONTOLOGIQUE.

CHAPITRE MCCIX

D'UN PARADOXE AUQUEL DONNE LIEU LE CONCEPT D'UN ÊTRE ABSOLUMENT NÉCESSAIRE.

On voit aisément par ce qui précède que le concept d'un être absolument nécessaire est un concept purement rationnel. C'est une simple idée dont la réalité objective est loin d'être prouvée par cela seul que la raison en a besoin. Elle ne fait que nous renvoyer à une perfection inaccessible. A proprement parler, elle sert plutôt à limiter l'entendement qu'à l'étendre à de nouveaux objets.

Il y a ici quelque chose d'étrange et de paradoxal.

D'une existence donnée en général, le raisonnement conclut à une existence absolument nécessaire. Ce raisonnement semble être pressant et rigoureux. Cependant nous avons contre nous toutes les conditions qu'exige l'entendement pour se faire un concept d'une telle nécessité.

CHAPITRE MCCX

QU'EST-CE QUE LE CONCEPT D'UNE CHOSE ABSOLUMENT NÉCESSAIRE ?

On a de tout temps parlé de l'être absolument nécessaire. On ne s'est pas donné beaucoup de peine pour comprendre si et comment on peut seulement concevoir une chose de ce genre, on s'en est donné bien plus pour en démontrer l'existence.

Il est tout à fait facile de donner de ce concept une définition de nom. Il est possible de dire que c'est quelque chose dont la non-existence est impossible. On n'en est pas plus instruit touchant les conditions qui empêchent de regarder la non-existence d'une chose comme absolument inconcevable. On n'est pas mieux renseigné non plus sur celles qui répondent proprement à la question que l'on veut résoudre : concevons-nous ou non en général quelque chose par ce concept?

Au moyen du mot *absolu*, nous pouvons bien rejeter toutes les conditions dont l'entendement a toujours besoin, pour regarder quelque chose comme nécessaire; mais cela est loin de nous faire comprendre si, par ce concept d'un être absolument nécessaire, nous pensons encore quelque chose ou si, par hasard, nous ne pensons plus rien du tout.

CHAPITRE MCCXI

DES PRÉTENDUS EXEMPLES QU'ON A DONNÉS DE LA RÉALITÉ DE L'OBJET DE CE CONCEPT.

On a risqué d'abord ce concept à tout hasard, puis il est devenu familier; on a cru l'expliquer par des exemples, toute recherche ultérieure touchant son intelligibilité a paru entièrement inutile.

Un triangle a trois angles, voilà une proposition géométrique : Comme telle, elle est par conséquent nécessaire. Mais on n'a pas voulu voir que la nécessité de son existence objective n'est pas démontrée pour cela, et que nous pouvons très-bien supprimer les trois angles; il suffit pour cela de commencer par supprimer le triangle.

Ainsi l'on a parlé de l'être nécessaire absolu, objet tout à fait en dehors de la sphère de notre entendement, comme si l'on comprenait parfaitement ce qu'on veut dire avec le concept de cet objet.

CHAPITRE MCCXII

DE L'ILLUSION INÉVITABLE QUI PROVIENT DE CE QUE L'ON PREND EN CECI DES JUGEMENTS POUR DES CHOSES.

Tous les exemples donnés sont tirés sans exception des seuls jugements, mais non des choses et de leur existence.

Mais, nous venons de le voir, la nécessité absolue des

jugements n'est pas une nécessité absolue des choses.

La nécessité absolue du jugement n'est qu'une nécessité conditionnelle des choses ou du prédicat dans le jugement.

La proposition géométrique citée tout à l'heure ne disait pas que trois angles situés n'importe où sont chose absolument nécessaire ; elle disait seulement que la supposition de l'existence d'un triangle entraîne nécessairement celle de l'existence en lui de trois angles.

Toutefois cette nécessité logique a donné naissance à une illusion très-puissante. On se fit d'une chose un concept à priori tel qu'il embrassait l'existence dans sa sphère ; l'existence lui convenait alors nécessairement, sous la condition que cette chose soit donnée. Bientôt on oublia qu'il n'y a là qu'un concept et que cette chose et sa prétendue existence ne sont qu'une simple conception de notre intelligence. On prit cette existence comme nécessairement posée, suivant la règle de l'identité. On prit cet être lui-même pour absolument nécessaire, sur la simple foi du concept arbitrairement admis d'un être, comme nécessairement existant, quelle que soit d'ailleurs la nature de cet être. C'est là une illusion presque inévitable, et dans laquelle nous tombons tous les jours.

CHAPITRE MCCXIII

DES CAS DE CONTRADICTION DANS LE JUGEMENT D'UNE EXISTENCE NÉCESSAIRE.

Dans un jugement identique ou analytique supprimons-nous le prédicat en conservant le sujet? alors il en résulte une contradiction; c'est pourquoi nous disons que celui-là convient nécessairement à celui-ci.

Dans ce même jugement supprimons-nous à la fois le sujet et le prédicat? il n'en résulte pas de contradiction. Il n'y a plus rien avec quoi il puisse y avoir contradiction.

Il est contradictoire de poser un triangle et d'en supprimer les trois angles; mais il n'y a nulle contradiction à supprimer à la fois le triangle et ses trois angles.

Il en est exactement de même du concept d'un être absolument nécessaire.

Si vous en supprimez l'existence, vous supprimez la chose même avec tous ses prédicats; d'où peut alors venir la contradiction?

Il n'y a rien extérieurement avec quoi il puisse y avoir contradiction; la chose ne peut être extérieurement nécessaire. Il n'y a rien non plus intérieurement; en supprimant la chose même, vous avez en même temps supprimé tout ce qui est intérieur.

Dieu est tout-puissant, c'est là un jugement nécessaire. La toute-puissance ne peut être supprimée dès que vous posez une divinité, c'est-à-dire un être infini avec le concept duquel cet attribut est identique. Mais si vous dites : Dieu n'est pas, alors ni la toute-puissance, ni aucun autre de ses prédicats n'est donné; ils sont tous supprimés avec le sujet. Dans cette pensée, il n'y a pas la moindre contradiction.

CHAPITRE MCCXIV

DE SUJETS CONSIDÉRÉS COMME NÉCESSAIRES.

Supprimons-nous le prédicat d'un jugement en même temps que le sujet? Alors, nous venons de le voir, il ne peut y avoir de contradiction intérieure, quel que soit d'ailleurs le prédicat.

Direz-vous qu'il y a des sujets qui ne peuvent pas être supprimés, et qui, dès lors, doivent subsister?

Cela reviendrait à dire qu'il y a des sujets absolument nécessaires. C'est là une supposition dont Kant à déjà justement révoqué en doute la légitimité. Il ne peut pas se faire le moindre concept d'une chose telle qu'il y aurait contradiction à la supprimer avec tous ses prédicats. Sans la contradiction il n'a, pour des concepts purs à priori, aucun criterium de l'impossibilité.

CHAPITRE MCCXV

DÉVELOPPEMENT DE L'OBJECTION CONTENUE AU PRÉCÉDENT CHAPITRE.

Les raisonnements précédents sont des raisonnements généraux, auxquels aucun homme ne saurait refuser son assentiment. Cependant on objecte à Kant un cas que l'on donne comme une preuve par le fait. On lui répond qu'il y a cependant un concept, mais celui-là seulement, où la non-existence est contradictoire en soi.

Il y a, dit-on, contradiction à en supprimer l'objet. Ce concept est celui de l'être absolument réel. On veut qu'il ait toute réalité. On se dit fondé à admettre un tel être comme possible. Or dans toute réalité est comprise aussi l'existence; l'existence est donc contenue dans le concept d'un possible. Supprimer cette chose, ce serait supprimer la possibilité intérieure de la chose, ce qui est contradictoire.

CHAPITRE MCCXVI

RÉPONSE.

Voici la réponse de Kant.

D'abord il n'est pas disposé à vous accorder sans démonstration qu'un être, conçu comme tout réel, soit par cela même possible. Il ne suffit pas de l'absence de contradiction dans un concept pour prouver la possibilité de son objet.

A la vérité un concept est toujours *logiquement* possible quand il n'est pas contradictoire. C'est là le criterium *logique* de la possibilité; par là son objet se distingue du rien négatif.

Mais cet objet peut être un concept vide. Cela a lieu quand la réalité objective de la synthèse par laquelle le concept est produit n'est pas particulièrement démontrée. Cette démonstration, nous l'avons montré plus haut, repose toujours sur des principes d'expérience possible, et non sur le principe analytique de contradiction, lequel n'étant que logique est par cela même subjectif.

Nous sommes ainsi avertis de ne pas conclure aussitôt de la possibilité logique des concepts à la possibilité réelle des choses.

Cet incident vidé, Kant va aborder maintenant le fond de la question.

CHAPITRE MCCXVII

SUITE DE LA RÉPONSE.

On tombe déjà, dans une contradiction, lorsque, dans le concept d'une chose dont on voulait simplement concevoir la possibilité, on introduit celui de son existence, sous quelque nom qu'on le cache.

Ce point est-il accordé, on aura gagné quelque chose en apparence, mais en réalité on n'aura rien fait, car on n'aura fait qu'une pure tautologie.

Telle ou telle chose existe, — Kant vous l'accorde possible quelle qu'elle soit, — il vous demande maintenant si cette proposition est analytique ou synthétique.

Dans le premier cas, par l'existence de la chose, vous n'avez rien ajouté à votre pensée de cette chose. Mais en ce cas, ou bien la pensée qui est en vous devrait être la chose même, ou bien vous avez supposé une existence comme appartenant à la possibilité; alors l'existence est soi-disant conclue de la possibilité interne, ce qui n'est qu'une misérable tautologie.

Dans le concept de la chose, le mot réalité sonne tout autrement que l'existence dans le concept du prédicat, mais il ne résout pas la question.

Appelle-t-on réalité tout ce que l'on pose, quoique ce soit? On a déjà posé et admis comme réelle dans le coucept du sujet la chose même avec tous ses prédicats, on ne fait plus que se répéter dans le prédicat.

Veut-on reconnaître, comme doit le faire tout homme raisonnable, que toute proposition relative à l'existence est synthétique? Mais alors comment peut-on soutenir que le prédicat de l'existence ne peut se supprimer sans contradiction? On sait bien que ce privilége n'appartient proprement qu'aux propositions analytiques; leur caractère repose précisément là dessus.

CHAPITRE MCCXVIII

DES INCONVÉNIENTS DE LA CONFUSION DU PRÉDICAT LOGIQUE AVEC LE PRÉDICAT RÉEL.

Kant espérait avoir directement anéanti cette argutie par une exacte détermination du concept de l'existence; mais il a éprouvé que l'illusion qui naît de la confusion d'un prédicat logique avec un prédicat réel, c'est-à-dire avec la détermination d'une chose, repousse presque tout éclaircissement.

Tout peut servir indistinctement de prédicat logique. Le sujet au besoin peut se servir à lui-même d'attribut, la logique ne s'occupe que de la forme et fait abstraction du contenu.

Mais la détermination est un prédicat qui s'ajoute au concept du sujet et qui l'étend. Elle ne doit donc pas y être déjà contenue.

CHAPITRE MCCXIX

DU VERBE ÊTRE COMME COPULE, OU LIEN LOGIQUE, ENTRE LE SUJET D'UN JUGEMENT ET SES PRÉDICATS.

Être n'est évidemment pas un prédicat réel, un concept de quelque chose qui puisse s'ajouter au concept d'une autre chose.

C'est simplement la position d'une chose ou de certaines déterminations en soi.

Dans l'usage logique il n'est que la copule, le lien, entre le sujet et le prédicat du jugement; il met le prédicat en rapport avec le sujet.

La proposition : Dieu est tout-puissant, contient deux concepts qui ont chacun leur objet : Dieu et la toute-puissance. Le petit mot est n'est que la copule, le lien qui met en évidence le rapport existant entre les deux.

Prenons le sujet, Dieu, avec tous ses prédicats, parmi lesquels est comprise la toute-puissance et disons : Dieu est. Par là nous posons Dieu avec tous ses prédicats, mais nous n'en ajoutons aucun au concept de Dieu, nous ne faisons que poser le sujet en lui-même avec tous ses prédicats.

CHAPITRE MCCXX

DE L'OBJET PAR RAPPORT AU CONCEPT.

En affirmant ainsi Dieu, ou plus généralement un objet quelconque avec tout ce qui le constitue, nous l'affirmons par là relativement à notre concept.

L'objet et le concept doivent contenir exactement la même chose. Lorsque je dis : l'objet est, je conçois l'objet comme absolument donné. Rien ne peut s'ajouter à l'objet qui en exprime simplement la possiblité. Le réel ne contient rien de plus que le simplement possible.

Cent thalers réels sont cent thalers ; cent thalers possibles sont également cent thalers. Ils sont posés dans le premier cas ; ils sont conçus comme *posables* dans le second ; mais ils sont toujours cent thalers et ne sont jamais que cent thalers. L'objet soit de la réalité soit du concept est toujours cent thalers.

Les thalers possibles ne sont que le concept. Les thalers réels sont l'objet et la position de l'objet. Mais il faut que le concept soit le concept de tout l'objet, il faut qu'il contienne l'objet, il faut qu'il soit conforme à l'objet. L'objet pose le contenu du concept, mais il n'exprime rien de plus que le concept. Les thalers possibles expriment le concept ; les thalers réels expriment l'objet et sa position en lui-même. Celui-ci ne peut pas plus exprimer que celui-là. S'il contenait davantage, notre concept n'exprimerait plus l'objet tout entier ; par conséquent il n'y serait plus conforme.

Est-ce à dire que nous ne serons pas plus riches avec cent thalers réels qu'avec cent thalers seulement possibles? Nullement. L'objet en réalité n'est pas seulement contenu d'une manière analytique dans le concept ; mais de plus il est posé ; il ajoute synthétiquement à mon concept, lequel n'est qu'une détermination de mon état. Mais ces cent thalers, vus comme placés devant moi en dehors de mon concept, n'augmentent en rien les cent thalers de mon concept ; seulement ils donnent à celui-ci un objet réel.

CHAPITRE MCCXXI

LE FAIT DE L'EXISTENCE DE DIEU NE RÉSULTANT PAS NÉCESSAIREMENT DU SIMPLE CONCEPT DE DIEU.

Concevons une chose. Nous la concevrons avec des prédicats plus ou moins nombreux. Nous pouvons même la concevoir avec des prédicats assez nombreux pour la déterminer complétement. La concevoir comme existante la posera, mais n'ajoutera rien aux prédicats qui la déterminent. Affirmer qu'une chose existe n'ajoute absolument rien au concept de cette chose.

Autrement il n'existerait plus la même chose; il existerait quelque chose de plus, que nous n'avions pas pensé dans le concept; nous ne pourrions plus dire que c'est l'objet de notre concept qui existe.

Admettons que, dans une chose, nous concevions toutes les réalités à l'exception d'une seule. Disons maintenant que cette chose défectueuse existe; nous ne lui ajoutons pas pour cela la réalité qui lui manque. Cette chose, quoique existante, n'existera que précisément avec la même défectuosité avec laquelle nous l'avons conçue. Autrement nous ne pourrions pas dire que la chose qui existe est la chose même précédemment conçue par nous.

Concevons maintenant un être comme la suprême réalité sans défaut. S'il y a du vrai dans ce que nous venons de dire, il n'en résulte pas pour cela qu'il existe. Au contraire il nous restera toujours à savoir si cet être existe ou non.

CHAPITRE MCCXXII

PREUVES.

Au concept de cette suprême réalité sans défaut, il ne manque rien du contenu réel possible d'une chose en général. Il manque cependant quelque chose encore au rapport de ce concept à notre état intellectuel, savoir que la connaissance de son objet soit possible aussi à posteriori. Ici se montre la cause de la difficulté qui règne sur ce point.

S'il s'agissait d'un objet des sens on ne pourrait pas confondre l'existence de la chose avec le simple concept de cette chose.

Le concept ne nous fait concevoir l'objet que comme conforme aux conditions universelles d'une connaissance empirique possible en général ; mais l'existence nous le fait concevoir comme compris dans le contexte de toute l'expérience. Nous le savons bien, le concept de l'objet n'est nullement augmenté en soi par sa liaison avec le contenu de toute l'expérience ; mais notre pensée en reçoit de plus une perception possible.

Au contraire voulons-nous penser l'existence par le seul moyen de la pure catégorie? Nous ne pourrons indiquer aucun criterium qui serve à la distinguer de la pure possibilité.

CHAPITRE MCCXXIII

L'EXISTENCE DES OBJETS DE LA PENSÉE PURE CONSIDÉRÉE COMME N'ÉTANT QU'UNE SIMPLE SUPPOSITION THÉORÉTIQUE.

Quelle que soit la nature et l'étendue du contenu de notre concept d'un objet, nous sommes obligés de sortir de ce concept pour lui attribuer l'existence.

A l'égard des objets des sens le passage se fait au moyen de l'entendement. Il rattache le concept à quelqu'une de nos perceptions suivant des lois empiriques.

Mais pour les objets de la pensée pure, il n'y a aucun moyen de reconnaître leur existence; il faudrait la reconnaître tout à fait à priori. Que notre conscience de toute existence résulte immédiatement de la perception, ou de raisonnements qui rattachent quelque chose à la perception, toujours est-il qu'elle appartient entièrement à l'unité de l'expérience. Peut-être une existence hors de ce champ ne doit-elle pas être tenue pour absolument impossible ; mais théorétiquement, elle n'en est pas moins une supposition que rien ne peut justifier.

CHAPITRE MCCXXIV

DU CONCEPT DE L'ÊTRE SUPRÊME ET DE LA POSSIBILITÉ.

Le concept de l'être suprême n'est donc qu'une idée, quoique très-utile à beaucoup d'égards. Précisément parce qu'il n'est qu'une idée il est tout à fait incapable à lui seul d'étendre notre connaissance par rapport à ce qui existe.

Il ne peut même pas nous instruire davantage relativement à la possibilité.

Le caractère analytique de la possibilité consiste en ce que de simples positions, des réalités, n'engendrent pas de contradiction ; ce caractère ne peut sans doute pas lui être contesté. Mais la liaison de toutes les propriétés réelles en une chose est une synthèse dont nous ne pouvons juger à priori la possibilité : les réalités ne nous sont pas données spécifiquement : quand même cela arriverait, il n'en résulterait aucun jugement ; le caractère de la possibilité des connaissances synthétiques doit toujours être cherché dans l'expérience, tandis que l'objet d'une idée ne saurait lui appartenir. Il s'en faut donc de beaucoup que l'illustre Leibnitz ait fait tout ce dont il se flattait. Il n'est pas parvenu à connaître à priori la possibilité d'un être idéal aussi élevé.

Cette preuve cartésienne ontologique a fait beaucoup de bruit, et obtenu beaucoup de suffrages. Ses prétentions consistent à démontrer par des concepts l'existence d'un être suprême. Nous venons de voir qu'elle perd sa peine. De simples idées ne nous enrichiront pas en connaissances réelles. Pas plus qu'un simple marchand ne s'enrichirait en argent si, dans la pensée d'augmenter sa fortune, il croyait bien faire d'ajouter quelques zéros à son livre de caisse.

CHAPITRE MCCXXV

RÉSUMÉ DU LIVRE CENT-VINGT-CINQUIÈME.

On connait l'argument inventé, ou plutôt renouvelé de la scolastique par Descartes, et adopté par Leibnitz. Il prétend démontrer l'existence d'un être parfait ou souverainement réel, en déduisant son existence de sa perfection, ou de la toute-puissante souveraineté que nous concevons en lui.

L'existence, dit-on, est renfermée dans la perfection de la réalité souveraine, de la même manière que les trois angles d'un triangle sont renfermés dans le triangle. L'être parfait existe donc ; il y aurait contradiction à dire qu'il n'existe pas.

Kant s'applique à montrer la vanité de cet argument en en dévoilant l'artifice.

CHAPITRE MCCXXVI

SUITE DU RÉSUMÉ.

Cet artifice consiste à donner une contradiction purement logique pour une contradiction réelle. On fait de l'existence de l'objet en question un prédicat de cet objet.

Sans doute étant donné un triangle il est nécessaire qu'il ait trois angles; mais il n'y a nulle contradiction à supprimer cette propriété en supprimant le triangle lui-même.

Il en est de même du concept d'un être souverainement parfait ou réel : En supprimant son existence, nous supprimons la chose même avec tous ses prédicats; où donc est la contradiction?

CHAPITRE MCCXXVII

FIN DU RÉSUMÉ.

Mais on insiste et l'on dit : Tel est précisément le caractère du concept de l'être souverainement réel qu'il est contradictoire d'en supprimer l'objet. Dès que l'on conçoit un tel être comme possible, il faut admettre son existence; elle est comprise dans son concept.

Kant répond en montrant que l'on ne peut pas, par la simple analyse du concept d'un objet conçu par la pensée, passer de la pure possibilité de cet objet à son existence réelle. L'affirmation de cette existence marque une détermination de la pensée par rapport à l'objet, laquelle n'est nullement comprise dans son concept, quelque complétement déterminé qu'il soit d'ailleurs.

Si nous concevons un être comme la suprême réalité ou la suprême perfection, il reste toujours à savoir si cet être existe ou non.

S'il s'agissait d'un objet d'expérience, on ne manquerait pas de bien distinguer sa réalité de sa possibilité. Nous savons que nous serons plus riches avec cent thalers réels que si nous n'en avons que l'idée, c'est-à-dire que s'ils étaient seulement possibles. Néanmoins le concept de cent thalers possibles est aussi bien déterminé que celui de cent thalers réels. Si le criterium de l'expérience nous manquait, nous risquerions fort de confondre la possibilité avec la réalité. C'est là ce que nous ne manquons pas de faire quand il s'agit de Dieu. Là est le vice suprême de l'argument ontologique.

LIVRE CENT-VINGT-SIXIÈME

DE LA PREUVE COSMOLOGIQUE.

CHAPITRE MCCXXVIII

RETOUR VERS LA PREUVE ONTOLOGIQUE.

Extraire d'une idée arbitrairement jetée l'existence même de l'objet correspondant est un tour de force et une pure innovation de l'esprit scolastique; la chose est par elle-même contre nature.

Voici le seul motif qui a fait St-Anselme et les philosophes cartésiens se hasarder dans cette voie. C'est que la raison a senti le besoin d'admettre pour l'existence en général quelque chose de nécessaire, à quoi l'on pût s'arrêter en remontant. Cette nécessité devait être absolue et certaine à priori. Alors la raison s'est trouvée forcée de chercher un concept qui, autant que possible satisfît à ce besoin. Il devait de plus faire connaître tout à fait à priori une existence. Ce concept on crut le trouver dans l'idée d'un être souverainement réel. Ainsi cette idée ne servit qu'à déterminer avec plus de précision la connaissance de l'être nécessaire. C'est d'ailleurs qu'on s'était déjà convaincu ou persuadé qu'il devait exister.

Cependant on dissimula cette marche naturelle de la raison. Au lieu de finir par ce concept, on essaya de commencer par lui. On voulait en dériver cette nécessité d'existence qu'il était simplement destiné à compléter.

De là résulta la preuve ontologique, preuve malencontreuse. Elle n'est de nature ni à satisfaire un sain entendement naturel, ni à soutenir un examen scientifique.

CHAPITRE MCCXXIX

SUPÉRIORITÉ LOGIQUE DE LA PREUVE COSMOLOGIQUE.

Nous allons maintenant passer à une autre preuve, la preuve cosmologique. Cette nouvelle preuve maintient l'union de la nécessité absolue avec la suprême réalité. Elle ne conclut pas comme la précédente de la réalité suprême à la nécessité dans l'existence. Elle conclut au contraire de la nécessité absolue, préalablement donnée, de quelque être, à sa réalité infinie. De cette façon elle a du moins le mérite de tout ramener à un raisonnement rationnel ou sophistique, mais à coup sûr naturel. Il emporte avec lui la plus grande persuasion, non-seulement pour l'entendement vulgaire, mais même pour l'entendement spéculatif.

Aussi bien est-ce cette preuve qui a visiblement fourni à tous les arguments de la théologie naturelle les premiers linéaments. On les a toujours suivis et on les suivra toujours, de quelques ornements qu'on les décore ou qu'on les déguise.

C'est cette preuve que Leibnitz appelait la preuve *à contingentiâ mundi*.

CHAPITRE MCCXXX

FORMULE DE LA PREUVE COSMOLOGIQUE.

Cette preuve se compose de deux syllogismes. Elle peut se formuler ainsi :

Premier syllogisme. — Si quelque chose existe, il doit exister aussi un être absolument nécessaire ;
Or, n'existât-il que moi, il existe quelque chose ;
Donc un être absolument nécessaire existe.

Deuxième syllogisme. — L'être nécessaire ne peut être déterminé que d'une seule manière. Relativement à tous les prédicats opposés possibles, il ne peut l'être que par l'un d'eux. Par conséquent, il doit être complétement déterminé par son concept ;

Or, il ne peut y avoir qu'un seul concept de chose, qui détermine complétement cette chose à priori, le concept de l'être tout réel.

Donc l'être tout réel est par cela même l'être nécessaire. Ce concept est le seul, par lequel un être nécessaire puisse être conçu. Il existe nécessairement un être suprême.

CHAPITRE MCCXXXI

SCOLIE.

La première partie de cette argumentation est trop connue, pour qu'il ait paru utile de l'exposer plus longuement. Elle repose sur une loi naturelle, soi-disant transcendentale, de la causalité. Tout ce qui est contingent a sa cause. Cette cause, si elle est contingente, doit à son tour avoir une cause. Et ainsi de suite jusqu'à ce que la série des causes subordonnées les unes aux autres s'arrête à une cause absolument nécessaire ; sans celle-ci la série ne serait jamais complète.

Des deux syllogismes dont se compose cette preuve, la mineure du premier contient une expérience particulière, et la majeure conclut d'une expérience en général à l'existence du nécessaire.

La preuve cosmologique commence donc proprement par l'expérience. Par conséquent elle n'est pas tout à fait déduite à priori, ou ontologiquement. L'objet de toute expérience possible s'appelle le monde, c'est pourquoi on l'appelle la preuve cosmologique.

Elle fait, il est vrai, abstraction de toute propriété particulière des objets de l'expérience, par laquelle ce monde se distingue de tout autre monde possible. Il lui suffit qu'un monde quelconque existe ; c'est même par là qu'elle se distingue de la preuve physico-théologique, qui cherche ses arguments dans un ordre d'observations spéciales, tirées de la nature particulière de notre monde sensible.

CHAPITRE MCCXXXII

LA PREUVE COSMOLOGIQUE ET LA PREUVE ONTOLOGIQUE.

Il y a tant de propositions sophistiques contenues dans la preuve cosmologique, que la raison spéculative semble avoir déployé tout son art dialectique, afin de produire la plus grande apparence transcendentale possible. De tous les sophismes contenus dans la preuve ontologique celui que nous voulons dénoncer le premier, c'est le dédain qu'elle affecte pour la preuve ontologique; c'est la prétention de la regarder comme insuffisante et de vouloir suppléer à cette insuffisance prétendue, tandis qu'au contraire c'est de cette preuve qu'elle tire toute sa valeur.

La preuve cosmologique n'est qu'un vieil argument rhabillé qui cherche à se faire passer pour nouveau. En apparence il en appelle à l'accord de deux témoignages, celui de la raison et celui de l'expérience. En fait il se borne à changer la figure et la voix du premier, afin de le faire passer pour le second.

Pour se donner ostensiblement un fondement solide, cette preuve, à son début, s'appuie sur l'expérience ; c'est en cela qu'elle se donne l'air de se distinguer de la preuve ontologique, qui met toute sa confiance en de purs concepts à priori, et qu'elle se regarde comme lui étant bien supérieure.

Mais ce que la preuve cosmologique ne nous dit point, c'est qu'elle ne se sert de cette expérience que pour faire un seul pas, pour s'élever à l'existence d'un être nécessaire en général.

L'empirisme ne peut rien nous apprendre des attributs de cet être. Ici la raison prend congé et se réfugie dans ses concepts purs. C'est au moyen de ceux-ci qu'elle cherche quels attributs doit avoir en général un être absolument nécessaire, un être qui, entre toutes les choses possibles, renferme les conditions requises pour une nécessité absolue.

Or ces conditions, on croit les trouver uniquement

dans le concept d'un être souverainement réel. On conclut que cet être réel est l'être absolument nécessaire.

Mais il est clair que ce n'est ici qu'une supposition. On suppose que le concept d'un être possédant la suprême réalité satisfait pleinement à celui de l'absolue nécessité dans l'existence. On veut pouvoir conclure de l'un à l'autre.

Or c'est cette supposition qu'affirmait l'argument ontologique. On l'admet donc et on la prend pour fondement dans la preuve cosmologique, tout en prétendant s'en passer.

L'être absolument nécessaire ne tombe pas sous nos sens. Son existence est purement intelligible.

Le concept de l'être tout réel est un concept de ce genre. Il est le seul qui soit conforme et adéquat à une existence nécessaire. Nous devons vous accorder aussi que la nécessité peut en être conclue.

Mais vous confirmez par là notre assertion précédente. C'est la preuve ontologique par simples concepts qui fait proprement toute la force de la prétendue preuve cosmologique. L'expérience qu'on allègue ne sert tout au plus qu'à nous conduire au concept de la nécessité absolue; mais non à nous la démontrer dans une chose déterminée.

Nous proposons-nous ce but? Nous devons abandonner aussitôt toute expérience. Nous chercherons, parmi les purs concepts, celui d'entre eux qui contient les conditions de la possibilité d'un être absolument nécessaire.

La possibilité d'un tel être se reconnaît-elle de cette manière? Dès lors son existence est aussi démontrée. Cela revient à dire : dans tout le possible, il n'y a qu'un être qui implique la nécessité absolue. Par conséquent cet être existe d'une manière absolument nécessaire.

CHAPITRE MCCXXXIII

LA PREUVE COSMOLOGIQUE ET LA PREUVE ONTOLOGIQUE. — SUITE.

Tout ce qu'il y a de fallacieux dans un raisonnement se découvre aisément, quand on expose l'argument sous sa forme scolastique. C'est ce que nous allons faire. Le nerf de la preuve cosmologique réside dans cette proposition : tout être absolument nécessaire est en même temps l'être souverainement réel.

Cette proposition est-elle juste?

Alors, comme tous les jugements affirmatifs, elle doit pouvoir se renverser, ne fût-ce que dans certaines limites. De là naîtrait cette proposition : quelques êtres souverainement réels sont en même temps des êtres absolument nécessaires.

Mais un être souverainement réel ne se distingue d'un autre, aussi souverainement réel, sous aucun rapport. Ce qui s'applique à quelques êtres renfermés sous ce concept s'applique aussi à tous.

Nous pourrions donc, dans ce cas, renverser aussi la proposition absolument en disant : tout être souverainement réel est un être absolument nécessaire.

Cette dernière proposition est démontrée à priori par ses seuls concepts; le simple concept de l'être souverainement réel implique aussi la nécessité de cet être.

C'est précisément ce qu'affirmait la preuve ontologique. On voit que tout en refusant de reconnaître cette preuve, la preuve cosmologique ne la suppose pas moins dans ses conclusions, bien que d'une manière cachée.

La seconde voie, que suit la raison spéculative pour démontrer l'existence de l'être suprême, rentre dans la première et ne vaut pas mieux. Elle a le défaut de tomber dans le sophisme appelé *ignoratio elenchi*. Elle commence par nous promettre de nous ouvrir des routes nouvelles; mais elle n'aboutit qu'à nous ramener, après un léger détour, à celle que nous avions quitté pour elles.

CHAPITRE MCCXXXIV

DES SOPHISMES DE LA PREUVE COSMOLOGIQUE.

Dans l'argument cosmologique se cache toute une nichée, — le mot est de Kant, — de prétentions dialectiques que la critique transcendantale peut aisément découvrir et détruire. Nous allons indiquer les quatre sophismes principaux. Nous nous bornons également à indiquer sommairement les motifs de réfutation. Le bon sens du lecteur, instruit par ce qui précède, suppléera de reste aux développements que nous supprimons.

CHAPITRE MCCXXXV

PREMIER SOPHISME.

Dans la preuve cosmologique on fait usage du principe transcendantal, qui conclut du contingent à une cause.

Or ce principe n'a de valeur que dans le monde sensible; c'est à tort qu'on lui en attribue une en dehors de ce monde.

Le concept purement intellectuel du contingent ne peut produire aucune proposition synthétique, telle que celle de la causalité. Le principe de celle-ci n'a de valeur et d'usage que dans le monde sensible; or on suppose ici qu'il peut servir précisément à sortir de ce monde. En cela gît le sophisme.

CHAPITRE MCCXXXVI

DEUXIÈME SOPHISME.

En outre, de l'impossibilité d'une série infinie de causes données les unes au dessus des autres dans le monde sensible, la preuve cosmologique conclut à une cause première.

Mais les principes de l'usage rationnel ne nous autorisent pas à conclure ainsi, même dans l'expérience. A plus forte raison ne nous autorisent-ils pas à étendre ce principe au delà de l'expérience, là où cette chaîne ne peut pas être prolongée.

CHAPITRE MCCXXXVII

TROISIÈME SOPHISME.

Ce sophisme consiste dans le faux contentement de soi-même qu'éprouve la raison, en croyant achever cette série, par cela seul qu'elle écarte à la fin toute condition, quoique cependant sans condition aucun concept d'une nécessité ne puisse avoir lieu.

Comme alors on ne peut plus rien comprendre, on prend cette impuissance pour l'achèvement de son concept.

CHAPITRE MCCXXXVIII

QUATRIÈME SOPHISME.

Un autre sophisme résulte encore de la confusion de la possibilité logique d'un concept de toutes les réalités réunies sans contradiction interne, avec la possibilité transcendentale.

Celle-ci a besoin d'un principe qui rende une telle synthèse praticable, mais ce principe à son tour ne peut porter que sur le champ des expériences possibles.

CHAPITRE MCCXXXIX

BUT DES ARTIFICES DE LA PREUVE COSMOLOGIQUE.

L'artifice de la preuve cosmologique a, nous l'avons dit, uniquement pour but d'éviter la preuve qui prétend démontrer à priori par de simples concepts l'existence d'un être nécessaire. Cette dernière preuve devrait être déduite ontologiquement, chose dont nous nous sentons tout à fait incapables.

Dans ce but nous partons d'une expérience en général, de celle de l'existence réelle et contingente du monde, prise pour fondement. De là nous concluons à une condition absolument nécessaire.

Nous n'avons pas besoin alors d'en expliquer la possibilité. S'il est démontré qu'elle existe, toute question relative à sa possibilité devient absolument inutile.

Voulons-nous déterminer avec plus de précision la nature de cet être nécessaire? Nous ne cherchons pas ce qui est suffisant pour comprendre par son concept la nécessité de l'existence; si nous pouvions le faire, nous n'aurions besoin d'aucune supposition empirique. Non, nous ne cherchons que la condition négative, condition *sine quâ non*, sans laquelle un être ne serait pas absolument nécessaire.

Cela irait bien dans toute autre espèce de raisonnement concluant d'une conséquence donnée à son principe. Malheureusement, ici la condition exigée pour la nécessité absolue ne peut se rencontrer que dans un seul être. Il devrait ainsi renfermer dans son concept tout ce qui est requis pour la nécessité absolue; alors on pourrait conclure à priori à cette nécessité.

Cela revient à dire que nous devrions aussi pouvoir conclure le réciproque et dire : la chose à laquelle convient ce concept de la suprême réalité est absolument nécessaire. Mais nous ne pouvons conclure ainsi, si nous voulons éviter la preuve ontologique. Nous ne serons donc pas plus heureux dans cette nouvelle voie ; nous nous retrouverons toujours au point d'où nous sommes partis.

Le concept de l'être suprême satisfait bien à priori à toutes les questions qui peuvent être élevées sur les déterminations internes d'une chose. C'est aussi pour cette raison un idéal sans pareil; le concept universel le désigne en même temps comme un individu entre toutes les choses possibles. Mais, il ne satisfait pas à la question de sa propre existence, ce qui était pourtant le point capital. Supposons que quelqu'un eût admis par avance l'existence d'un être nécessaire, mais qu'il voulût savoir quelle chose entre toutes les autres devrait être regardée comme telle; nous ne saurions que lui répondre.

CHAPITRE MCCXL

HYPOTHÈSE DONNÉE POUR UNE RÉALITÉ.

Il est certes permis de supposer l'existence d'un être souverainement suffisant comme cause de tous les effets possibles, et de s'en servir afin de faciliter à la raison l'unité des principes d'explication qu'elle cherche.

Mais c'est aller trop loin que de dire qu'un tel être existe nécessairement. Ce n'est plus là la modeste expression d'une hypothèse permise. C'est l'orgueilleuse prétention d'une certitude apodictique; la connaissance de ce que l'on présente comme absolument nécessaire doit emporter aussi une nécessité absolue.

CHAPITRE MCCXLI

CIRCONSCRIPTION DU PROBLÈME DE L'IDÉAL TRANSCENDENTAL.

Tout le problème de l'idéal transcendental revient à ceci : trouver soit un concept à la nécessité absolue, soit l'absolue nécessité de la chose correspondant au concept de cette chose.

Peut-on faire l'un des deux ? On doit aussi pouvoir faire l'autre ; la raison ne reconnaît comme absolument nécessaire que ce qui est nécessaire d'après son concept.

Mais l'un et l'autre sont au dessus de tous les efforts que nous pouvons tenter, pour satisfaire sur ce point notre entendement ; ils le sont aussi de ceux que nous pouvons faire pour nous tranquilliser sur son impuissance.

CHAPITRE MCCXLII

LA NÉCESSITÉ ABSOLUE ABÎME DE LA RAISON.

Nous avons indispensablement besoin de la nécessité absolue comme du dernier soutien de toutes choses, mais la raison humaine s'y abime et s'y perd.

Haller nous a donné de l'éternité une sublime et effrayante image. Néanmoins elle ne frappe pas à beaucoup près l'esprit d'autant de vertige ; elle ne fait que mesurer la durée des choses, elle ne les soutient pas.

On ne peut ni éloigner de soi ni supporter cette pensée : il est un être que nous nous représentons comme le plus élevé de tous les êtres possibles, eh bien, cet être se dit à lui-même : je suis de toute éternité, en dehors de moi rien n'existe que par ma volonté, mais moi-même d'où suis-je ?

Ici tout s'écroule au dessous de nous ; la plus grande perfection, comme la plus petite, flotte suspendue sans soutien devant la raison spéculative, à laquelle il ne coûte rien de faire disparaître l'une et l'autre sans le moindre empêchement.

CHAPITRE MCCXLIII

EN QUEL SENS L'IDÉAL EST PÉNÉTRABLE A LA RAISON.

Les forces de la nature manifestent leur existence par de certains effets. Néanmoins beaucoup d'entre elles restent impénétrables pour nous ; nous ne pouvons pas les sonder assez avant au moyen de l'observation.

L'objet transcendental qui sert de fondement aux phénomènes, et avec lui la raison pourquoi notre sensibilité est soumise à ces conditions suprêmes plutôt qu'à d'autres, sont et demeurent impénétrables pour nous. Pourtant la chose est donnée, mais sans être aperçue.

Mais un idéal de la raison pure ne peut pas être appelé impénétrable, par cela seul qu'il ne peut offrir d'autre garantie de sa réalité, que le besoin qu'a la raison d'achever par ce moyen toute unité synthétique.

Cet idéal n'est pas même donné comme objet concevable, comme tel il n'est pas non plus impénétrable. Il est la personnification d'une idée. Celle-ci, comme telle doit pouvoir trouver son siége et sa solution dans la nature de la raison. Par conséquent l'idéal peut être pénétré. La raison consiste précisément à pouvoir nous rendre compte de tous nos concepts, opinions et assertions, soit par des principes objectifs, soit, quand il ne s'agit que de simples apparences, par des principes subjectifs.

CHAPITRE MCCXLIV

RÉSUMÉ DU LIVRE CENT-VINGT-SIXIÈME.

La preuve cosmologique est-elle plus démonstrative que la preuve ontologique? Elle se formule ainsi :
« Si quelque chose existe, il doit exister aussi un être
« absolument nécessaire ;
« Or moi du moins j'existe ;
« Donc, etc. »
Et cette preuve se complète ainsi :
« Le concept de l'être souverainement réel est le seul
« qui convienne à cet être nécessaire ;
« Or cet être nécessaire ne peut, d'après ce qui pré-
« cède, être que l'être souverainement réel ;
« Donc il y a identité entre l'être souverainement réel
« et l'être nécessaire. »
Que faut-il penser de cette preuve?

CHAPITRE MCCXLV

SUITE DU RÉSUMÉ.

Cette preuve n'est pas, comme la preuve ontologique, absolument déduite à priori d'un concept de la raison pure. Elle s'en distingue en ce qu'elle prend son point de départ dans le monde, dans une existence donnée par l'expérience, soit seulement notre propre existence, soit celle du monde en général. Aussi s'appelle-t-elle la preuve cosmologique, ou la preuve *à contingentiâ mundi*

Mais, suivant Kant, cette distinction entre les deux preuves, cosmologique et ontologique, est plus apparente que réelle. La preuve cosmologique commence bien par s'appuyer sur l'expérience, mais elle finit par l'abandonner pour retourner à la preuve ontologique, qu'elle voulait pourtant éviter.

L'expérience, sur laquelle on s'appuie d'abord, ne peut rien nous apprendre des attributs de cet être nécessaire, dont on a conclu l'existence de celle du monde en général. Force est bien alors de chercher, dans de purs concepts, quels attributs doit avoir un être absolument nécessaire; il nous faut en revenir à l'argument ontologique, pour démontrer que cet être nécessaire ne peut être que l'être souverainement réel; le concept de celui-ci est le seul qui implique l'absolue nécessité dans l'existence.

CHAPITRE MCCXLVI

FIN DU RÉSUMÉ.

Kant va plus loin. Il prend la preuve telle qu'elle se donne, et il l'examine en elle-même.

Il en fait ressortir l'impuissance, en montrant combien il est vain de prétendre conclure, du contingent dans le monde, à une cause suprême hors du monde.

Le concept de causalité n'a de valeur et d'usage que dans le monde sensible.

Dira-t-on qu'il est impossible d'admettre dans le monde sensible une série infinie de causes subordonnées les unes aux autres? il faut nécessairement s'arrêter à une cause première.

Kant répondra qu'il ne peut pas vous accorder cela. Il n'admet pas que les principes de la raison nous autorisent à rompre la chaîne des êtres sensibles, pour la rattacher à un être suprà-sensible. Il tient pour un faux contentement celui qu'on éprouve en croyant achever cette série, par cela seul qu'on en écarte à la fin toute condition. Alors on ne peut plus rien comprendre, et on prend cette impuissance pour l'achèvement de son concept.

LIVRE CENT-VINGT-SEPTIÈME

DÉCOUVERTE ET EXPLICATION DE L'APPARENCE DIALECTIQUE DANS TOUTES LES PREUVES TRANSCENDENTALES DE L'EXISTENCE D'UN ÊTRE NÉCESSAIRE.

CHAPITRE MCCXLVII

QUESTION A RÉSOUDRE.

Les deux preuves de l'existence d'un être nécessaire que nous avons discutées jusqu'ici sont transcendentales ; elles ne dépendent pas de principes empiriques.

Quant à la preuve ontologique, cela ne fait même pas l'ombre d'un doute. Mais on nous dira que la preuve cosmologique s'appuie sur l'expérience, quoique son fondement ne soit pas telle ou telle expérience particulière, et qu'elle ne s'appuie que sur l'expérience en général.

Kant répond qu'elle n'est tirée d'aucune propriété particulière de l'expérience ; elle repose uniquement sur des principes purement rationnels, par rapport à une existence donnée par la conscience empirique en général ; elle abandonne même ce point de départ pour s'appuyer uniquement sur des concepts purs.

Or, dans ces preuves transcendentales, quelle est la

cause de l'apparence dialectique, mais naturelle, qui unit les concepts de la nécessité et de la suprême réalité? Quelle cause réalise et substantifie ce qui pourtant peut n'être qu'une idée?

Qui nous force d'admettre entre les choses existantes, quelque chose de nécessaire en soi?

Pourquoi reculons-nous en même temps devant l'existence d'un tel être comme devant un abîme?

Comment la raison parvient-elle à se comprendre sur ce point? Comment sort-elle de l'incertitude d'une adhésion timide et toujours rétractée pour se reposer dans une paisible lumière? Telles sont les questions, qu'avant de passer à l'examen de la preuve physico-théologique, nous nous trouvons maintenant avoir à résoudre.

CHAPITRE MCCXLVIII

DU RÔLE DE L'ÊTRE NÉCESSAIRE DANS LES CONDITIONS DE L'EXISTENCE.

Il y a ici un point tout à fait remarquable. Quelque chose existe, moi du moins. Dès lors je ne puis me refuser à cette conséquence que toute existence contingente postule quelque chose existant nécessairement.

C'est sur ce raisonnement que repose l'argument cosmologique. Ce raisonnement est tout naturel, mais il n'en est pas plus certain pour cela.

D'un autre côté, nous pouvons nous faire beaucoup d'idées différentes de beaucoup de choses différentes, mais nous trouverons toujours que l'existence d'aucune de ces choses ne peut jamais être représentée comme absolument nécessaire; rien n'empêche d'en concevoir la non-existence.

Donc, d'un côté, nous devons admettre quelque chose de nécessaire pour ce qui existe en général. De l'autre nous ne pouvons concevoir aucune chose particulière comme nécessaire en soi.

Cela revient à dire que nous ne pouvons jamais achever la régression vers les conditions de l'existence, sans admettre un être nécessaire; mais nous ne pouvons non plus commencer par lui.

CHAPITRE MCCXLIX

L'ÊTRE NÉCESSAIRE CONÇU COMME N'ÉTANT QU'UN PRINCIPE RÉGULATEUR.

Nous sommes donc forcés de concevoir quelque chose de nécessaire pour les choses existantes en général. D'un autre côté nous ne pouvons concevoir aucune chose comme nécessaire en soi. De là résulte une conclusion inévitable; la nécessité et la contingence ne doivent donc pas concerner les choses mêmes, autrement, il y aurait contradiction. Aucun de ces deux principes n'est objectif. Ils ne sont et ne peuvent être que des principes subjectifs de la raison. Ils nous poussent de deux côtés différents. D'une part, pour tout ce qui nous est donné comme existant, ils nous font chercher quelque chose qui soit nécessaire; ils ne veulent pas que nous nous arrêtions ailleurs que dans une explication achevée à priori. D'autre part, ils nous défendent d'espérer jamais cet achèvement. Ils ne veulent pas que nous admettions comme absolu rien d'empirique. Ils ne nous laissent pas nous dispenser par là de toute explication ultérieure.

En ce sens les deux principes peuvent très-bien subsister l'un à côté de l'autre, comme principes régulateurs, comme principes ne concernant que l'intérêt formel de la raison.

En effet l'un de ces principes nous dit que nous devons philosopher sur la nature de la façon que voici : pour tout ce qui appartient à l'existence, nous devons admettre un premier principe nécessaire. Non qu'il faille pour cela croire à l'existence réelle de ce principe, mais uniquement afin de mettre de l'unité systématique dans notre connaissance. Nous y arrivons nécessairement en suivant une telle idée, le principe suprême qui lui sert d'objet fût-il un principe imaginaire.

De son côté, l'autre principe nous avertit de n'admettre, comme principe suprême de ce genre, aucune détermination concernant l'existence des choses, nulle d'entre elles n'étant absolument nécessaire. Il veut que nous laissions toujours la porte ouverte à une explication ultérieure. Il nous défend de regarder jamais aucune de ces déterminations autrement que comme conditionnelle.

Tout ce qui est perçu dans les choses doit être nécessairement regardé comme conditionnel. Dès lors aucune chose pouvant être donnée empiriquement ne peut être regardée comme absolument nécessaire. Ce dernier principe n'est qu'un principe de la raison.

CHAPITRE MCCL

DU LIEU DE L'ÊTRE NÉCESSAIRE.

Nous placerons donc l'absolument nécessaire hors du monde. Il doit uniquement servir de principe à la plus grande unité possible des phénomènes, comme leur raison suprême. Nous ne pourrions jamais y parvenir dans le monde ; la seconde règle nous ordonne de regarder toujours comme dérivées toutes les causes empiriques de l'unité.

CHAPITRE MCCLI

DE LA MATIÈRE.

Les philosophes de l'antiquité regardaient toutes le formes de la nature comme contingentes ; mais, d'accord en ceci avec le gros bon sens du vulgaire, ils regardaient la matière comme originelle et nécessaire.

Les anciens ne voyaient dans la matière que le substratum de tous les phénomènes, leur fonds commun. Ils ne l'envisageaient donc que d'une manière relative, tout en croyant néanmoins l'envisager au point de vue de l'absolu.

S'ils l'avaient réellement envisagée à ce dernier point de vue, s'ils l'avaient considérée en elle-même, dans son existence, l'idée de son absolue nécessité se serait aussitôt évanouie.

Il n'y a rien que la raison lie absolument à cette existence. La raison peut toujours et sans conteste la supprimer dans la pensée. Aussi l'absolue existence n'était-elle pour eux que dans la pensée.

Il fallait donc, dans cette persuasion, qu'un certain principe régulateur servît de fondement.

L'étendue et l'impénétrabilité prises ensemble constituent le concept de la matière. Elles sont aussi le principe empirique suprême de l'unité des phénomènes. En tant que ce principe est empiriquement inconditionnel, il a la propriété d'un principe régulateur.

La matière se réalise par ses déterminations et par conséquent aussi par l'impénétrabilité qui en est une. L'impénétrabilité est un acte, elle est donc un effet. Celui-ci doit avoir sa cause, par conséquent, il n'est toujours que dérivé. La matière ne se prête donc pas à l'idée d'un être nécessaire comme principe de toute unité dérivée.

En tant que dérivée, chacune de ses propriétés réelles n'est que conditionnellement nécessaire. Par conséquent chacune peut être supprimée en soi. La suppression de l'une d'entre elles serait identique à celle même de la matière. Si cela n'était pas, nous aurions atteint le principe suprême de l'unité, et cela empiriquement; mais c'est ce que nous défend notre second principe régulateur. D'après lui la matière, ou plus généralement ce qui appartient au monde, n'est pas applicable à l'idée d'un être premier et nécessaire, comme simple principe de la plus grande unité empirique possible; nous devons placer cet être hors du monde. Alors en effet nous pouvons toujours dériver avec confiance les phénomènes du monde et leur existence d'autres phénomènes, comme s'il n'y avait pas d'être nécessaire. Nous pouvons cependant tendre sans cesse à l'achèvement de la dérivation, comme si un tel être était supposé à titre de principe suprême.

CHAPITRE MCCLII

PERSONNIFICATION DE L'ÊTRE SUPRÊME.

D'après ces considérations, l'idéal de l'être suprême n'est pas autre chose qu'un principe régulateur de la raison. Il consiste à regarder toute liaison dans le monde comme si elle dérivait d'une cause nécessaire absolument suffisante; ainsi on y fonde la règle d'une unité systématique et nécessaire, suivant des lois générales dans l'explication de cette liaison. Mais ce principe n'est point l'affirmation d'une existence nécessaire en soi.

En même temps, en vertu de ce qu'il faut bien appeler une subreption transcendentale, on ne peut éviter de se représenter ce principe formel comme un principe constitutif, et de concevoir cette unité hypostatiquement.

Nous savons bien que l'espace n'est qu'un principe de la sensibilité. Cependant nous ne pouvons pas nous empêcher de le regarder comme quelque chose hors de nous, comme quelque chose d'existant en soi, comme un objet donné en soi à priori. Cela parce qu'il rend originairement possibles toutes les figures; elles n'en sont que des limitations diverses. De même l'unité systématique de la nature ne peut être en aucune façon présentée comme le principe de l'usage empirique de notre raison, à moins que nous ne veuillons le faire sous la condition suivante; c'est que nous prendrons pour fondement l'idée d'un être souverainement réel comme cause suprême. Dès lors il arrive tout naturellement que cette idée est représentée comme un objet réel. A son tour celui-ci l'est comme nécessaire, parce qu'il est la condition suprême. Ainsi un principe régulateur est transformé en principe constitutif.

Cette substitution se révèle manifestement en ceci : tâchons de regarder comme une chose en soi cet être suprême, qui est absolument et inconditionnellement nécessaire par rapport au monde. Eh bien cette nécessité n'est susceptible d'aucun concept. Ainsi elle ne doit être trouvée dans notre raison que comme condition formelle de notre pensée. Elle ne doit pas l'être comme condition matérielle et hypostatique de l'existence.

CHAPITRE MCCLIII

RÉSUMÉ DU LIVRE CENT-VINGT-SEPTIÈME.

Après nous avoir montré que les deux preuves ontologiques et cosmologiques sont impuissantes à nous démontrer l'existence d'un être nécessaire, Kant se pose une question. Il se demande d'où vient l'apparence qui nous trompe ici, et qui, pour être sophistique, n'en est pas moins naturelle. Nous venons de le voir, l'explication qu'il en donne ne fait que reproduire celle qui lui a servi à résoudre la quatrième antinomie; cependant nous la résumerons brièvement.

La raison se trouve ici en présence de deux principes. Le premier la pousse à chercher, pour tout ce qui est donné comme existant, quelque chose qui soit absolument nécessaire, à ne s'arrêter nulle part ailleurs que dans une explication achevée à priori. Le second lui défend d'espérer jamais cet achèvement et la fait désespérer ainsi de toute explication ultérieure.

Elle ne peut pas plus rejeter l'un de ces principes que l'autre ; ce n'est que grâce au premier qu'elle peut donner à l'ensemble de notre connaissance une complète unité ; le second lui permet de tenir la porte ouverte à toute explication ultérieure.

Ces deux principes ont donc déjà également leur rôle dans la marche de la connaissance humaine. Mais si l'on doit les admettre ensemble, ce ne peut être qu'à titre de principes régulateurs ; autrement ils ne pourraient subsister l'un à côté de l'autre, il faudrait nécessairement sacrifier l'un à l'autre.

Or tel est précisément le caractère de l'idéal de l'être suprême, ce n'est autre chose qu'un principe régulateur de la raison.

Nous ne pouvons concevoir l'unité de la nature, sans prendre pour fondement l'idée d'un être souverainement réel. Par cela même, il nous arrive tout naturellement d'attribuer à cette idée une réalité objective ; nous convertissons ainsi un principe purement régulateur en un principe constitutif.

L'apparence qui nous trompe ici vient d'une sorte de subreption transcendentale, naturelle et inévitable. Ce qui la découvre aux yeux de la critique, c'est la contradiction où elle nous jette.

LIVRE CENT-VINGT-HUITIÈME

DE LA PREUVE PHYSICO-THÉOLOGIQUE

CHAPITRE MCCLIV

POSITION DE LA QUESTION.

Ni la preuve ontologique, ni la preuve cosmologique ne nous ont sûrement conduits à la conviction de l'existence de l'être suprême. La preuve ontologique se proposait de nous y conduire en vertu du simple concept de l'être, la preuve cosmologique en vertu de ce fait qu'il existe réellement quelque chose. Ces deux preuves ont échoué; quel parti nous reste-t-il à prendre?

Il nous reste encore à voir si nous ne tirerons pas quelque lumière de l'expérience déterminée des choses du monde présent et de leur harmonie. Peut-être la nature de ce monde et son ordonnance nous fourniront-elles un argument probant en faveur de l'existence d'un être suprême.

Kant nomme cette preuve la preuve physico-théologique; c'est celle que, depuis Aristote, on nomme la preuve par les causes finales.

Spéculativement cette preuve est notre dernière espérance. Hélas! Kant va nous faire voir que cette preuve est elle-même insuffisante. Dès lors nous n'aurons plus aucun argument spéculatif, qui soit probant, en faveur de l'existence d'un être correspondant à notre idée transcendentale. Il nous faut ou renoncer à notre foi, ou nous rejeter sur les arguments moraux.

Est-ce là le dessein de Kant? entend-il ruiner les objets de notre foi? Nullement. Il veut seulement nous faire voir que s'il existe des arguments probants en faveur de l'existence de Dieu, ces arguments ne sont pas ceux de la raison spéculative. Mais il croit que la raison pratique nous en fournira qui nous satisferont complétement. (Cf. le traité de celle-ci.)

CHAPITRE MCCLV

DE L'EXPÉRIENCE DANS SES RAPPORTS AVEC L'IDÉE.

Après toutes les remarques précédentes, on verra de suite que la solution de cette question doit être aisée et concluante, quoiqu'elle ne doive pas être nécessairement positive, et qu'elle puisse fort bien se résoudre en une simple négation.

Comment une expérience pourrait-elle être jamais donnée qui soit adéquate à l'idée?

C'est précisément le propre de l'idée que jamais aucune expérience ne puisse jamais lui être adéquate.

Est-il donc besoin de dire que l'idée transcendentale d'un être premier, nécessaire, et absolument suffisant est immensément grande, et infiniment élevée au dessus de tout ce qui est empirique et conditionnel.

Où trouverions-nous dans l'expérience assez de matière pour remplir un pareil concept?

Nous tatonnerions toujours dans l'expérience. Nous ferions pire. N'est-il pas clair que nous chercherions toujours en vain l'inconditionnel dans le conditionnel ? De quelle synthèse empirique existe-t-il une loi qui nous en donne soit un exemple, soit le moindre indice ?

CHAPITRE MCCLVI

L'ÊTRE SUPRÊME ET LA SÉRIE DES ÊTRES.

Deux hypothèses peuvent seules être admises : l'être suprême fait ou ne fait pas partie de la série des conditions de l'être.

S'il en fait partie, il est lui-même un anneau de la série. Alors il subirait le sort de ceux de ces anneaux qui lui sont inférieurs ; il exigerait la recherche ultérieure d'un principe plus élevé que lui ; il cesserait par cela même de mériter le titre d'être suprême.

Veut-on au contraire le détacher de cette chaîne ? Veut-on le considérer comme être purement intelligible, et, à ce titre, ne pas le comprendre dans la série des causes naturelles ? Mais alors quel pont la raison pourra-t-elle jeter pour arriver jusqu'à lui ?

Quel est le but des lois du passage des effets aux causes ? Quel est celui de toute synthèse et de toute extension de notre connaissance en général ? Elles ont uniquement pour but l'expérience possible, les objets du monde sensible. Peuvent-elles avoir un autre sens ?

CHAPITRE MCCLVII

EXPOSITION DE LA PREUVE DES CAUSES FINALES.

On doit entrevoir déjà quelques-uns des points par lesquels la preuve des causes finale prête à la critique ; mais il nous la faut exposer et critiquer en détail avant de la condamner sans appel.

Le monde actuel peut être envisagé dans l'immensité de l'espace ou dans sa division infinie. A ces deux points de vue, il nous offre un vaste théâtre de variété, d'ordre, de finalité et de beauté. Certes, notre faible intelligence n'a pu acquérir que de bien médiocres connaissances; aussi devant d'aussi grandes merveilles toute langue perd sa force d'expression, tout nombre sa puissance de mesure, toute pensée ses limites. Notre jugement sur le tout finit par se résoudre en un étonnement muet, mais d'autant plus éloquent.

Partout, nous voyons une chaîne d'effets et de causes, de fins et de moyens, la régularité dans l'apparition ou la disparition des choses. Or rien n'est arrivé de soi-même à l'état où il se trouve; cet état nous renvoie toujours à un état antérieur comme à sa cause. Celle-ci à son tour appelle la même question. Le tout finirait par s'abîmer dans le gouffre du néant, si nous n'avions un moyen tout prêt de parer à cette chute.

Pour cela, nous admettrons quelque chose d'existant par soi-même originairement, et d'une manière indépendante en dehors de cette infinie contingence. Ce quelque chose lui servira de soutien. Cause de son origine, il assurera aussi sa durée.

CHAPITRE MCCLVIII

DU DEGRÉ DE GRANDEUR QUE LA PREUVE PAR LES CAUSES
FINALES NOUS PERMET D'ATTRIBUER A L'ÊTRE NÉCESSAIRE.

Cette cause est suprême par rapport à toutes les choses du monde. Mais quel degré de grandeur devons-nous concevoir en elle?

Nous ne connaissons pas le monde dans toute son étendue; nous pouvons encore moins estimer sa grandeur, en le comparant à tout ce qui est possible. Mais, au point de vue de la causalité, d'un être dernier et suprême, qui nous empêchera de le placer, quant au degré de perfection, au dessus de tout autre possible?

Nous devons nous contenter ici de la légère esquisse d'un concept abstrait. Néanmoins il nous est facile de le faire, en nous représentant toutes les perfections possibles réunies en lui, comme dans une substance unique. Ce concept est favorable aux exigences de la raison dans l'économie des principes, il ne renferme en lui-même aucune contradiction, il sert même à étendre l'usage de la raison au milieu de l'expérience. Il la dirige vers l'ordre et la finalité, jamais il n'est décidément contraire à l'expérience.

CHAPITRE MCCLIX

DE L'ATTITUDE A PRENDRE VIS-A-VIS DE CET ARGUMENT.

Cet argument mérite toujours d'être rappelé avec respect. C'est le plus ancien, le plus clair, et le mieux approprié à la raison commune.

Il vivifie l'étude de la nature; il en tire en même temps sa propre existence, et il y puise toujours de nouvelles forces.

Il conduit à des fins et à des desseins que notre observation n'aurait pas découverts d'elle-même. Il étend notre connaissance de la nature. Il nous donne pour fil conducteur une unité particulière dont le principe est en dehors de la nature même.

Cette connaissance réagit à son tour sur sa cause, c'est-à-dire sur l'idée qui l'a suggérée. Elle élève notre croyance en un suprême auteur du monde, jusqu'à la plus irrésistible conviction.

CHAPITRE MCCLX

SUITE. — AUTORITÉ DE CETTE PREUVE.

Prétendre enlever quelque chose à l'autorité de cette preuve, ce serait donc vouloir nous retirer une consolation. Bien plus, ce serait tenter l'impossible.

Ce sont bien des arguments purement empiriques. Néanmoins par eux-mêmes ils sont très-puissants; de plus ils s'accroissent sans cesse sous la main de la raison. Ils l'élèvent incessamment si haut, qu'elle ne peut pas être rabaissée par les incertitudes d'une argumentation subtile et abstraite. Elle doit être arrachée à toute irrésolution sophistique comme à un songe. Il lui suffit de contempler les merveilles de la nature et de la structure majestueuse du monde, pour parvenir de grandeur en grandeur jusqu'à la grandeur la plus haute, et de condition en condition jusqu'à l'auteur suprême et absolu des choses.

CHAPITRE MCCLXI

PREMIERS SOUPÇONS D'UN CÔTÉ FAIBLE A CETTE PREUVE.

Kant n'a rien à objecter contre ce qu'il y a de raisonnable et d'utile dans cette manière de procéder. Son intention est plutôt de la recommander et d'y encourager les esprits que de lui nuire. Il ne peut cependant, dit-il, approuver les prétentions que cet argument pourrait élever à une certitude apodictique. Il ne saurait théorétiquement lui donner son adhésion pleine et entière sans un peu de faveur; encore même pour cela lui faudrait-il en appeler à des motifs empruntés à la raison pratique.

On ne saurait, dit-il, nuire à la bonne cause, en rabaissant le langage dogmatique d'un disputeur tranchant, au ton de modération et de modestie convenable à une foi qui suffit pour le repos, mais qui ne commande pas une soumission absolue.

Kant soutient donc que la preuve des causes finales,

— qu'il appelle, nous le savons, preuve physico-théologique, — ne saurait suffire à démontrer apodictiquement par elle seule l'existence d'un être suprême. Elle ne fait que servir d'introduction à l'argument ontologique. Elle est obligée de lui laisser le soin de combler la lacune qu'elle laisse après elle. Kant la discutera cependant à cause de l'attrait involontaire qu'il se sent éprouver pour elle.

Mais il se sent d'ores et déjà convaincu que l'argument ontologique est la seule preuve de l'existence divine, qui soit inévitable pour toute raison humaine. Il en est même la seule preuve spéculative possible, si tant il y a qu'il en existe une de ce genre.

CHAPITRE MCCLXII

LES QUATRE MOMENTS DE LA PREUVE PHYSICO-THÉOLOGIQUE.

Les principaux moments de la preuve physico-théologique sont les suivants :

1° Il y a partout dans le monde des signes manifestes d'une ordonnance réglée sur un dessein déterminé, exécuté avec une grande sagesse, et formant un tout d'une variété inexprimable, tant par son contenu que par la grandeur infinie de son étendue;

2° Cette ordonnance harmonieuse n'est pas inhérente aux choses de ce monde. Elle ne leur appartient que d'une manière contingente. La nature des choses diverses n'aurait pas pu d'elle-même, par tant de moyens concordants, s'accommoder à des fins déterminées. Pour que cela ait pu avoir lieu, il a fallu qu'elles aient été choisies tout exprès et appropriées à ce but, par un principe raisonnable, ordonnant le monde d'après certaines idées;

3º Il existe donc une (ou plusieurs) cause sage et sublime qui doit produire le monde, non pas seulement comme une nature d'une fécondité toute puissante agissant aveuglément, mais comme une intelligence et une liberté;

4º Mais cette cause n'est pas plusieurs, elle est une. Elle se conclut de celle des rapports mutuels des parties du monde, envisagées comme les diverses parties d'une œuvre d'art. Dans la sphère qu'atteint notre observation, elle s'en déduit avec certitude. Au delà de cette sphère, les principes de l'analogie veulent qu'elle s'en déduise avec vraisemblance.

CHAPITRE MCCLXIII

L'ÊTRE NÉCESSAIRE CONSIDÉRÉ COMME DOUÉ D'INTELLIGENCE ET DE VOLONTÉ.

Il existe des analogies entre certains produits de la nature et certaines œuvres de l'art humain; nous pouvons faire parfois violence à la nature, et la forcer à se plier à nos lois, au lieu d'agir suivant les siennes. Ainsi on remarque l'analogie de certaines productions naturelles avec nos maisons, nos vaisseaux, nos montres. Nous en concluons, un peu précipitamment peut-être, que la nature doit avoir pour principe une causalité, du genre de la nôtre relativement aux objets d'art. Cette cause sera douée d'intelligence et de volonté. Ainsi la possibilité de la nature agissant spontanément dériverait d'un autre art encore, mais un art surhumain. — Nous comprenons dans la nature l'art humain, et peut-être la raison elle-même. —

Nous ne chicanerons pas la raison naturelle sur ce raisonnement. Peut-être tout ceci ne soutiendrait-il pas trop bien un examen un peu sévère de la critique transcendentale. Cependant, nous sommes-nous une fois décidés à attribuer au monde une cause? Quel procédé plus sûr pourrons-nous adopter pour en déterminer la nature, que de suivre l'analogie avec les œuvres intentionnelles de ce genre? Ce sont les seules dont nous connaissions pleinenement les causes et le mode de production.

La raison se rendrait blamable à ses propres yeux, si elle voulait passer de la causalité qu'elle connait, à des principes d'explication obscurs et indémontrables, qu'elle ne connaît pas.

CHAPITRE MCCLXIV

D'UN ARCHITECTE DU MONDE.

Suivant ce raisonnement, la finalité et l'harmonie de tant de dispositions de la nature ne prouveraient que la contingence de la forme. Elles ne prouveraient pas celle de la matière, c'est-à-dire de la substance du monde, laquelle pourrait être incréée.

Pour établir la création de la substance, il faudrait qu'il pût être démontré que, si les choses du monde n'étaient pas dans leur substance le produit d'une sagesse suprême, elles seraient par elles-mêmes impropres à recevoir un tel ordre et une telle harmonie. Pour cela, il nous faudrait une tout autre preuve que celle qui se fonde sur l'analogie avec l'art humain.

Cette preuve pourrait donc tout au plus démontrer un architecte du monde, travaillant des matériaux donnés, et toujours très-limité par la nature de la matière qu'il travaillerait. Nous ne nous démontrerions pas ainsi un créateur du monde, à l'idée duquel tout serait soumis. Il nous faut pourtant ce créateur pour le grand but que nous avons en vue, celui de nous démontrer un être suprême suffisant à tout.

Voulons-nous démontrer la contingence de la matière même? Il nous faudra recourir à un argument transcendental, qui a dû être écarté ici.

CHAPITRE MCCLXV

IMPUISSANCE DE LA PREUVE PHYSICO-THÉOLOGIQUE A NOUS DONNER UN CONCEPT DÉTERMINÉ DE DIEU.

On observe partout l'ordre et la finalité dans le monde; on les regarde comme étant une disposition qu'il ne tient pas de lui-même; mais qui est entièrement contingente. Le raisonnement conclut donc à une cause proportionnée à son effet.

Mais le concept de cette cause doit nous en faire connaître quelque chose de tout à fait déterminé. Il ne peut être par conséquent que celui d'un être possédant toute puissance, toute sagesse, etc., en un mot toute perfection. Il faut que ce concept soit celui d'un être parfaitement suffisant.

Que nous donnent, en fait de concepts, les prédicats de puissance et d'excellence très-grandes, étonnantes, incommensurables? Ils ne nous donnent pas du tout un concept déterminé; ils ne nous disent pas proprement ce que la chose est en soi; ils ne sont que des représentations relatives de la grandeur de l'objet. L'observateur du monde les compare à lui-même et à sa faculté de compréhension. Ils ont toujours la même valeur d'estimation, soit que l'on grandisse l'objet, soit que l'on rappetisse par rapport à lui le sujet qui l'observe.

S'agit-il de la grandeur ou de la perfection d'une chose en général? il n'y a plus de concept déterminé que celui qui comprend toute la perfection possible. Il n'y a que le tout de la réalité qui soit complétement déterminé dans le concept.

Or Kant ne peut pas croire que l'observateur qui aura le mieux observé le monde se vante de légitimement conclure au sens absolu de son étendue à la toute puissance de son auteur, de l'ordre qui y règne à la suprême sagesse de celui-ci, de l'unité du monde à l'unité absolue, etc. Tout au plus pourrait-il conclure à une puissance, une sagesse, une unité, etc., relativement très-grandes.

La théologie physique ne saurait donc nous donner un concept déterminé de la cause suprême du monde. Elle est hors d'état de fournir un principe suffisant à la théologie scientifique; celle-ci doit pourtant fournir le fondement de la religion.

CHAPITRE MCCLXV

LA PREUVE PHYSICO-THÉOLOGIQUE CONSIDÉRÉE COMME UNE SIMPLE INTRODUCTION AUX PREUVES COSMOLOGIQUE ET ONTOLOGIQUE.

De même, le pas qui conduit à l'absolue totalité est absolument impossible par la voie empirique.

C'est cependant ce pas que l'on prétend faire dans la preuve physico-théologique. Voyons quel est le moyen qu'on emploie pour franchir un tel abîme.

On commence par les causes finales. On admire la grandeur, la sagesse, la puissance, etc., de l'auteur du monde. Cet argument se fonde sur des preuves empiriques; il ne peut donc pas aller plus loin que cela. Alors on l'abandonne tout à coup; et de cet ordre et de cette finalité, qu'on admire, on conclut à la contingence de celui-ci. De cette contingence on s'élève maintenant au moyen de concepts purement transcendentaux à la conception d'un être absolument nécessaire. Au moyen de ces mêmes concepts transcendentaux de la preuve ontologique, on passe de la conception de cet être à son existence. De l'absolue nécessité de l'existence d'une cause première, on conclut, toujours par de purs concepts, à un concept de cet être qui est complétement déterminé ou déterminant, c'est-à-dire au concept d'une réalité qui embrasse tout.

La preuve physico-théologique se trouve donc arrêtée au milieu de son entreprise. Dans son embarras elle saute tout à coup à la preuve cosmologique. Mais celle-ci n'est que la preuve ontologique déguisée. La preuve physico-théologique n'atteint donc réellement son but qu'au moyen de la raison pure. A tort elle a commencé par repousser toute parenté avec elle. A tort encore, elle a voulu, sans pouvoir y réussir, tout fonder sur des preuves tirées de l'expérience.

CHAPITRE MCCLXVII

DU DÉDAIN DE LA PREUVE ONTOLOGIQUE AFFECTÉ PAR LES PARTISANS DES CAUSES FINALES.

Les partisans de la théologie physique ont donc tort de traiter dédaigneusement la preuve transcendentale. Cependant, avec leur présomption de naturalistes clairvoyants, nous les voyons se permettre de la regarder comme une toile d'araignée ourdie par des esprits obscurs et subtils.

Que ne veulent-ils prendre la peine de s'examiner eux-mêmes? Ils se verraient faisant d'abord une bonne traite sur le sol de la nature et de l'expérience. Puis au bout, ils se trouveront aussi éloignés qu'au départ de l'objet qui apparaît en face de leur raison. Alors ils abandonnent tout à coup ce terrain, et se précipitent dans la région des pures possibilités. Sur les ailes des idées, ils espèrent s'approcher de ce qui avait échappé à toutes leurs recherches empiriques.

Grâce à un si grand saut, se sont-ils une fois imaginé avoir enfin le pied ferme? Ils étendent sur tout le champ de la création le concept maintenant déterminé, en possession duquel ils sont arrivés sans savoir comment. Cet idéal n'était qu'un produit de la raison pure. Eh bien, ils l'expliquent par l'expérience, mais d'une manière assez pénible et bien indigne de son objet. Toutefois, ils ne veulent jamais nous avouer comment ils sont parvenus à cette connaissance, ou à cette hypothèse par un autre sentier que celui de l'expérience.

CHAPITRE MCCLXVIII

DE LA SEULE PREUVE POSSIBLE DE L'EXISTENCE D'UN ÊTRE SUPRÊME.

S'agit-il de démontrer un être premier comme être suprême, et cela par la preuve physico-théologique? Elle ne le pourra pas sans s'appuyer sur la preuve cosmologique, qui s'appuie elle-même sur la preuve ontologique. En dehors de ces trois voies, il n'y en a plus une seule ouverte à la raison spéculative. La preuve qui se fonde sur des concepts purement rationnels, autrement dite la preuve ontologique, est la seule preuve possible. Mais celle-ci est elle-même impuissante à démontrer son objet. C'est dans les motifs tirés de la raison pratique, que Kant nous fait chercher, dans un traité fait exprès, ce qu'il regarde comme les preuves vraies de l'existence de Dieu.

CHAPITRE MCCLXIX

RÉSUMÉ DU LIVRE CENT-VINGT-HUITIÈME.

Nous avons vu que la preuve cosmologique de l'existence de Dieu n'est que la preuve ontologique déguisée, et que cette dernière, mise à nu, était elle-même insuffisante. Il nous restait à tenter un troisième moyen, la preuve par les causes finales, dite par Kant preuve physico-théologique.

Cette preuve ne part pas comme la preuve cosmologique de notre existence et de celle du monde. Elle se fonde sur la connaissance déterminée que l'expérience peut nous donner de l'ordonnance du monde, de l'ordre et de l'harmonie qui y règnent. Elle en conclut l'existence d'une cause suprême. De là le titre que Kant lui donne.

Peut-être cet argument sera-t-il, par malheur, aussi impuissant que les deux autres. Alors il nous faudra renoncer à demander à la raison spéculative une preuve de l'existence de Dieu ; il n'y a pas pour elle de voie ouverte en dehors de ces trois preuves là.

Heureusement pour nous, la raison pratique nous en ouvre d'autres ; mais ce n'est pas ici que Kant nous les exposera. Il a consacré à la raison pratique un traité tout entier.

Au reste Kant est loin de refuser toute valeur à l'argument des causes finales. Nul philosophe n'en a parlé avec plus de respect, et ne lui a rendu un plus éclatant hommage ; nul plus que lui ne l'a proclamée excellente pour l'édification religieuse.

Mais quels que soient ses mérites, et quelque hautement que Kant les reconnaisse, il ne pense pas que cette preuve puisse mieux que les autres résister à l'examen de la critique.

CHAPITRE MCCLXX

SUITE ET FIN DU RÉSUMÉ.

Dès le début de l'exposition de cette preuve, Kant avait invoqué une objection fondamentale. Aucune expérience ne saurait jamais être adéquate à une idée telle que celle de Dieu ; c'est précisément le propre de cette idée de dépasser toute expérience possible. La critique détaillée, à laquelle il soumet ensuite la preuve par les causes finales, ne manque pas de reproduire cet argument comme décisif.

Si loin que nous voulions pousser notre connaissance de l'ordre et de la finalité de la nature, nous ne pouvons jamais nous flatter de connaitre le monde dans toute son étendue. Par conséquent nous ne saurions nous faire par ce moyen un concept déterminé de la puissance de la cause suprême du monde, comme celui de celle que nous concevons sous le nom de Dieu.

Nous pourrions bien attribuer à cette cause une très-grande puissance, une très-grande sagesse, etc., mais non pas une puissance et une sagesse infinies, absolues. Du relatif on ne saurait tirer l'absolu.

Ajoutez à cela que la preuve en question ne pourrait tout au plus démontrer qu'un architecte du monde, mais non un créateur. La finalité et l'harmonie des dispositions de la nature, sur lesquelles on s'appuie, ne concernent que sa forme, et non sa matière ou sa substance. L'analogie avec l'art humain, qui sert ici de guide, ne peut nous fournir une autre conclusion, si tant est même que cette manière de raisonner soit réellement concluante.

La théologie physique est donc par elle-même impuissante à démontrer l'existence et les attributs de Dieu, d'une manière qui réponde à l'idée qu'en conçoit la raison.

Mais, au lieu de reconnaître cette impuissance, elle franchit l'abîme qu'elle ne peut combler, en passant tout à coup à la preuve cosmologique; et avec celle-ci à la preuve ontologique, c'est-à-dire en se jetant dans la voie transcendentale qu'elle avait voulu éviter.

Par malheur la preuve ontologique est elle-même impuissante à démontrer son objet. D'où il suit qu'il n'y a pas pour la raison spéculative de véritables démonstrations de l'existence et des attributs de Dieu.

Mais Kant nous dira que nous en trouverons dans son traité de la raison pratique.

LIVRE CENT-VINGT-NEUVIÈME

CRITIQUE DE TOUTE THÉOLOGIE FONDÉE SUR LES PRINCIPES SPÉCULATIFS DE LA RAISON.

CHAPITRE MCCLXXI

DÉISME ET THÉISME.

La théologie, — ainsi nomme-t-on la connaissance de l'être suprême, — est ou rationnelle ou révélée; cette dernière a son enseignement spécial, nous n'avons pas à nous en occuper ici.

La première procède de deux façons différentes. Ou bien elle conçoit simplement son objet (l'être nécessaire, tout réel, l'être des êtres), par la raison pure, au moyen de concepts transcendentaux ; elle s'appelle alors la théologie transcendentale. Ou bien elle le conçoit comme la suprême intelligence, au moyen d'un concept qu'elle dérive de la nature de notre âme. Kant la nomme alors théologie naturelle, il devrait l'appeler théologie psychologique.

Celui qui n'admet qu'une théologie transcendentale est un déiste; celui qui admet en outre une théologie naturelle est un *théiste*.

Le premier accorde que nous pouvons en tout cas connaître, par la raison seule, l'existence d'un être premier, mais il croit que le concept que nous en avons est purement transcendental; il ne le conçoit que comme un être ayant toute réalité, il ne saurait pas le déterminer avec quelque précision.

Le second soutient que la raison est en état de déterminer l'objet d'une manière plus précise, par analogie avec notre propre nature. Il voit en lui l'être contenant par son entendement et sa volonté le principe de toutes les autres choses.

Le théiste se représente donc un auteur du monde, là où le déiste se représente une cause qu'il ne détermine point. Elle peut agir par nécessité, comme par liberté.

CHAPITRE MCCLXXII

COSMOTHÉOLOGIE OU ONTOTHÉOLOGIE.

La théologie transcendentale se bifurque à son tour :
Ou bien elle pense dériver l'existence d'un être premier d'une expérience en général, sans rien déterminer de plus sur le monde auquel elle appartient; elle est alors cosmothéologie;

Ou bien elle croit pouvoir connaître l'existence sans le moindre concours de l'expérience; elle est alors ontothéologie.

CHAPITRE MCCLXXIII

THÉOLOGIE PHYSIQUE ET THÉOLOGIE MORALE.

La théologie naturelle conclut l'existence et les attributs d'un auteur du monde de la constitution de l'univers, de l'ordre et de l'unité qui s'y manifestent. Il s'y rencontre à la fois de la nécessité et de la liberté ; nous sommes donc obligés d'y admettre une double espèce de causalité, ainsi que la règle de l'une et de l'autre.

Ainsi la théologie naturelle s'élève de ce monde à l'intelligence suprême, comme au principe de tout ordre et de toute perfection, soit dans le règne de la nature, soit dans le règne moral. Elle est ainsi tour à tour théologie physique ou théologie morale.

Notez bien que nous disons théologie morale et nullement morale théologique. Celle-ci en effet contient des lois morales qui présupposent l'existence d'un souverain maître du monde. Au contraire la théologie morale fonde sur des lois morales la croyance à l'existence d'un être suprême.

CHAPITRE MCCLXXIV

SCOLIE.

Nous aurions maintenant à rechercher les sources possibles de toutes ces tendances de la raison ; mais auparavant nous voulons faire une remarque :

On peut, nous venons de le voir, entendre sous le concept de Dieu tantôt une nature éternelle agissant aveuglément et formant la racine des choses, tantôt un être suprême qui doit en être l'auteur par son intelligence et sa liberté. Mais ce dernier concept est le seul qui nous intéresse. Nous pourrions donc à la rigueur refuser au déiste toute croyance en Dieu, et ne lui laisser que l'affirmation d'un être premier ou d'une cause suprême.

Cependant personne ne doit être accusé de vouloir nier une chose par cela seul qu'il n'ose l'affirmer. Il est plus équitable et plus juste de dire que le déiste croit en Dieu, mais que le théiste croit en un Dieu vivant. Nous avons maintenant à rechercher la cause de ces résultats différents, auxquels aboutissent les diverses tentatives de la raison.

CHAPITRE MCCLXXV

DE LA CONNAISSANCE THÉORÉTIQUE ET DE LA CONNAISSANCE PRATIQUE.

Pour l'intelligence de ce qui va suivre, il nous faut ici remarquer que l'homme est capable de deux espèces de connaissances, la connaissance théorétique ou de ce qui est, et la connaissance pratique ou de ce qui doit être.

D'après ces définitions, l'usage théorétique de la raison est celui par lequel nous connaissons à priori, c'est-à-dire comme nécessaire, que quelque chose est. Son usage pratique est celui qui me fait connaître à priori, ce qui doit être.

Admettons comme indubitablement certain que quelque chose est, ou doit être; admettons cependant que cela ne soit que conditionnel. Alors de deux choses l'une. Ou bien une certaine condition déterminée peut être admise à cet effet comme absolument nécessaire. Ou bien elle peut être simplement supposée comme arbitraire et accidentelle.

Dans le premier cas la condition est postulée par thèse; dans le second, elle est seulement supposée par hypothèse.

Il y a des lois pratiques, par exemple les lois morales, qui sont absolument nécessaires. Elles supposent nécessairement quelque existence, comme condition de la possibilité de leur force obligatoire. Dès lors cette existence doit être nécessairement postulée; le conditionnel, d'où part le raisonnement pour s'élever à cette condition déterminée, est lui-même connu à priori comme absolument nécessaire.

Kant montrera plus tard (Cf. *Critique de la Raison pratique*) que les lois morales ne supposent pas seulement l'existence d'un être suprême. Elles sont absolument nécessaires, mais seulement à la vérité au point de vue pratique; c'est à ce même point de vue qu'elles postulent l'être d'où tout dépend. Mais pour le moment Kant laisse de côté cette espèce de raisonnement. Il y reviendra dans le traité de la raison pratique.

CHAPITRE MCCLXXVI

DE LA POSSIBILITÉ DE LA CONNAISSANCE THÉORÉTIQUE.

Parlons non de ce qui doit être, mais de ce qui est. Le conditionnel qui nous est donné dans l'expérience est toujours conçu comme contingent. La condition qui lui est propre ne peut pas être connue par là comme absolument nécessaire. Elle ne sert que comme une supposition relativement nécessaire ; ou plutôt, comme une supposition indispensable pour la connaissance rationnelle du conditionnel ; mais en soi et à priori elle est arbitraire.

Admettons maintenant quelque chose dont la nécessité absolue doive être connue dans la connaissance théorétique ; comment aura lieu cette connaissance ? Uniquement par des concepts à priori, jamais comme celle d'une cause par rapport à une existence donnée par l'expérience.

CHAPITRE MCCLXXVII

DE LA CONNAISSANCE SPÉCULATIVE.

Une connaissance théorétique est spéculative, quand elle se rapporte à un objet, ou à des concepts d'un objet, auquel on ne peut arriver par aucune expérience.

Elle est opposée à la connaissance de la nature, laquelle ne saurait s'étendre à d'autres objets, ou à d'autres prédicats, qu'à ceux qui peuvent être donnés dans une expérience possible.

CHAPITRE MCCLXXVIII

OÙ L'ON SE DEMANDE SI LE PRINCIPE EN VERTU DUQUEL ON CONCLUT DE L'EFFET A SA CAUSE EST UN PRINCIPE DE LA CONNAISSANCE SPÉCULATIVE.

Ce qui arrive, d'une manière empiriquement contingente, est considéré comme un effet. Or, il existe un principe en vertu duquel on conclut de cet effet à sa cause. Ce principe est un principe de la connaissance de la nature; il n'en est pas un de la connaissance spéculative.

En fait-on abstraction, comme d'un principe contenant la condition de l'expérience possible en général? Écartant tout élément empirique, veut-on l'appliquer au contingent en général? Dès lors il n'y a plus aucun moyen de justifier un pareil principe synthétique. On ne comprend plus comment nous pouvons passer de quelque chose qui est à quelque chose de tout à fait différent qu'on nomme cause. Le concept d'une cause, aussi bien que celui du contingent (de l'effet), n'ont tous deux de valeur objective que dans le monde de l'expérience. Ils la perdent tout entière dans un usage purement spéculatif de la raison.

CHAPITRE MCCLXXIX

OÙ L'ON MONTRE QUE SOIT DE LA SUBSTANCE, SOIT DE L'ORDRE DU MONDE, ON NE PEUT CONCLURE QUE SPÉCULATIVEMENT A UNE CAUSE HORS DU MONDE.

Voulons-nous conclure maintenant non du contingent à sa cause, mais de la substance même du monde à la cause de celle-ci ? Alors nous ne partons plus seulement de ce qui arrive dans les choses, de ce qu'il y a en elles de contingent, de leurs états divers, mais bien des choses elles-mêmes, de ce qu'il y a de substantiel en elles. Nous concluons de l'existence des choses à leur cause. Nous ne faisons plus un usage naturel (empirique) de la raison, nous en faisons un usage spéculatif.

En sommes-nous venus au point de pouvoir affirmer que la substance même du monde, la matière, est contingente dans son existence et a besoin d'une cause? Nous avons acquis là une connaissance rationnelle purement spéculative; l'objet n'est point ici un objet d'expérience possible. Voulons-nous qu'il ne soit question que de la forme du monde, du mode de liaison et de la vicissitude de ses parties? Que ferons-nous si nous en concluons une cause tout à fait distincte du monde? Nous ferons encore là un jugement de la raison purement spéculative : l'objet n'est point un objet d'expérience possible.

Le principe de causalité n'a de valeur que dans le champ de l'expérience. Hors de ce champ il est sans usage et même sans signification. Il serait ici tout à fait détourné de sa signification vraie.

CHAPITRE MCCLXXX

LES LOIS MORALES VÉRITABLE FONDEMENT DE LA THÉOLOGIE.

Or, ici Kant nous soutient très-énergiquement qu'en matière de théologie, tous les essais d'un usage purement spéculatif de la raison sont absolument infructueux;

ils sont en eux-mêmes nuls et de nulle valeur. D'un autre côté, il affirme, avec une conviction non moins grande, que les principes de l'usage naturel de la raison ne concluent à aucune théologie.

Que faut-il donc pour qu'il puisse y avoir une théologie de la raison?

Une seule voie nous reste, prendre pour base les lois morales, et nous en servir comme d'un fil conducteur.

CHAPITRE MCCLXXXI

PREUVES DE LA VANITÉ DE TOUTES THÉOLOGIES AUTRES QUE LA THÉOLOGIE MORALE.

L'usage de tous les principes synthétiques de l'entendement est essentiellement immanent. Mais la conscience d'un être suprême exige un usage transcendant de ces principes; notre entendement n'est nullement propre à cet usage.

La loi de causalité n'a qu'une valeur empirique; comment pourrait-elle nous conduire à l'être premier? Il faudrait pour cela que celui-ci appartînt à la chaîne des objets de l'expérience. Mais alors il serait lui-même à son tour conditionnel, comme tous les phénomènes.

Admettons pour un moment que nous puissions sauter hors des limites de l'expérience, au moyen de la loi dynamique du rapport des effets à leur cause? Qu'y aurons-nous gagné? Quel concept cette manière de procéder pourrait-elle nous fournir?

Ce n'est certainement pas celui d'un être suprême. Le plus grand de tous les effets possibles pourrait seul témoigner de la plus grande des causes. Or cet effet, maximun absolu entre tous les effets, l'expérience ne nous le présente jamais.

Tenons-nous absolument à ne laisser aucune lacune dans notre raison? Regardons-nous comme permis de combler ce défaut de complète détermination, par une simple idée de perfection suprême et de nécessité originaire? Si on nous le permet en effet, ce sera par suite d'une faveur qui nous est ainsi accordée. Ce n'est pas un droit qui puisse être exigé au moyen d'une preuve irrésistible.

La preuve physico-théologique pourrait bien donner de la force aux autres preuves, s'il y en a. Elle lie la spéculation avec l'intuition. Par elle-même elle se borne à préparer l'entendement à la connaissance théologique. Elle lui donne plutôt à cet effet une direction droite et naturelle qu'elle n'est capable d'achever l'œuvre à elle seule.

CHAPITRE MCCLXXXII

VANITÉ DE LA MÉTHODE TRANSCENDENTALE EN THÉOLOGIE.

Les questions transcendentales ne permettent, on le voit, que des réponses transcendentales, fondées uniquement sur des concepts à priori, sans le moindre mélange empirique.

Mais la question ici est évidemment synthétique; elle veut que notre connaissance s'étende au delà de toutes les limites de l'expérience. Elle s'élève jusqu'à l'existence d'un être qui doit répondre à notre idée, mais auquel aucune expérience ne saurait être adéquate.

D'après nos précédentes preuves, toute connaissance synthétique à priori n'est possible que parce qu'elle exprime les conditions formelles d'une expérience possible. Par conséquent tous les principes n'ont qu'une valeur immanente. Ils se rapportent simplement à des objets de connaissance empirique ou à des phénomènes. Il n'y a rien à espérer de la méthode transcendentale, par rapport à la théorie d'une raison purement spéculative.

CHAPITRE MCCLXXXIII

SORTE DE DÉFI JETÉ PAR KANT AUX THÉOLOGIENS DOGMATISTES.

Aimons-nous mieux révoquer en doute toutes les démonstrations précédentes de l'analytique? Craindrions-nous de nous laisser enlever toute confiance dans la valeur de preuves depuis longtemps employées? Ici Kant va réclamer. Il demandera qu'on lui justifie du moins les moyens et les lumières sur lesquels on se fie, pour dépasser toute expérience possible par la puissance des seules idées.

Il demandera qu'on lui fasse grâce de nouvelles preuves, ou d'un remaniement des anciennes.

On n'a pas ici beaucoup de choix; toutes les preuves purement spéculatives aboutissent à une seule, à la preuve ontologique; ainsi Kant n'a pas à craindre d'être extrêmement accablé par la fécondité des défenseurs dogmatiques de cette raison affranchie des sens. De plus, il dit bien n'être pas très-batailleur, mais néanmoins il ne reculera devant aucun défi. Il les propose au contraire, et se fait fort de rabattre les prétentions de ses adversaires. Rien de plus facile, selon lui, que de mettre au grand jour le paralogisme caché sous chacune des preuves qu'il leur plaira de mettre en avant. Mais l'espérance d'un meilleur succès n'abandonne jamais entièrement ceux qui sont une fois accoutumés à la persuasion dogmatique ; c'est pourquoi Kant leur fera la réclamation unique et juste que voici : Qu'ils veuillent bien n'employer que de bons arguments, fondés sur des raisons générales et tirées de la nature de l'entendement humain, ainsi que de toutes les autres sources de la connaissance. Qu'armés de ces pièces légitimes, ils justifient par leur moyen, s'ils le peuvent, la manière dont ils prétendent s'y prendre pour étendre tout à fait à priori leur connaissance. Qu'ils disent comment ils la pousseront jusqu'au point où aucune expérience possible, et par conséquent aucun moyen, ne sauraient plus garantir à un concept formé par nous-mêmes sa réalité objective.

De quelque manière que l'entendement soit arrivé à ce concept, l'existence de l'objet n'y peut être trouvée analytiquement ; la connaissance de l'évidence de l'objet consiste précisément en ce qu'il est posé par lui-même hors de la pensée.

Mais il est absolument impossible de sortir par soi-même d'un concept. L'expérience ne nous donne jamais que des phénomènes. Si nous en abandonnons le fil, il nous sera impossible de parvenir à la découverte de nouveaux objets, et par conséquent d'êtres transcendants.

CHAPITRE MCCLXXXIV

USAGE RECTIFICATEUR DE LA RAISON EN THÉOLOGIE.

Il résulte de tout ceci que la raison, renfermée dans son usage purement spéculatif, n'est pas à beaucoup près capable d'atteindre un but si élevé, qui s'appelle l'existence d'un être suprême.

Elle n'en a pas moins ce très-grand avantage de rectifier la connaissance de cet être, dans le cas, bien entendu, où il y aurait pour nous un autre moyen d'y parvenir, et où nous pourrions la puiser quelque part ailleurs. Elle met cette connaissance d'accord avec elle-même et avec toute fin intelligible. Elle la purifie de tout ce qui pourrait être contraire au concept d'un être premier. Elle en exclut tout mélange de limitations empiriques.

CHAPITRE MCCLXXXV

UTILITÉ DE LA THÉOLOGIE TRANSCENDENTALE SOUS LE RAPPORT NÉGATIF.

Malgré son insuffisance, la théologie transcendentale conserve une utilité négative très-importante. Elle est la censure continuelle de notre raison, quand celle-ci n'a affaire qu'à des idées pures; ces idées, par cela même qu'elles sont pures, ne permettent pas une autre mesure que la mesure transcendentale.

Admettons qu'à un autre point de vue, par exemple

au point de vue pratique, l'existence d'un être suprême, absolument suffisant comme intelligence absolue, puisse s'établir sans contradiction. Il serait alors de la plus grande importance de déterminer exactement ce concept par son côté transcendental, comme celui d'un être nécessaire et souverainement réel. Il faudra en écarter ce qui est contraire à la suprême réalité, ce qui appartient au pur phénomène, à l'anthropomorphisme dans le sens le plus large. Il faudra en même temps mettre de côté toutes les assertions contraires, qu'elles soient athées, déistes ou anthropomorphites. Cela est très-aisé dans un examen critique de ce genre. Sans doute, il est des preuves qui démontrent l'impuissance de la raison humaine à l'endroit de l'affirmation de l'existence d'un tel être; mais ces mêmes preuves suffisent nécessairement aussi pour démontrer la vanité de l'assertion contraire.

Comment s'y prendrait-on pour s'assurer par la seule spéculation de la raison qu'il n'y a pas d'être suprême? qu'il n'est pas le principe premier de tout? qu'il ne possède aucune des propriétés que nous nous représentons, d'après leurs effets, comme analogues aux propriétés dynamiques d'un être pensant? Ou que, dans ce dernier cas, elles seraient soumises aussi à toutes les restrictions que la sensibilité impose inévitablement aux intelligences que nous connaissons par expérience?

CHAPITRE MCCLXXXVI

L'ÊTRE SUPRÊME, IDÉAL DE LA RAISON PURE.

Pour l'usage purement spéculatif de la raison pure; l'être suprême n'est donc, aux yeux de Kant, qu'un simple idéal, mais un idéal exempt de défauts, un concept qui termine et couronne toute la connaissance humaine.

La réalité objective de ce concept ne peut pas être prouvée par cette voie, mais elle ne peut pas non plus être réfutée.

Y a-t-il une théologie morale capable de combler cette lacune? Alors la théologie transcendentale cessera d'être problématique; elle se montrera indispensable en déterminant le concept de la théologie morale. Elle soumettra à une censure incessante une raison assez souvent abusée par la sensibilité, et qui n'est pas toujours d'accord avec ses propres idées.

La nécessité, l'infinité, l'unité, l'existence hors du monde et non comme âme du monde, l'éternité sans les conditions du temps, l'omniprésence sans les conditions de l'espace, la toute-puissance, etc., ce sont là des prédicats purement transcendentaux. Par conséquent le concept épuré de ces prédicats, dont a besoin toute théologie, et la théologie morale comme une autre, ne peut être tiré que de la théologie transcendentale.

CHAPITRE MCCLXXXVII

RÉSUMÉ DU LIVRE CENT-VINGT-NEUVIÈME.

Il est impossible à la raison théorétique pure, privée de tout secours étranger, de se donner une véritable démonstration de l'existence de Dieu.

Telle est la conclusion à laquelle aboutit la critique de la théologie spéculative.

Elle peut à son choix suivre la méthode transcendentale ou la méthode naturelle. Elle peut tenter de démontrer l'existence de Dieu par de simples concepts de la raison, ou par l'observation de la nature. Elle peut s'arrêter au déisme, ou au théisme. Dans tous les cas ses essais seront infructueux.

Ils sont nuls et de nulle valeur. Kant en est si bien convaincu qu'ici, pour nous servir de ses termes, il devient batailleur. Il met ceux qui repoussent cette conclusion au défi de justifier les moyens et les lumières auxquels ils ont recours pour dépasser toute expérience possible par la seule puissance des idées. Telle est la condition de toute théologie spéculative, de la théologie physique comme de la théologie transcendentale ; en définitive la première est obligée de recourir à la seconde pour compléter son concept.

CHAPITRE MCCLXXXVIII

SUITE ET FIN DU RÉSUMÉ.

Que reste-t-il donc ici dans le creuset de la critique ?

Il reste un idéal de la raison pure, un concept de l'être suprême qui termine et couronne toute la connaissance humaine.

La raison spéculative est sans doute impuissante à démontrer la réalité objective de ce concept, mais elle ne l'en pose pas moins au sommet de la connaissance comme celui d'un être absolument parfait, infini, etc. Elle nous offre ainsi un concept épuré de tout élément sensible, exempt de toute limitation empirique, tel en un mot que doit être celui d'un être premier. Elle prépare ainsi le terrain à une autre espèce de théologie, la théologie morale, qui sera peut-être plus heureuse que la spéculative.

Telle est l'utilité, négative sans doute mais très-importante, que nous offre, malgré son insuffisance, la théologie transcendentale. Elle nous fait très-nettement concevoir un idéal sans défaut et nous le démontre possible. Elle laisse à la raison pratique le soin de prouver qu'il existe réellement.

Ainsi la raison théorétique (spéculative) pure ne nous apprend rien ni sur l'âme, ni sur le monde, ni sur Dieu.

Quel usage devons-nous donc faire des idées de la raison? Dans quel but cette même raison nous a-t-elle été donnée?

Ce sont les deux dernières questions qu'il nous reste à examiner.

LIVRE CENT-TRENTIÈME

DE L'USAGE RÉGULATEUR DES IDÉES DE LA RAISON PURE.

CHAPITRE MCCLXXXIX

DU PENCHANT DE LA RAISON HUMAINE A DÉPASSER LES LIMITES DE L'EXPÉRIENCE.

L'issue malheureuse de toutes les tentatives dialectiques de la raison humaine nous confirme d'abord ce que nous avait déjà prouvé l'analytique transcendentale. Tous ceux de nos raisonnements qui prétendent sortir du champ de l'expérience possible sont illusoires et sans fondement.

En outre, elle nous enseigne cette particularité : la raison humaine a un penchant naturel à dépasser ces limites, les idées transcendentales lui sont aussi naturelles que les catégories à l'entendement.

Mais les catégories conduisent à la vérité, c'est-à-dire à l'accord de nos concepts avec leur objet. Au contraire les idées transcendentales ne produisent qu'une apparence. Cette apparence est inévitable, il est vrai, ce qui ne fait pas qu'au fond elle soit une autre chose qu'une apparence; on peut en découvrir l'illusion, mais seulement au moyen de la critique la plus pénétrante.

CHAPITRE MCCXC

D'UN BON USAGE POSSIBLE DES IDÉES TRANSCENDENTALES.

Tout ce qui est fondé sur la nature de nos facultés doit être approprié à une fin, et d'accord avec leur légitime usage. Il ne s'agit que d'éviter ici tout malentendu, et de trouver la direction propre de ces facultés.

Les idées transcendentales doivent donc avoir, suivant toute présomption, leur bon usage, et conséquemment leur usage immanent. Néanmoins leur sens peut être méconnu ; elles peuvent être prises pour des concepts de choses réelles. Devenues alors transcendantes dans l'application, elles sont par là trompeuses.

Ce n'est pas l'idée en elle-même, mais seulement son usage, qui peut être, par rapport à toute l'expérience possible, ou immanent ou transcendant. On peut en effet appliquer cette idée, ou bien directement à l'objet qui est censé lui correspondre, ou bien seulement à l'usage de l'entendement en général par rapport aux objets auxquels il a affaire. Tous les vices de subreption doivent toujours être attribués à un défaut de jugement, jamais à l'entendement ou à la raison.

CHAPITRE MCCXCI

L'ENTENDEMENT OBJET DE LA RAISON.

La raison ne se rapporte jamais directement à un objet, mais seulement à l'entendement, et, par l'intermédiaire de l'entendement, à son propre usage empirique.

Elle ne crée donc pas de concepts d'objet, mais seulement elle les met en ordre; elle leur communique cette unité qu'ils peuvent avoir dans leur plus grande extension possible, ou si vous aimez mieux, par rapport à la totalité des séries. L'entendement n'y atteint jamais; il s'occupe uniquement de l'enchaînement par lequel des séries de conditions sont partout constituées suivant des concepts.

La raison n'a donc proprement pour objet que l'entendement et son emploi conforme à sa fin. Celui-ci relie par des concepts ce qu'il y a de divers dans l'objet; celle-là de son côté relie par des idées ce qu'il y a de divers dans les concepts. Elle propose une certaine unité collective pour but aux actes de l'entendement; ces derniers, sans cela, se borneraient à l'unité distributive.

CHAPITRE MCCXCII

DE L'USAGE CONSTITUTIF ET DE L'USAGE RÉGULATEUR DES IDÉES DE L'ENTENDEMENT.

Les idées transcendentales n'ont donc, d'après Kant, aucun usage constitutif. De nouveaux objets ne nous sont point donnés par elles. Entendues dans ce dernier sens, elles ne sont que des idées sophistiques, ou, comme dit Kant, dialectiques.

Elles ont au contraire un usage régulateur excellent et indispensablement nécessaire. Elles dirigent notre entendement vers un certain but, où convergent les lignes que suivent toutes ces règles. Ce but n'est qu'un foyer imaginaire, une idée, un point central ou plutôt un sommet d'où les concepts de l'entendement semblent partir. Ils n'en partent cependant pas réellement, puisqu'il est placé tout à fait en dehors des limites de toute expérience possible. Néanmoins rapporter les concepts de l'entendement à ce centre n'est pas sans une certaine utilité. Cela sert à leur donner la plus grande unité avec la plus grande extension.

Il en résulte bien une illusion inévitable, puisque ces lignes semblent partir réellement d'un objet placé en dehors de la connaissance empiriquement possible. Elle est analogue à celle qui nous montre les objets derrière le miroir où nous les voyons. Aussi inévitables l'une que l'autre, aucune des deux ne nous induira cependant pas en erreur, aussitôt qu'une critique pénétrante nous en aura prévenus.

Au reste cette illusion transcendentale, — dont néanmoins nous ne serons pas les dupes, — est nécessaire. Outre les objets qui sont devant nous; elle nous aide aussi à voir ceux qui sont loin derrière nous. Elle nous fait pousser l'entendement au delà de toute expérience donnée faisant partie de toute l'expérience possible, elle le dresse ainsi à prendre l'extension la plus grande et la plus excentrique possible.

CHAPITRE MCCXCIII

LA RAISON CONSTITUTIVE DU CARACTÈRE SYSTÉMATIQUE DE NOS CONNAISSANCES.

Jetons un coup d'œil sur tout l'ensemble des connaissances de notre entendement. Cherchons-y la part qu'y a proprement la raison ; nous trouverons que ce qu'elle s'efforce de constituer c'est le caractère systématique de la connaissance, elle veut la relier autour d'un même principe.

Cette unité rationnelle présuppose toujours une idée, celle de la forme d'un ensemble de la connaissance, qui précède la connaissance déterminée des parties. Elle contiendra les conditions nécessaires pour déterminer à priori à chaque partie sa place et son rapport avec les autres.

Cette idée postule donc une parfaite unité de la connaissance intellectuelle; celle-ci ne sera pas seulement un agrégat accidentel, mais un système lié d'après des lois nécessaires.

A proprement parler cette idée n'est pas le concept d'un objet, elle est celui de la complète unité de ces concepts en tant qu'elle sert de règle à l'entendement.

CHAPITRE MCCXCIV

ORIGINE DES CONCEPTS PURS.

Cette sorte de concepts rationnels que nous avons appelés purs ne sont pas tirés de la nature, nous interrogeons au contraire la nature d'après eux; nous tenons notre connaissance pour défectueuse, tant qu'elle ne leur est pas adéquate.

On avoue qu'il se trouve difficilement de la terre pure, de l'eau pure, de l'air pur, etc., en ce qui concerne leur pureté parfaite, les concepts de ces choses n'ont leur origine que dans la raison. Pourtant on a besoin de ces concepts, afin de déterminer exactement la part qui revient à chacune de ces causes naturelles dans le phénomène.

C'est ainsi qu'on réduit toutes les matières,

1° Aux terres qui en représentent en quelque sorte le poids ;

2° Aux sels et aux substances combustibles qui sont comme la force ;

3° A l'eau et à l'air comme à des véhicules, à des machines au moyen desquelles agissent les éléments précédents ;

Cela afin d'expliquer les actions chimiques des matières entre elles suivant l'idée d'un mécanisme.

L'on ne s'exprime pas réellement ainsi ; néanmoins cette influence de la raison sur les divisions des physiciens n'est pas difficile à percevoir.

CHAPITRE MCCXCV

DE L'USAGE APODICTIQUE ET DE L'USAGE HYPOTHÉTIQUE DE LA RAISON.

Voulons-nous considérer dans la raison la faculté de dériver le particulier du général ?

Alors de deux choses l'une :

Ou bien le général est déjà certain en soi et donné. Dans ce cas le jugement suffit pour faire la subsumption ; le particulier est nécessairement déterminé par là. C'est ce que Kant appelle l'usage apodictique de la raison ;

Ou bien le général n'est admis que d'une manière problématique, et comme une simple idée. Le particulier est certain, mais l'universalité de la règle d'où nous croyons voir ce particulier découler est encore un problème. Alors nous rapprochons de cette règle plusieurs cas particuliers, qui tous sont certains, afin de voir s'ils en découlent. Y a-t-il apparence fondée que tous les cas particuliers qu'on peut trouver en dérivent? On conclut à l'universalité de la règle, puis de celle-ci à tous les cas particuliers qui ne sont pas donnés en soi. C'est ce que nous nommerons avec Kant l'usage hypothétique de la raison.

CHAPITRE MCCXCVI

DE LA VÉRITABLE PORTÉE DE L'USAGE HYPOTHÉTIQUE DE LA RAISON.

L'usage hypothétique de la raison se fonde donc sur des idées admises comme concepts problématiques. Il n'est pas constitutif; il n'est pas de telle nature qu'à en juger en toute rigueur on puisse en déduire la vérité de la règle générale prise pour hypothèse.

Comment pourrait-on jamais arriver à connaître toutes les conséquences possibles qui, dérivant d'un même principe, en prouvent l'universalité?

Cet usage n'est donc que régulateur; il sert à mettre autant qu'il est possible de l'unité dans les connaissances particulières, et à rapprocher ainsi la règle de l'universalité.

CHAPITRE MCCXCVII

DE L'OBJET DE L'USAGE HYPOTHÉTIQUE DE LA RAISON.

L'usage hypothétique de la raison a donc pour objet l'unité systématique des connaissances de l'entendement; cette unité est la pierre de touche de la vérité des règles.

Réciproquement l'unité systématique n'est qu'une simple idée. C'est une unité projetée. On ne peut pas la considérer comme donnée, mais seulement comme problématique. Elle sert à trouver un principe à la diversité des choses et à l'usage particulier de l'entendement. Elle aide par là à diriger celui-ci vers les cas qui ne sont pas donnés, elle le met d'accord avec lui-même.

CHAPITRE MCCXCVIII

DE L'UNITÉ SYSTÉMATIQUE DE LA RAISON COMME SUBJECTIVE ET COMME OBJECTIVE.

L'unité synthétique ou rationnelle des connaissances diverses de l'entendement est un principe logique. Là où l'entendement ne suffit pas seul aux règles, ce principe sert à lui venir en aide au moyen des idées. En même temps il donne à la diversité de ces règles l'unité systématique d'un principe, et par là une liaison aussi étendue que possible.

Mais s'agit-il de décider si la nature des objets, ou celle de l'entendement qui les connait ainsi, est destinée en soi à l'unité systématique? Faut-il décider si l'on peut, dans une certaine mesure, la postuler à priori, même abstraction faite d'un tel intérêt de la raison? Faut-il dire que toutes les connaissances possibles, y compris les connaissances empiriques, ont leur unité rationnelle? Ajouterons-nous qu'elles sont soumises à des principes communs, d'où elles peuvent être dérivées, malgré leur diversité? Ce serait poser là un principe transcendental de la raison, qui rendrait l'unité systématique nécessaire, non plus seulement d'une manière subjective et logique comme méthode, mais d'une manière objective.

CHAPITRE MCCXCIX

EXEMPLE TIRÉ DU CONCEPT DE FORCE.

Expliquons ceci par un cas de l'usage de la raison.

Parmi les diverses espèces d'unité, auxquelles on arrive en suivant les concepts de l'entendement, se trouve aussi cette unité de la causalité d'une substance qu'on appelle force.

Les divers phénomènes d'une même substance montrent au premier aspect beaucoup d'hétérogénéité. Aussi commence-t-on nécessairement par y admettre presque autant de forces qu'il s'y manifeste d'effets. Ainsi, dans l'âme humaine, on admet la sensation, la conscience, l'imagination, le souvenir, l'esprit, le plaisir, le désir, etc.

Une maxime logique ordonne d'abord de restreindre autant que possible cette diversité apparente. On tâche de découvrir par comparaison l'identité cachée. On cherche par exemple si le souvenir ne serait pas l'imagination unie à la conscience. L'esprit et le discernement ne seraient-ils pas l'entendement et la raison, etc.?

La logique ne nous démontre pas, il est vrai, l'existence d'une faculté fondamentale. Néanmoins cette existence est au moins le problème d'une représentation systématique de la diversité de nos facultés.

Le principe logique de la raison exige que l'on constitue autant que possible cette unité. Plus les phénomènes de telle faculté et de telle autre seront trouvés identiques entre eux, plus il sera vraisemblable qu'ils ne sont que les manifestations d'une seule et même faculté. Nous l'appellerons, — comparativement, — leur faculté fondamentale. Il en est de même pour les autres.

CHAPITRE MCCC

SUITE. — L'UNITÉ FONDAMENTALE DES FORCES CONSIDÉRÉE D'ABORD COMME HYPOTHÉTIQUE.

Les forces comparativement fondamentales doivent être à leur tour comparées entre elles. En découvrant leurs points de contact et leur accord, on les rapproche d'une seule force radicalement, c'est-à-dire absolument, fondamentale.

Mais cette unité rationnelle est simplement hypothétique.

On n'affirme pas qu'une telle force doive être trouvée en effet. On se borne à dire qu'on doit la chercher dans l'intérêt de la raison. On ramènera ainsi à certains principes les diverses règles que l'entendement peut fournir. Par tout où cela est possible, il faut chercher à introduire ainsi dans la connaissance une unité systématique.

CHAPITRE MCCCI

L'UNITÉ FONDAMENTALE DES FORCES CONSIDÉRÉE COMME DOUÉE D'UNE RÉALITÉ OBJECTIVE.

Faisons attention à l'usage transcendental de l'entendement, nous apercevrons que cette idée d'une force fondamentale en général n'est pas seulement déterminée comme un problème pour l'usage hypothétique ; elle offre une réalité objective, par laquelle l'unité synthétique des diverses forces d'une substance est postulée. Un principe apodictique de la raison est ainsi constitué.

Nous n'avons peut-être pas encore cherché l'accord des diverses forces. Ou peut-être l'avons-nous fait, mais avons-nous échoué dans toutes nos tentatives pour le découvrir. Nous n'en présupposons pas moins qu'il doit y avoir un accord de ce genre.

Ce n'est pas seulement, comme dans le cas cité, à cause de l'unité de substance. Admettons plusieurs substances, quoique jusqu'à un certain point analogues, comme dans la matière en général. La raison n'en présuppose pas moins l'unité systématique de diverses forces. Les lois particulières de la nature rentrent sous des lois plus générales. L'économie des principes n'est pas seulement un principe économique de la raison, mais une loi interne de la nature.

CHAPITRE MCCCII

L'UNITÉ RATIONNELLE DES RÈGLES REPOSANT SUR UN PRINCIPE TRANSCENDENTAL.

Comment un principe logique de l'unité rationnelle des règles pourra-t-il avoir lieu ? C'est parce que l'on présuppose un principe transcendental, au moyen duquel cette unité systématique est admise à priori, comme nécessairement inhérente aux objets mêmes.

De quel droit la raison, dans son usage logique, pourra-t-elle vouloir traiter comme une unité cachée la diversité des forces que la nature nous fait connaître? De quel droit les dérivera-t-elle, autant qu'il est en elle, de quelque force fondamentale? Mais pour qu'elle puisse cela faire, il faut bien la regarder comme forcée de reconnaître que toutes les forces ne sont pas hétérogènes? Il faut bien qu'elle regarde l'unité systématique de leur dérivation comme conforme à la nature. S'il en était autrement, elle agirait contrairement à sa destination ; elle se proposerait pour but une idée tout à fait opposée à la constitution de la nature.

On ne peut pas dire non plus qu'elle ait tiré d'abord de la constitution contingente de la nature cette unité conforme à ses principes.

La loi de la raison qui veut qu'on cherche cette unité est une loi nécessaire. Sans elle, il n'y aurait plus de raison. Sans raison, plus d'usage régulier de l'entendement. Sans cet usage, plus de marque suffisante de la vérité empirique. Par conséquent, nous devons, en vue de celle-ci, présupposer l'unité systématique de la nature, comme ayant une valeur objective et comme nécessaire.

CHAPITRE MCCCIII

L'UNITÉ TRANSCENDENTALE ET LES PHILOSOPHES

Cette supposition transcendentale, nous la trouvons cachée d'une manière étonnante dans les principes des philosophes, ce qui ne veut pas dire qu'ils l'aient toujours reconnue, ou qu'ils se la soient toujours avouée à eux-mêmes.

Tous les philosophes reconnaissent que toutes les diversités des choses individuelles n'excluent pas l'identité de l'espèce; les diverses espèces doivent être traitées comme les différentes déterminations d'un petit nombre de genres, et ceux-ci comme dérivant de genres plus élevés encore. Il faut chercher une certaine unité systématique de tous les concepts empiriques possibles, et les dériver de concepts plus élevés et plus généraux. Tous les philosophes voient parfaitement là une règle d'école ou un principe logique, sans lequel il n'y aurait plus d'usage de la raison. Nous ne pouvons conclure du général au particulier, qu'autant que nous admettons en principe des propriétés générales des choses, sous lesquelles rentrent les propriétés particulières.

Mais les philosophes ont encore mieux fait.

CHAPITRE MCCCIV

ENTIA NON SUNT MULTIPLICANDA PRŒTER NECESSITATEM.

Cette harmonie n'est pas seulement un principe logique. Elle se trouve aussi dans la nature. C'est ce que supposent les philosophes, dans cette règle scolastique si connue : il ne faut pas multiplier les êtres sans nécessité.

On veut dire par là que la nature même des choses offre une matière à l'unité rationnelle. La diversité peut être infinie en apparence, mais elle ne doit pas nous empêcher de soupçonner derrière elle l'unité des propriétés fondamentales, d'où dérive la variété, au moyen de diverses déterminations.

Cette unité n'est qu'une idée. Cependant elle a été de tout temps recherchée avec ardeur. Tellement qu'il a paru plus urgent de modérer le désir de l'atteindre que de l'encourager.

On serait peut-être tenté de croire que c'est là un procédé purement économique de la raison, pour s'épargner de la peine autant que possible. On pourrait également y voir un essai hypothétique qui, quand il réussit, donne, par cette unité même, de la vraisemblance au principe d'explication supposé.

Mais il est très-facile de distinguer un dessein aussi intéressé, de l'idée d'après laquelle chacun suppose que cette unité rationnelle est conforme à la nature même. Ici la raison ne prie pas. Elle commande, bien qu'elle ne puisse pas déterminer les limites de cette unité.

CHAPITRE MCCCV

DE L'HOMOGÉNÉITÉ.

Veut-on qu'entre les phénomènes qui s'offrent à nous il y ait une grande diversité ? — Celle-ci peut exister quant à la forme, comme aussi ils peuvent se ressembler sous ce rapport. Elle existera surtout quant à la matière, c'est-à-dire quant à la variété des êtres existants. — Veut-on surtout que cette diversité soit telle que l'intelligence humaine la plus pénétrante ne put, en les comparant les uns avec les autres, trouver la moindre ressemblance entre eux? — C'est là un cas que l'on peut bien concevoir.— Alors il n'y aura plus place pour la loi logique des espèces. Il n'y a même plus de concept de genre ou de concept général. Dès lors plus d'entendement; l'entendement n'a affaire qu'à des concepts généraux.

Le principe logique des genres suppose donc un principe transcendental. Sans ce dernier, il ne saurait être appliqué à la nature, par où nous n'entendons que les objets qui nous sont donnés.

Suivant ce principe, dans la diversité d'une expérience possible, l'homogénéité est nécessairement supposée, ce qui ne veut pas dire que nous prétendions en déterminer le degré à priori. Sans cette homogénéité, il n'y aurait plus de concepts empiriques, partant plus d'expérience possible.

CHAPITRE MCCCVI

DE LA SPÉCIFICATION.

Le principe logique de l'homogénéité ou des genres postule l'identité. En face de lui se pose un autre principe, celui des espèces.

Malgré l'accord des choses sous un même genre, l'esprit a besoin de leur variété et de leurs diversités. L'entendement ne fait pas moins attention aux espèces qu'aux genres.

Ce principe de pénétration, ou de discernement, tempère beaucoup la légèreté du premier, de l'esprit, il le force à se tenir à sa place, et à se contenir dans ses justes limites. La raison se trouve ici placée entre deux intérêts opposés, d'une part celui de la généralité ou de l'extension par rapport aux genres, et d'autre part celui de la déterminabilité ou de la compréhension par rapport aux espèces. Dans le premier cas, l'entendement pense un plus grand nombre de choses sous ses concepts. Dans le second, il pense davantage sous chacun d'eux.

Cette opposition se manifeste même dans les méthodes très-diverses des physiciens. Les uns, particulièrement les spéculatifs, sont ennemis de la diversité; ils cherchent partout l'unité du genre. Les autres, surtout les esprits empiriques, travaillent incessamment à diviser la nature en ses variétés. Ils nous feraient presque désespérer d'en juger les phénomènes d'après les principes généraux.

CHAPITRE MCCCVII

DE LA SPÉCIFICATION SOUS LE RAPPORT LOGIQUE.

Cette dernière méthode se fonde évidemment aussi sur un principe logique, qui a pour but la perfection systématique de toutes les connaissances. C'est à quoi nous tendons lorsque, commençant par le genre, nous descendons aux variétés qui peuvent y être contenues, et que nous cherchons par là à donner de l'étendue au système. De même, dans le premier cas, en remontant vers le genre nous cherchons à lui donner de la simplicité.

La sphère du concept qui désigne un genre, tout comme l'espace qu'occupe une matière, ne saurait nous faire voir jusqu'où peut aller la division.

Tout genre exige diverses espèces, qui à leur tour exigent diverses sous-espèces. A son tour aucune de ces dernières n'a lieu sans avoir aussi une sphère, une extension, comme concept commun. La raison veut, dans toute son étendue, qu'aucune espèce ne soit considérée en elle-même comme la dernière.

Chacune est toujours un concept qui ne contient que ce qui est commun à diverses choses. Celui-ci ne peut donc jamais être complétement déterminé ; il ne peut pas être immédiatement rapporté à un individu. En d'autres termes, il doit toujours renfermer d'autres concepts, c'est-à-dire des sous-espèces. Cette loi de la spécification pourrait s'exprimer ainsi : la diversité des êtres ne doit pas être diminuée témérairement.

CHAPITRE MCCCVIII

DE LA SPÉCIFICATION SOUS LE RAPPORT TRANSCENDANTAL.

Mais on voit aisément ce qui donne à cette loi logique son sens et sa possibilité d'application. C'est qu'elle a pour fondement une loi transcendantale de la spécification.

Cette loi n'exige sans doute pas une infinité réelle de diversités dans les choses qui peuvent devenir les objets de notre connaissance. Le principe logique se borne à affirmer l'indéterminabilité des sphères logiques par rapport à la division possible; par conséquent il n'y donne pas sujet. Mais cette loi prescrit à l'entendement de chercher des sous-espèces sous chaque espèce qui se présente à nous. Sous chaque différence, elle nous fait chercher des différences plus petites encore. S'il n'y avait pas de concepts inférieurs, il n'y aurait pas non plus de supérieurs.

Or l'entendement ne connait rien que par des concepts. Aussi loin qu'il aille dans la division, il ne connait jamais rien par la simple intuition, il a toujours besoin de concepts inférieurs.

La connaissance des phénomènes dans leur complète détermination n'est possible que par l'entendement. Elle exige :

1º Une spécification de nos concepts incessamment continuée;

2º Une progression constante vers des différences qui restent encore, mais dont on a fait abstraction dans le concept de l'espèce, et à plus forte raison dans celui du genre.

CHAPITRE MCCCIX

DE LA SPÉCIFICATION ET DE L'EXPÉRIENCE.

La loi de la spécification ne peut pas non plus être tirée de l'expérience; celle-ci ne saurait ouvrir des perspectives aussi étendues.

La spécification empirique, livrée à elle-même, s'arrête dans la distinction de la diversité. Mais elle est forcée à marcher par la loi transcendentale de la spécification. Celle-ci précède la spécification empirique à titre de principe de la raison. Elle la pousse à chercher toujours cette diversité et à ne pas cesser de la soupçonner, alors même qu'elle ne se montre pas à nos sens.

Il n'y a d'entendement possible pour nous que sous la supposition des différences dans la nature. Ce même entendement n'est cependant possible que sous la condition que les objets de la nature aient entre eux de l'homogénéité ; la variété de ce qui peut être compris sous un concept constitue l'usage de ce concept et l'occupation de l'entendement.

CHAPITRE MCCCX

DES TROIS LOIS DE LA RAISON DANS SES RAPPORTS AVEC L'ENTENDEMENT.

D'après ce qui précède, la raison prépare à l'entendement son champ :

1° Par le principe de l'homogénéité du divers sous des genres supérieurs ;

2° Par celui de la variété de l'homogène sous des espèces inférieures.

Pour compléter l'unité systématique, la raison y joint encore :

3° La loi de l'affinité de tous les concepts, c'est-à-dire une loi qui ordonne de passer continuellement de chaque espèce à chaque autre, au moyen de l'accroissement graduel de la diversité.

Nous avons appelé les deux premiers principes, principes de l'homogénéité et de la spécification ; nous désignerons le troisième sous le nom de principe de la continuité des formes.

Ce dernier résulte de l'union que l'on établit entre les deux premiers, lorsqu'on s'élève à des genres supérieurs, ou qu'on descend à des espèces inférieures, et qu'on a ainsi accompli en idée l'unité systématique. Alors toutes les variétés sont liées entre elles; elles dérivent toutes d'un seul genre supérieur, en passant par tous les degrés d'une détermination plus étendue.

CHAPITRE MCCCXI

UNITÉ SYSTÉMATIQUE DES TROIS PRINCIPES LOGIQUES.

L'unité systématique des trois principes logiques peut être rendue sensible de la manière suivante :

Chaque concept peut être conçu comme un point, qui est semblable au point de vue d'un spectateur. Il a son horizon. Il permet de saisir et d'embrasser une multitude de choses.

Dans l'intérieur de cet horizon, il peut y avoir une multitude infinie de points de vue, dont chacun à son tour a des horizons plus étroits.

Cela revient à dire que chaque genre contient des espèces, et chaque espèce des sous-espèces, suivant le principe de la spécification. L'horizon logique ne se compose que de plus petits horizons, de sous-espèces, et nullement d'individus, c'est-à-dire de points sans circonscription.

A divers horizons, c'est-à-dire à divers genres déterminés par autant de concepts, on peut se représenter un horizon commun, un genre plus élevé, d'où on embrasse tous les autres comme d'un point central. Puis l'on en conçoit un plus élevé encore. Enfin l'on atteint ainsi le genre le plus haut, l'horizon général vrai. Ce genre est déterminé du point de vue du concept le plus élevé ; il embrasse toute la variété des genres, des espèces et des sous-espèces.

CHAPITRE MCCCXII

DE LA CONTINUITÉ DES FORMES COMME LIEN ENTRE L'HOMOGÉNÉITÉ ET LA SPÉCIFICATION.

C'est au plus élevé de tous les points de vue que nous conduit la loi de l'homogénéité ; celle de la spécification nous conduit à tous les points de vue inférieurs et à leur extrême variété.

De cette manière, il n'y a point de vide dans le vaste cercle de tous les concepts possibles. En dehors de ce cercle, on ne peut d'ailleurs rien trouver. La supposition de cet horizon général et sa complète division engendrent ce principe : il n'y a pas de vide dans les formes, il n'y a pas divers genres originaires et premiers, qui soient en quelque sorte séparés les uns des autres par des espaces vides. Tous les genres divers ne sont que des divisions d'un genre suprême, unique, universel.

De ce principe dérive celui de la continuité des formes comme en étant la conséquence immédiate. Toutes les différences des espèces touchent les unes aux autres. On ne saurait passer de celle-ci à celle-là par un saut brusque ; il faut traverser, sans en sauter un seul, tous les degrés inférieurs de la différence, ceux-ci en nombre infini. Dans le concept de la raison, il n'y a pas espèces et sous-espèces qui soient les plus rapprochées entre elles. Il y a encore et toujours des espèces intermédiaires qui diffèrent moins les unes des autres que de la première et de la seconde.

CHAPITRE MCCCXIII

USAGE DES TROIS LOIS DE LA RAISON.

La première loi empêche qu'on ne s'égare dans la variété des genres originaires et recommande l'homogénéité.

La seconde limite ce penchant pour l'uniformité ; elle ordonne que l'on tienne compte de la distinction des sous-espèces, avant de se tourner avec son concept général vers l'individu.

La troisième réunit les deux autres. Elle fait de l'homogénéité une règle, jusques dans la plus extrême variété, au moyen du passage graduel d'une espèce à l'autre. De là résulte une espèce de parenté entre différentes branches sortant toutes d'un même tronc.

CHAPITRE MCCCXIV

DE LA CONTINUITÉ TRANSCENDANTALE.

C'est une loi logique de notre intelligence que celle de la continuité dans les formes. Elle présuppose évidemment la loi transcendentale de la continuité des espèces dans la nature. Sans la seconde la première pourrait bien égarer l'entendement et lui faire prendre un chemin opposé à celui de la nature.

Pour qu'il n'en soit pas ainsi, il faut nécessairement que cette loi repose sur des principes purement transcendentaux, et non sur des principes empiriques.

Dans ce dernier cas, elle n'arriverait qu'après les systèmes; c'est elle au contraire qui a produit tout ce qu'il y a de systématique dans la connaissance de la nature.

Il ne faudrait pas voir derrière ces lois le dessein caché d'en faire l'épreuve à titre de simple essai. Sans doute, quand cet enchaînement se rencontre, il fournit un puissant motif de tenir pour fondée l'unité hypothétiquement conçue. Sans doute, sous ce rapport ces lois ont aussi leur utilité. Mais il est clair qu'elles jugent rationnelles en soi et conformes à la nature: 1° l'économie des causes premières, 2° la diversité des effets, et, par conséquent, 3° l'affinité des membres de la nature. Ainsi ces principes se recommandent directement et non pas seulement comme des procédés de méthode.

CHAPITRE MCCCXV

LA CONTINUITÉ N'ÉTANT QU'UNE SIMPLE IDÉE.

On voit aisément que cette continuité des formes n'est qu'une simple idée; on ne saurait trouver dans l'expérience aucun objet y correspondant. En effet les espèces dans la nature sont réellement divisées. Elles forment en soi un quantum discret. Le progrès graduel entre les espèces ne saurait donc en réalité être continu. S'il l'était réellement, il y aurait aussi une véritable infinité d'espèces intermédiaires entre deux espèces données, ce qui est impossible.

En outre nous ne pouvons faire de cette loi aucun usage déterminé ; elle ne nous indique pas le moindre criterium d'affinité, d'après lequel nous puissions chercher, jusqu'à une certaine limite, la série graduelle de la diversité. Elle ne nous offre que cette indication générale d'avoir à la chercher.

CHAPITRE MCCCXVI

L'UNITÉ RATIONNELLE DÉPASSANT DE BEAUCOUP LA SPHÈRE DE L'EXPÉRIENCE.

Transvertissons l'ordre des principes que nous venons de citer. Disposons-les conformément à l'usage de l'expérience. Alors les divers principes de l'unité systématique pourraient bien se formuler ainsi : diversité, affinité, unité. Chacun de ces principes est ici pris comme idée, dans le degré le plus élevé de sa perfection.

La raison suppose les connaissances de l'entendement, lesquelles sont immédiatement appliquées à l'expérience. Puis elle en cherche l'unité suivant les idées. Cette unité va beaucoup plus loin que ne peut aller l'expérience.

Ce n'est pas seulement les choses que concerne l'affinité du divers, sous un principe d'unité, sans préjudice de la diversité. Il concerne beaucoup plus encore les simples qualités et propriétés des choses.

Par exemple, le cours orbiculaire des planètes nous est

donné comme circulaire, par une expérience qui n'est pas encore parfaitement déterminée. Nous trouvons dans leur orbite des différences avec le cercle parfait. Nous soupçonnons à l'instant que ces différences sont des déviations du cercle résultant d'une loi constante; qui fait passer cet orbite par tous les degrés intermédiaires à l'infini. Cela veut dire que les mouvements des planètes, qui ne sont pas circulaires, se rapprochent plus ou moins des propriétés du cercle, et tombent ainsi dans l'ellipse.

Autant que l'observation permet d'en juger, les comètes montrent encore une plus grande différence dans leurs orbites. Elles ne se meuvent pas en cercle, autant du moins que l'observation permet d'en juger. Mais nous leur soupçonnons un cours parabolique très-voisin de l'ellipse. Nos observations ne peuvent même pas l'en distinguer lorsque le grand axe est très-étendu.

C'est ainsi, qu'en suivant la direction de ces principes, nous arrivons à l'unité générique de ces orbites dans leur forme. Par là nous arrivons à l'unité des causes de toutes les lois de leur mouvement, la gravitation. Partant de là, nous étendons nos conquêtes. Nous cherchons à nous expliquer par le même principe toutes les variétés et toutes les apparentes dérogations à ces règles. Enfin nous ajoutons plus que l'expérience ne peut jamais confirmer, nous allons jusqu'à concevoir, — toujours suivant les règles de l'affinité, — des courses hyperboliques de comètes. Nous nous figurons ces corps abandonnant tout à fait notre monde solaire. Ils vont de soleil en soleil, ils unissent dans leurs parcours les parties les plus éloignées du système du monde. Pour nous il est sans bornes; mais nous le lions par une seule et même force motrice. Nous l'avons déjà fait remarquer, et nous l'avons déjà nommée; c'est la gravitation.

CHAPITRE MCCCXVII

DE L'ESPÈCE D'OBJECTIVITÉ PROPRE AUX TROIS LOIS DE LA RAISON.

Ce qu'il y a de remarquable dans ces principes, et ce qui d'ailleurs nous occupe uniquement, c'est qu'ils semblent être transcendentaux. Ils ne contiennent que de simples idées pour l'accomplissement de l'usage empirique de la raison. Cet usage ne peut même les suivre que d'une manière asymptotique, c'est-à-dire de plus en plus approximative. Néanmoins ce sont des principes synthétiques à priori. Comme tels, ils ont une valeur objective, quoique indéterminée. Ils servent de règles à l'expérience possible. Ils sont même réellement employés avec succès comme principes *euristiques* dans le travail de l'expérience. Il ne faudrait pas cependant vouloir en établir une déduction transcendentale ; cela, nous l'avons montré plus haut, est toujours impossible par rapport aux idées.

CHAPITRE MCCCXVIII

LES LOIS DE LA RAISON PURE NE POUVANT JAMAIS AVOIR UN USAGE CONSTITUTIF.

Dans l'analytique transcendentale, et parmi les principes de l'entendement, nous avons distingué les principes dynamiques, qui sont simplement régulateurs de l'intuition, d'avec les principes mathématiques, qui sont constitutifs par rapport à cette même intuition.

Malgré cette distinction, les lois regardées comme dynamiques sont certainement constitutives par rapport à l'expérience. Elles rendent possibles à priori les concepts sans lesquels aucune expérience n'a lieu.

Les principes de la raison pure, au contraire, ne peuvent jamais être constitutifs par rapport aux concepts empiriques. Aucun schème correspondant de la sensibilité ne peut leur être donné; ils ne peuvent par conséquent avoir aucun objet dans le monde de l'expérience.

Ici une question se présente. Voilà que nous renonçons à nous servir des principes de la raison comme principes constitutifs. Dès lors comment pouvons-nous vouloir leur assurer un usage régulateur, et leur attribuer une valeur objective? Quel sens cela peut-il avoir?

CHAPITRE MCCCXIX

DE LA RAISON OPÉRANT SUR L'ENTENDEMENT.

L'entendement fait, pour la raison, précisément ce que fait la sensibilité pour l'entendement.

L'œuvre de la raison est de constituer systématiquement l'unité de tous les actes empiriques possibles de l'entendement, de même que celle de ce dernier est de relier par des concepts la diversité des phénomènes et de la soumettre à des lois empiriques. Sans les schèmes de la sensibilité, tous les actes de l'entendement sont indéterminés. De même l'unité de la raison est indéterminée par elle-même, par rapport aux conditions sous lesquelles l'entendement doit unir systématiquement ses concepts, et au degré où il doit le faire.

On ne peut trouver dans l'intuition aucun schème, pour l'unité systématique complète de tous les concepts de l'entendement. Néanmoins l'analogue d'un schème de ce genre peut et doit être donné. Cet analogue est le maximum de la division de la connaissance intellectuelle et de son union en un seul principe.

Le plus grand et l'absolument parfait peuvent se concevoir d'une manière déterminée ; toutes les conditions restrictives, qui donnent une diversité indéterminée, sont écartées.

L'idée de la raison est l'analogue d'un schème de la sensibilité. Il y a cette différence que l'application des concepts de l'entendement au schème de la raison n'est pas une connaissance de l'objet même, comme l'est l'application des catégories à leurs schèmes sensibles. Elle est seulement une règle, ou un principe de l'unité systématique, de tout usage de l'entendement.

Tout principe, qui assure à priori à l'entendement l'unité complète de son usage, se rapporte, bien qu'indirectement, à l'objet de l'expérience. Les principes de la raison pure s'y rapportent donc ; ils ont une réalité objective, même par rapport à cet objet.

Ce n'est pas sans doute que ces principes y déterminent quelque chose. Mais ils indiquent la marche, suivant laquelle on peut mettre l'usage empirique et déterminé de l'entendement complétement d'accord avec lui-même. Ils le rattachent autant que possible au principe de l'unité universelle, et ils l'en dérivent.

CHAPITRE MCCCXX

DES MAXIMES DE LA RAISON.

Par cela même que la nature de ces principes reste indéterminée, ils ne dérivent pas de la nature de l'objet, mais de l'intérêt de la raison, par rapport à une certaine perfection possible de la connaissance de cet objet. En ce sens, ils sont subjectifs, comme étant autant de règles ou de maximes de la raison.

Il y a donc des maximes de la raison spéculative. Elles reposent uniquement sur l'intérêt spéculatif de cette faculté, bien qu'ils aient l'air d'être des principes objectifs.

CHAPITRE MCCCXXI

DE L'USAGE DES MAXIMES.

Les principes régulateurs de la raison sont ils regardés comme principes constitutifs? Alors ils peuvent être contradictoires en tant que principes objectifs. Les regardons-nous simplement comme des maximes? Il n'y a plus de véritable contradiction. Il n'y a plus que des intérêts divers de la raison, qui donnent lieu à des divergences dans la manière de voir.

Dans le fait la raison n'a qu'un unique intérêt. Le conflit de ces maximes n'est qu'une différence, et une limitation réciproque des méthodes, ayant pour but de donner satisfaction à cet intérêt.

CHAPITRE MCCCXXII

DÉVELOPPEMENTS.

De cette manière l'intérêt de la diversité, suivant le principe de la spécification, l'emportera chez tel philosophe, et l'intérêt de l'unité, suivant le principe de l'homogénéité, chez tel autre.

Chacun d'eux croit tirer son jugement de la vue de l'objet. Chacun le fonde uniquement sur un plus ou moins grand attachement à l'un des deux principes. Aucun ne repose sur des fondements objectifs, mais seulement sur l'intérêt de la raison ; ils méritent le nom de maximes, plutôt que celui de principes.

Les savants disputent entre eux sur la caractéristique des hommes, des animaux, des plantes et même des corps du règne minéral. Par exemple, en ce qui concerne les hommes, les uns admettent, par exemple, des caractères nationaux particuliers et fondés sur l'origine, ou encore des différences décisives et héréditaires de famille, de race, etc. D'autres, au contraire se préoccupent de cette idée que la nature en agissant ainsi a suivi un plan identique ; toute différence d'après eux ne repose que sur des accidents extérieurs.

Nous les laisserons dire et nous prendrons en considération la nature de l'objet. Nous comprenons aussitôt qu'elle est beaucoup trop profondément cachée aux uns et aux autres, pour que personne puisse en parler d'après une véritable connaissance.

Il n'y a ici rien autre chose que le double intérêt de la

raison. Chacun des deux contendants prend à cœur ou affecte d'en prendre à cœur un côté. Cela tient à la différence des maximes touchant la diversité ou l'unité de la nature.

Prises subjectivement et comme simples maximes, leurs différences mêmes servent à nous faire voir les objets sous toutes leurs faces, et elles peuvent rester unies. Mais les tenons-nous pour objectives? elles occasionneront un conflit, elles seront des obstacles qui retarderont longtemps la vérité. Autant du moins que l'on n'aura pas trouvé un moyen de concilier les intérêts en litige, et de tranquilliser la raison sur ce point.

CHAPITRE MCCCXXIII

SUITE DES DÉVELOPPEMENTS.

Il en est de même de la fameuse loi Leibnitzienne de l'échelle continue des créatures. Bonnet l'a excellemment appuyée, mais d'autres l'ont attaquée. Elle n'est qu'une application du principe de la continuité, qui repose sur l'intérêt de la raison. On ne saurait la tirer, à titre d'affirmation objective, de l'observation et de la vue des dispositions de la nature.

Autant que l'expérience peut nous montrer les degrés de cette échelle, ils sont très-éloignés les uns des autres. Les différences, prétendues petites, sont ordinairement des abimes, lorsqu'on les prend dans la nature. Il est donc impossible de demander à des observations de ce genre les desseins mêmes de la nature.

Ce qui entretient dans leur erreur Leibnitz, Bonnet et

leurs disciples, c'est que, dans une grande variété, il doit être très-aisé de trouver des analogies et des rapprochements.

Il en est autrement de la méthode qui consiste à chercher l'ordre de la nature d'après un tel principe, et de la maxime qui veut que l'on regarde cet ordre comme fondé dans une nature en général, sans pourtant déterminer où et jusqu'où il règne. Cette méthode est là certainement un légitime et excellent principe régulateur de la raison. Comme tel, ce principe va sans doute beaucoup trop loin pour que l'expérience ou l'éducation puisse lui être adéquate. Mais, sans rien déterminer, il les met certainement sur la voie de l'unité systématique.

CHAPITRE MCCCXXIV

RÉSUMÉ DU LIVRE CENT-TRENTIÈME.

Par l'enchaînement que les concepts de l'entendement opèrent entre les éléments de la connaissance, ils servent à constituer les séries de leurs conditions. Seule, la raison s'élève à l'idée de la totalité de ces séries, et donne à la connaissance la plus haute unité qu'elle puisse atteindre. Les actes de l'entendement n'y aboutiraient point sans elle.

Mais si nous transformons cet usage régulateur en un usage constitutif, si nous prenons les idées (transcendentales) pour des choses (réelles), alors nous nous égarons dans un monde imaginaire. Cette illusion est si naturelle que nous ne pouvons y échapper; mais, éclairés par la critique, nous ne resterons pas ses dupes. Il nous suffira, pour nous y soustraire, de connaître le véritable et légitime usage des idées transcendentales.

Sans unité, notre connaissance ne serait qu'un agrégat; le rôle de la raison est de la transformer en un tout, un système. Cette unité est purement rationnelle; nous ne la tirons pas de la nature, nous construisons au contraire la nature d'après elle. Mais elle nous est indispensable comme règle pour l'expérience. Ainsi nous sommes conduits à chercher l'identité cachée sous les diversités apparentes. Sous les espèces nous cherchons le genre; la spécification nous conduit à l'homogénéité. Un troisième principe, celui de la continuité des formes, résulte de l'union des deux premiers.

Ces principes ne se fondent pas sur l'expérience, mais ils la dirigent, et lui donnent le caractère d'un système rationnel. Cependant ce ne sont pas non plus de simples procédés de la méthode; s'ils l'étaient, nous ne les jugerions pas comme des lois conformes à la nature des choses. Bien que simples idées rationnelles, ils ont une valeur objective réelle, quoique indéterminée. Réglant l'expérience, ils sont quelque chose pour elle.

Mais précisément par cela même que leur application à l'expérience demeure indéterminée, nous ne devons les considérer que comme des maximes de la raison, destinées à régler l'expérience, et à donner une certaine perfection à notre connaissance. Ce sont autant de méthodes se limitant réciproquement, et dont nous devons user pour le meilleur intérêt de la raison.

LIVRE CENT-TRENTE-UNIÈME

DU BUT FINAL DE LA DIALECTIQUE NATURELLE DE LA RAISON HUMAINE

CHAPITRE MCCCXXV

LES IDÉES DE LA RAISON PURE CONÇUES COMME DEVANT AVOIR UNE DESTINATION BONNE ET UTILE.

Les idées de la raison pure donnent lieu, nous venons de le voir, à des apparences trompeuses, lorsqu'on en fait un usage dialectique, mais elles ne peuvent être trompeuses par elles-mêmes, elles n'en revêtent l'apparence que par le mauvais usage qu'on en fait.

Leur abus seul nous égare. En elles-mêmes, elles nous sont données par la nature de notre raison. Il est impossible que ce tribunal suprême de tous les droits et de toutes les prétentions de notre spéculation renferme en soi des illusions et des prestiges originels.

Très-vraisemblablement, les idées doivent avoir leur bonne et utile destination, dans la constitution naturelle de notre raison.

Mais la tourbe des sophistes crie, comme c'est sa coutume, à l'absurdité et à la contradiction ; elle outrage un gouvernement dont elle ne saurait pénétrer les plans intimes, aux bienfaits duquel elle doit son salut ; elle lui doit cette culture qui la met en état de le blâmer et de le condamner.

La métaphore n'est pas de nous, elle est de Kant lui-même.

CHAPITRE MCCCXXVI

NÉCESSITÉ D'UNE DÉDUCTION TRANSCENDENTALE DES IDÉES DE LA RAISON.

On ne peut pas se servir avec sécurité d'un concept à priori, avant d'en avoir établi la déduction transcendentale. Les idées de la raison pure ne permettent pas, il est vrai, une déduction semblable à celle des catégories. Mais, nous l'avons vu, elles ont une valeur objective, quoique indéterminée; elles ne sont pas simplement de vains êtres d'une raison raisonnante. Il faut absolument qu'il y en ait une déduction possible, cette déduction s'écartât-elle beaucoup de celle que comportent les catégories.

C'est là ce qui complète l'œuvre de la raison pure; c'est là ce que Kant veut maintenant entreprendre. Il ne regardera sa tâche comme terminée que lorsqu'il l'aura complétée par ce dernier travail.

CHAPITRE MCCCXXVII

DÉFINITION DE LA DÉDUCTION TRANSCENDENTALE.

Un objet, donné à ma raison comme un objet absolument, n'est pas la même chose que ce même objet en idée. La différence est grande.

Dans le premier cas, nos concepts ont pour but la détermination de l'objet ; dans le second, il n'y a réellement qu'un schème. Aucun objet ne lui est donné directement, ni même hypothétiquement. Il sert uniquement à représenter d'autres objets dans leur unité systématique, au moyen d'un rapport avec cette idée, par conséquent d'une manière indirecte.

Que faisons-nous quand nous disons que le concept d'une intelligence suprême est une simple idée? Nous disons qu'il ne se rapporte directement à aucun objet ; en ce sens nous ne saurions justifier sa valeur objective. Nous ajoutons qu'il n'est qu'un schème du concept d'une chose en général. Ce schème est ordonné suivant les conditions de la plus grande unité rationnelle. Il sert uniquement à maintenir la plus grande unité systématique dans l'usage empirique de notre raison. L'objet de l'expérience est par là dérivé en quelque sorte de l'objet imaginaire de cette idée, comme de son principe ou de sa cause.

Cela revient à dire, par exemple, que les choses du monde doivent être envisagées comme si elles tenaient leur existence d'une intelligence suprême.

De cette manière l'idée n'est proprement qu'un concept *euristique,* mais non *ostensif,* — deux mots de Kant, mais que ce qui suit se charge suffisamment d'expliquer. — Elle ne nous montre pas la nature de l'objet; elle nous fait voir comment, sous sa direction, nous devons chercher la nature et l'enchaînement des objets de l'expérience en général.

Prenons les trois espèces d'idées transcendentales, psychologiques, cosmologiques et théologiques. Supposons qu'elles ne se rapportent directement à aucun objet qui leur corresponde, ni à sa détermination. Leur objet ne sera plus qu'un objet en idée. Sous cette supposition, toutes les règles de l'usage empirique de la raison n'en conduisent pas moins à l'unité systématique. Elles étendent toujours la connaissance de l'expérience, sans pouvoir jamais lui être contraires. C'est alors une maxime nécessaire de la raison de procéder d'après des idées de ce genre.

C'est là la déduction transcendentale de toutes les idées de la raison spéculative. Nous ne trouverons pas en elles des principes constitutifs, servant à étendre notre connaissance à plus d'objets que l'expérience n'en peut donner; nous y verrons des principes régulateurs de l'unité systématique des éléments divers de la connaissance empirique en général. Ainsi elle est mieux construite et mieux justifiée, même dans ses propres limites qu'elle ne pourrait l'être sans le secours de ces idées, par le simple usage des principes de l'entendement.

CHAPITRE MCCCXXVIII

ÉCLAIRCISSEMENTS.

Kant va tâcher de rendre ceci plus clair.

Prenons, nous dit-il, les idées pour principes, d'abord en psychologie. Par elles, nous rattacherons au fil conducteur de l'expérience interne tous les phénomènes, tous les actes, toute la réceptivité de notre esprit. Nous nous conduirons vis-à-vis de lui comme s'il était une substance simple, subsistant, au moins pendant la vie, avec identité personnelle, pendant que ses états, — ceux du corps n'en font partie que comme condition extérieure, — changent continuellement.

En cosmologie, nous poursuivrons, sans jamais nous arrêter, la recherche des conditions des phénomènes naturels, externes ou internes, comme si elle était infinie en soi et s'il n'y avait pas de terme suprême. Nous ne nierons pas pour cela qu'en dehors de tous les phénomènes, il ne puisse y avoir des causes premières, purement intelligibles, de tous les phénomènes; mais nous ne nous permettrons jamais non plus de les introduire dans l'ensemble des explications naturelles, puisque nous ne les connaissons pas du tout.

En théologie, nous considérerons tout ce qui ne peut appartenir qu'à l'ensemble de l'expérience possible, comme si elle formait une unité absolue. Cette unité sera entièrement dépendante et toujours conditionnelle, dans les limites du monde sensible. En même temps l'ensemble de tous les phénomènes, c'est-à-dire le monde sensible lui-même, aura, en dehors de sa sphère, un principe suprême unique et absolument suffisant, une raison originaire et créatrice subsistant par elle-même.

Ainsi nous règlons tout usage empirique de notre raison, dans sa plus grande extension, comme si les objets mêmes étaient sortis de ce prototype de toute raison.

Remarquons-le bien, nous ne nous regardons pas, pour cela, comme objectivement certains que les phénomènes intérieurs de l'âme dérivent réellement d'une substance pensante simple. Cela veut dire seulement que nous les faisons dériver les uns des autres suivant l'idée d'un être simple. De même Kant ne regarde pas comme apodictivement démontré que l'ordre du monde et son unité systématique dérivent d'une intelligence suprême; mais ils tirent, d'après lui, de l'idée d'une cause souverainement sage, la règle d'après laquelle la raison doit procéder pour sa plus grande satisfaction dans la liaison des causes et des effets dans le monde.

CHAPITRE MCCCXXIX

DES IDÉES TRANSCENDENTALES AU POINT DE VUE HYPOSTATIQUE.

Rien ne nous empêche d'admettre aussi ces idées comme objectives et hypostatiques. Nous ne ferons qu'une seule exception, nous n'hypostasierons pas l'idée cosmologique, la raison s'y heurte contre une antinomie quand elle veut la réaliser ; mais l'idée psychologique et l'idée ontologique sont très-réalisables, elles ne contiennent aucune antinomie de ce genre.

Il n'y a pas en elles de contradiction. Dès lors comment pourrait-on nous en contester la réalité objective ? Personne n'en sait plus que nous touchant leur possibilité. Personne plus que nous ne peut, soit la nier, soit l'affirmer.

Toutefois Kant pense que, pour admettre quelque chose, il ne suffit pas qu'il n'y ait aucun empêchement positif. Il ne peut pas, dit-il, nous être permis d'introduire des êtres de raison comme des objets réels et déterminés, sur la foi seule de la raison spéculative. Dans son ardeur à pousser son œuvre jusqu'au bout, elle prend des idées pour des intuitions. Ces idées ne sont que des êtres de raison, qui, sans contredire aucun de nos concepts, les dépassent tous.

Nous ne devons donc pas, d'après Kant, les admettre en soi. Seulement nous leur attribuerons la réalité d'un schème, comme principe régulateur de l'unité systématique de toute connaissance naturelle. Nous ne les prendrons pas pour fondement comme étant des choses réelles en soi, mais seulement comme des analogues de choses réelles.

Nous écartons de l'objet de l'idée les conditions qui restreignent le concept de notre entendement; mais seules aussi elles nous permettent d'avoir d'une chose quelconque un concept déterminé.

Nous pensons alors quelque chose dont la nature intime échappe à tous nos concepts. Nous le lions cependant à l'ensemble des phénomènes, par un rapport analogue à celui que les phénomènes ont entre eux.

CHAPITRE MCCCXXX

DE LA VÉRITABLE PORTÉE DES IDÉES SPÉCULATIVES.

Admettons-nous des êtres idéaux de ce genre? Par eux, nous n'étendons pas à proprement parler notre connaissance au delà des objets de l'expérience possible. Nous étendons seulement l'unité empirique de celle-ci au moyen de l'unité systématique. Le schème nous en est donné par l'idée. Celle-ci n'a pas la valeur d'un principe constitutif, mais d'un principe régulateur.

Posons une chose correspondant à l'idée, un quelque chose, un être réel. S'ensuit-il de là que nous voulions étendre notre connaissance réelle des choses, au moyen de concepts transcendentaux? Non. Cet être n'est pris pour fondement qu'en idée et non comme un être en soi. Il ne nous sert que comme moyen d'exprimer l'unité systématique qui doit nous servir de règle dans l'usage empirique de la raison. Mais nous ne pourrons rien décider sur le principe de cette unité, ou sur la nature intime de l'être qui en est la cause et le fondement.

CHAPITRE MCCCXXXI

DU CONCEPT DÉISTE, COMME DU SEUL CONCEPT TRANSCENDENTAL DÉTERMINÉ DE DIEU, QUE PUISSE FOURNIR LA RAISON SPÉCULATIVE.

Le concept déiste, pris dans son sens le plus étroit, est donc le concept transcendental, et le seul déterminé, que nous donne de Dieu la raison spéculative.

La raison ne nous donne pas même la valeur objective de ce concept; elle nous donne seulement l'idée de quelque chose, sur quoi toute réalité empirique fonde sa suprême et nécessaire unité. Nous ne pouvons le concevoir que par analogie à une substance réelle qui serait, suivant des lois rationnelles, la cause de toutes choses. Nous sommes forcés de concevoir ainsi ce quelque chose, quand nous entreprenons de le concevoir absolument comme un objet particulier. Mais, en général, nous aimerons mieux le considérer comme la simple idée du principe régulateur de la raison. Nous laisserons de côté, comme surpassant l'entendement humain, l'achèvement de toutes les conditions de la pensée. Ce dernier point de vue s'accorde mieux avec le but d'une parfaite unité systématique dans notre connaissance, à laquelle d'ailleurs notre raison ne met point de bornes.

CHAPITRE MCCCXXXII

CONSÉQUENCES DE L'ADMISSION D'UN ÊTRE DIVIN.

Admettons, si vous voulez, un être divin. Nous n'avons pas à la vérité le moindre concept de la possibilité interne de sa souveraine perfection, ni de la nécessité de son existence. Mais nous pouvons alors satisfaire à toutes les autres questions qui concernent le contingent. Nous procurons à la raison son plus parfait contentement. Il n'aura pas lieu par rapport à cette supposition même ; ce sera par rapport à la plus grande utilité qu'elle puisse chercher dans son usage empirique. Cela prouve que ce n'est pas sa pénétration, mais bien son intérêt spéculatif, qui l'autorise à partir d'un point si haut placé au dessus de sa sphère. De là elle envisage ses objets comme dans un ensemble parfait.

CHAPITRE MCCCXXXIII

L'ADMISSION RELATIVE DE CERTAINES IDÉES TRANSCENDENTALES N'ENTRAÎNANT PAS NÉCESSAIREMENT LEUR ADMISSION ABSOLUE.

Ici se montre une différence dans la façon de penser dans une seule et même supposition. Elle est assez subtile, mais elle a pourtant une grande importance dans la philosophie transcendentale.

Nous pouvons avoir une raison suffisante d'admettre

quelque chose relativement, sans être fondé à l'admettre absolument.

Cette distinction se présente quand il s'agit simplement d'un principe régulateur; nous en connaissons la nécessité en soi, mais non la source. Nous admettons à cet égard une cause suprême, uniquement afin de concevoir d'une manière plus déterminée l'universalité du principe. C'est ce que nous faisons quand nous concevons comme existant un être qui corresponde à une simple idée, à une idée transcendentale.

Nous ne pouvons pas admettre en soi l'existence de cette chose. Il n'y suffit aucun des concepts par lesquels nous pouvons concevoir quelque objet d'une manière déterminée. D'ailleurs, les conditions de la valeur objective de nos concepts sont exclues par l'idée même.

Les concepts de la réalité, de la substance, de la causalité, même ceux de la nécessité dans l'existence, n'ont de sens que dans l'usage par lequel ils rendent possible la connaissance empirique d'un objet. Hors de là, ils n'ont aucun sens qui détermine quelque autre objet.

Ils peuvent servir à l'explication de la possibilité des choses dans le monde sensible. Ils ne serviront pas à celle de la possibilité d'un univers même. Ce principe d'explication devrait être en dehors du monde; par conséquent ils ne saurait être un objet d'expérience possible.

Nous pouvons cependant admettre, relativement au monde sensible, cet être incompréhensible, cet objet d'une simple idée, que nous ne saurions admettre en soi.

CHAPITRE MCCCXXXIV

CONTINUATION DU MÊME SUJET.

Soit l'idée de l'unité systématiquement parfaite, dont nous parlerons bientôt d'une manière plus précise. Admettons qu'elle serve de fondement au plus grand usage empirique possible de notre raison. Admettons en outre que cette idée ne puisse jamais être en soi représentée d'une manière adéquate dans l'expérience. Admettons-la néanmoins comme indispensablement nécessaire pour rapprocher l'unité empirique du plus haut degré possible. Alors nous ne sommes pas seulement autorisés à réaliser cette idée, nous y sommes obligés. Il nous faut lui supposer un objet réel. Cet objet ne pourra être que quelque chose en général que nous ne connaissons pas du tout en soi. Nous lui donnons bien des propriétés analogues aux concepts de l'entendement dans son usage empirique ; mais nous ne les lui attribuons que comme à un principe de cette unité systématique, et relativement à elle.

Nous concevrons donc par analogie aux réalités du monde, aux substances, à la causalité et à la nécessité, un être qui possède tout cela dans la suprême perfection. Cette idée ne repose que sur notre raison ; nous pourrons donc concevoir cet être comme une raison indépendante. C'est elle qui sera la cause de l'univers au moyen des idées de la plus grande harmonie et de la plus grande unité possible.

Pourquoi éliminons-nous ainsi toutes les conditions

qui limitent l'idée? Uniquement afin de rendre possible, grâce à un tel principe, l'unité systématique de la diversité dans l'univers. Par le moyen de cette unité, nous obtenons le plus grand usage empirique possible de la raison. Nous regardons toutes les liaisons des phénomènes comme ordonnées par une raison suprême, dont la nôtre est une faible image.

Nous nous faisons alors une idée de cet être suprême au moyen de purs concepts; ils n'ont proprement leur application que dans le monde sensible. Mais nous n'avons recours à cette supposition que pour un usage relatif. Nous voulons qu'elle nous donne le substratum de la plus grande unité possible d'expérience. Rien ne s'oppose à ce que, au moyen d'attributs qui appartiennent proprement au monde sensible, nous concevions un être que nous distinguons du monde.

Nous ne prétendons nullement connaître cet objet de notre idée, suivant ce qu'il est en soi. Nous n'avons pas le droit d'y prétendre. Nous n'avons point de concepts pour cela. Même les concepts de réalité, de substance, de causalité, ceux aussi de nécessité dans l'existence perdent toute signification; ils ne sont plus que de vains titres de concepts sans aucun contenu ; quand nous nous hasardons à sortir avec eux du champ des choses sensibles.

Nous pouvons bien concevoir la relation d'un être, qui nous est tout à fait inconnu en soi, avec la plus grande unité systématique possible de l'univers; mais c'est à condition de faire de cet être un schème du principe régulateur du plus grand usage possible de notre raison.

CHAPITRE MCCCXXXV

L'ÊTRE SUPRÊME NE POUVANT ÊTRE AFFIRMÉ QUE RELATIVEMENT AU BESOIN QU'EN A NOTRE INTELLIGENCE.

Jetons maintenant nos regards sur l'objet transcendental de notre idée. Nous ne pouvons pas supposer son existence en soi d'après les concepts de réalité, de substance, de causalité, etc. ; ces concepts n'ont pas la moindre application à quelque chose de tout à fait distinct du monde sensible.

La supposition que la raison fait d'un être suprême, comme cause première est donc purement relative. Elle a pour but l'unité systématique du monde sensible. C'est simplement un quelque chose en idée, dont aucun concept ne nous permet de dire ce qu'il est en soi.

Donc, nous avons besoin de l'idée d'un être premier nécessaire en soi, par rapport à ce qui est donné aux sens comme existant, mais nous ne saurons jamais avoir le moindre concept de cet être et de sa nécessité absolue.

CHAPITRE MCCCXXXVI

RÉSUMÉ DU LIVRE CENT-TRENTE-UNIÈME.

Il est un premier point dont la solution est contenue dans les principes précédemment exposés; mais l'auteur veut le mieux faire ressortir ici pour compléter son œuvre critique. C'est ce qu'il nomme la déduction transcendentale des idées de la raison pure.

Si ces idées ne sont pas de vaines fictions, si elles ont une valeur réelle, il doit y en avoir une déduction possible. En d'autres termes, on doit pouvoir déduire cette valeur de leur nature même.

Cette déduction pourra bien différer de celle des catégories de l'entendement, mais elle doit être aussi sûre et aussi solide.

Elle consiste à montrer que toutes les idées de la raison pure sont elles-mêmes des principes. Leur nature, ou fonction, est de servir de règle à l'expérience, en ordonnant les objets suivant une unité systématique nécessaire à sa perfection.

L'erreur est de les prendre pour des principes constitutifs, servant à étendre notre connaissance à plus d'objets que l'expérience n'en peut donner. Elles ne nous font connaître aucun objet réel en dehors de l'expérience. Sous ce rapport nous ne saurions justifier leur valeur objective.

Mais, considérées comme principes régulateurs de l'expérience, elles ont une valeur incontestable.

Là est précisément la solution du problème posé par Kant, ou de la question de leur déduction transcendentale.

C'est pourquoi notre philosophe insiste sur ce point.

CHAPITRE MCCCXXXVII

SUITE DU RÉSUMÉ.

Ainsi, nous servant de ces idées comme d'autant de principes régulateurs, en psychologie nous supposerons que l'âme est une substance simple, identique, personnelle; c'est relativement à cette substance que nous considérerons tous les phénomènes internes, tous les faits de la conscience. Cela ne voudra pas dire que nous soyons objectivement certains qu'il en soit ainsi. Cela veut dire seulement qu'il est dans l'intérêt de la raison que nous dérivions tous ces phénomènes de l'idée d'un être simple.

En cosmologie, nous poursuivrons indéfiniment la recherche des conditions des phénomènes, comme s'il n'y avait dans leur série aucun commencement; nous ne nierons pas pour cela qu'ils puissent avoir hors du monde des principes intelligibles; mais nous ne nous permettrons jamais de les introduire dans l'ensemble des explications naturelles puisque nous ne les connaissons pas du tout.

Enfin en théologie, nous considérerons tout ce qui fait partie de l'expérience possible comme formant en soi une unité absolue, et en même temps comme dépendant d'une cause suprême extérieure, d'une intelligence primitive et créatrice. Nous trouvons dans l'idée de cette cause première vraiment sage, la règle d'après laquelle la raison établit, pour le mieux de sa satisfaction particulière, la liaison entre les causes et les effets existant en ce monde.

CHAPITRE MCCCXXXVIII

FIN DU RÉSUMÉ.

En d'autres termes et plus brièvement, nous ne ferons pas dériver les phénomènes internes d'une substance pensante simple, mais nous ferons dériver ces phénomènes les uns des autres d'après l'idée d'un être simple. Nous ne déduirons pas l'ordre universel et son unité systématique d'une intelligence suprême ; mais nous emprunterons à cette idée la règle pour réduire à l'unité systématique les causes et les effets qui constituent l'univers.

L'idée cosmologique exceptée, à cause des antinomies, rien ne nous empêche de regarder ces idées en même temps comme objectives. Il est tout aussi impossible d'en réfuter la réalité que de la démontrer. Mais il vaut mieux ne les admettre que comme des analogues de choses réelles, dont la nature intime nous demeure toujours inconnue. Nous n'en concevons que les rapports avec l'ensemble des phénomènes, la relation avec la plus grande unité possible de l'univers.

Ces prémisses posées, Kant pourra donc, — et c'est ce qu'il va faire, — nous dire quels sont selon lui les résultats de toute la dialectique transcendantale.

LIVRE CENT-TRENTE-DEUXIÈME

RÉSULTAT, D'APRÈS KANT, DE TOUTE LA DIALECTIQUE TRANSCENDENTALE.

CHAPITRE MCCCXXXIX

LA RAISON PURE NE S'OCCUPANT QUE D'ELLE-MÊME.

Des prémisses que Kant vient de poser, par nous analysées dans les deux livres qui précèdent, il conclut qu'il peut maintenant mettre devant nos yeux les résultats de toute la dialectique transcendentale. Il peut dès à présent déterminer le but final de toutes les idées de la raison pure; elles ne deviennent dialectique que par l'effet d'un malentendu et faute d'attention.

La raison pure n'est dans le fait occupée que d'elle-même. Elle ne peut avoir aucune autre fonction. Ce ne sont pas les objets qui lui sont donnés pour en recevoir l'unité du concept de l'expérience; ce sont les connaissances de l'entendement pour acquérir l'unité du concept de la raison, pour être enchaînées en un seul principe.

L'unité rationnelle est l'unité d'un système. Cette unité systématique n'a pas pour la raison l'utilité objective d'un principe qui l'étendrait sur tous les objets. Elle a l'utilité subjective d'une maxime qui l'applique à toute connaissance empirique possible des objets.

Cependant l'enchaînement systématique que la raison peut donner à l'usage empirique de l'entendement n'en favorise pas seulement l'extension. Il en garantit aussi la justesse.

Le principe de cette unité systématique est aussi objectif, mais d'une manière indéterminée. Ce n'est pas un principe constitutif, cherchant à déterminer quelque chose relativement à son objet direct. C'est un principe régulateur, une maxime, servant à favoriser et à affermir à l'infini, quoique d'une manière indéterminée, l'usage empirique de la raison. Il lui ouvre de nouvelles voies que l'entendement ne connaît pas, sans jamais être contraire en rien aux lois de cet usage.

CHAPITRE MCCCXL

L'UNITÉ SYSTÉMATIQUE N'ÉTANT QU'UN ÊTRE DE RAISON, ET NE POUVANT ÊTRE PRISE POUR FONDEMENT QUE D'UNE MANIÈRE PROBLÉMATIQUE.

Que faut-il pour que la raison puisse concevoir cette unité systématique? Qu'elle donne en même temps à son idée un objet, lequel d'ailleurs ne peut être donné par aucune expérience; celle-ci ne fournit jamais un exemple d'une parfaite unité systématique.

Cet être de raison ou, comme dit Kant, *de la raison ratiocinée*, n'est à la vérité qu'une simple idée; par conséquent, il n'est pas admis absolument et en soi comme quelque chose de réel. Nous ne le prenons pour fondement que d'une manière problématique; nous ne saurions l'atteindre par aucun concept de l'entendement. Par lui, nous envisageons toute liaison des choses du monde sensible, comme si elles avaient leur principe dans cet être de raison. Notre unique dessein est en cela d'y fonder l'unité systématique qui est indispensable à la raison. De plus elle est avantageuse de toute façon à la connaissance empirique de l'entendement; elle ne peut jamais lui être contraire.

CHAPITRE MCCCXLI

NÉCESSITÉ DE LAISSER TOUT A FAIT INDÉCISE LA NATURE DU PRINCIPE TRANSCENDENTAL.

On méconnaît le sens de cette idée, quand on la tient pour l'affirmation ou même pour la supposition d'une chose réelle, surtout quand on lui attribue le principe de la constitution systématique du monde.

On doit au contraire laisser tout à fait indécise la question de savoir quelle est en soi la nature de ce principe; il se soustrait à nos concepts. On ne fera de l'idée que le point de vue, duquel seul on peut étendre cette unité si essentielle à la raison et si salutaire à l'entendement.

En un mot, cette chose transcendentale n'est que le schème de ce principe régulateur, par lequel la raison, autant qu'il est en elle, étend à toute expérience l'unité systématique.

CHAPITRE MCCCXLII

DÉDUCTION DE L'IDÉE PSYCHOLOGIQUE.

Nous sommes nous-mêmes, comme nature pensante, comme âme, le premier objet d'une pareille idée. Voulons-nous rechercher les propriétés avec lesquelles un être pensant existe en soi ? Nous aurons à consulter l'expérience. Nous ne pourrons même appliquer aucune des catégories à cet objet, qu'autant que le schème nous en est donné dans l'intuition sensible.

Mais nous n'arrivons jamais par là à une unité systématique du sens intime.

Le concept expérimental de ce que l'âme est réellement ne peut guère nous conduire loin. A sa place, la raison prend celui de l'unité empirique de toute pensée. Elle conçoit cette unité comme inconditionnelle et originaire. Elle fait de ce concept, le concept rationnel, l'idée d'une substance simple. Demeurant immuable en soi et personnellement identique, cette substance est en relation avec d'autres choses réelles en dehors d'elle. En un mot cette idée, telle que nous la concevons, est celle d'une intelligence simple existant par elle-même.

La raison n'a pas ici en vue autre chose que d'expliquer les phénomènes de l'âme, au moyen des principes de l'unité systématique. Elle considère toutes les déterminations comme appartenant à un objet unique ; toutes les facultés, autant que possible, comme dérivées d'une unique faculté première ; tout changement comme faisant partie des états d'un seul et même être permanent. Ainsi nous nous représentons tous les phénomènes qui ont lieu dans l'espace, comme entièrement distincts des actes de la pensée.

CHAPITRE MCCCXLIII

CONTINUATION DU MÊME SUJET.

Cette simplicité de la substance, etc., ne doit être regardée que comme le schème d'un principe régulateur. On ne suppose pas du tout qu'elle soit le principe réel des propriétés de l'âme.

Il se peut en effet que celles-ci reposent sur de tout autres principes, mais nous ne les connaissons pas. Nous pouvons vouloir appliquer à l'âme d'une manière absolue les prédicats que nous lui supposons; nous n'en saurons pas mieux pour cela ce qu'elle est en elle-même. Ces prédicats ne sont qu'une simple idée qui ne peut être représentée dans le monde de l'expérience.

Une idée psychologique de ce genre peut offrir de très-grands avantages. Mais pour cela nous nous garderons de la prendre pour quelque chose de plus qu'une simple idée, nous nous bornerons à l'appliquer à l'usage systématique de la raison, par rapport aux phénomènes de notre âme.

Alors en effet on ne mêle plus en rien les lois empiriques des phénomènes corporels, — lesquelles sont d'une tout autre espèce, — aux explications de ce qui appartient simplement au sens intime; on ne se permet plus aucune de ces vaines hypothèses de génération, de destruction et de palingénésie des âmes, etc.; la considération de cet objet du sens intime est ainsi tout à fait pure et sans mélange de propriétés hétérogènes ; en outre la recherche de la raison est dirigée de manière à rattacher, autant que possible, à un principe unique dans ce sujet, les moyens d'explication.

Le schème de la substance simple fait excellemment, et même seul, toutes ces choses, tout comme s'il était un objet réel. L'idée psychologique ne peut représenter autre chose que ce schème d'un concept régulateur.

Demander simplement si l'âme n'est pas en soi de nature spirituelle, ce serait une question qui n'aurait pas de sens. Par un concept de ce genre, nous n'écartons pas seulement la nature corporelle, nous écartons en même temps toute nature, c'est-à-dire tous les prédicats de quelque expérience possible. Nous écartons par conséquent toutes les conditions qui pourraient servir à concevoir un objet à un tel concept, en un mot tout ce qui seul permet de dire que ce concept a un sens.

CHAPITRE MCCCXLIV

DÉDUCTION DE L'IDÉE COSMOLOGIQUE.

La seconde idée régulatrice de la raison purement spéculative est le concept du monde en général.

En effet la nature n'est proprement que l'unique objet donné, par rapport auquel la raison a besoin de principes régulateurs.

Cette nature est de deux espèces, pensante ou corporelle.

Que nous faut-il pour concevoir la dernière dans sa

possibilité interne, pour déterminer l'application des catégories à cette nature? Rien autre chose que les idées et les représentations à nous fournies par l'expérience. C'est pourquoi il n'y a point de possible par rapport à elle; nous ne sommes guidés à son égard que par l'intuition sensible. Il ne s'en va pas ici comme dans le concept psychologique fondamental, le moi. Ce dernier contient à priori une certaine forme de la pensée, à savoir l'unité de celle-ci.

Il ne nous reste donc rien pour la raison pure, si ce n'est la nature en général, et la plénitude en elle des conditions, d'après quelque principe.

L'absolue totalité des séries de ces conditions, dans la dérivation de leurs membres, est une idée utile. A la vérité, elle ne peut jamais être complétement réalisée dans l'usage empirique de la raison; cependant elle nous fournit la règle que nous devons suivre à cet égard.

Voulons-nous nous expliquer des phénomènes donnés? Nous devons procéder, en rétrogradant ou en remontant, comme si la série était en soi infinie? Mais voulons-nous nous expliquer la liberté, les principes pratiques, les cas où la raison est déterminante? Nous devons agir comme si nous avions devant nous, non pas un objet des sens, mais un objet de l'entendement pur. Ici les conditions ne peuvent plus être placées dans la série des phénomènes. Elles sont situées en dehors de cette série. Celle-ci peut être envisagée comme si elle commençait absolument, par une cause intelligible.

Toutes ces choses nous prouvent que les idées cosmologiques ne sont que des principes régularisateurs. Elles sont très-éloignées de poser d'une manière en quelque sorte constitutive une totalité réelle de ces séries.

On peut voir le reste en son lieu dans l'antinomie de la raison pure.

CHAPITRE MCCCXLV

DÉDUCTION DE L'IDÉE THÉOLOGIQUE.

La troisième idée de la raison pure consiste dans la supposition, simplement relative, d'un être considéré comme la cause unique, et parfaitement suffisante, de toutes les séries cosmologiques. Cette idée est le concept rationnel de Dieu.

D'après Kant, nous n'aurions pas la moindre raison d'admettre absolument l'objet de cette idée, ou, pour parler sa langue, de le supposer en soi. Ce n'est pas le concept que nous en avons qui, seul, pourrait nous autoriser, ou seulement nous conduire, à croire ou à affirmer en soi un être doué d'une perfection suprême et absolument nécessaire par sa nature. Nous y sommes conduits par la vue du monde, par rapport auquel seulement, la supposition de Dieu — style Kant — peut paraître nécessaire.

Par où, continue Kant, l'on voit clairement que l'idée de cet être, comme toutes les idées spéculatives, ne signifie rien que ceci : La raison ordonne de considérer tout enchaînement dans le monde d'après les principes d'une unité systématique ; elle veut que tout soit sorti d'un être unique comprenant tout, comme d'une cause suprême et parfaitement suffisante.

De là résulte une chose. La raison ne peut avoir ici pour but que sa propre règle formelle, dans l'extension de son usage empirique. Mais elle le tiendra renfermé dans les limites de cet usage, sans se permettre jamais de l'étendre au-delà. Par conséquent, sous cette idée ne se cache aucun principe constitutif de cet usage, il ne tend qu'à l'expérience possible.

Toute ordonnance dans le monde doit donc être considérée, comme si elle était sortie des desseins d'une raison suprême. Cette idée *théologique* est la plus importante de celles qu'entraîne à sa suite l'idée de Dieu; c'est celle que le livre suivant va nous développer.

CHAPITRE MCCCXLVI

RÉSUMÉ DU LIVRE CENT-TRENTE-DEUXIÈME.

C'est ici que Kant se pose réellement la question qu'il s'est proposé de résoudre, et qui résume toute la dialectique transcendentale : quel est le but final des idées de la raison pure?

Elles ont bien leur côté objectif, en ce sens qu'on ne comprendrait pas l'unité systématique de la raison, si elle n'était applicable à aucun objet, mais cet objet reste toujours indéterminé. Ce sont des principes régulateurs, mais nullement des principes constitutifs.

L'idée psychologique sert à ramener à l'unité d'un seul et même principe les divers phénomènes du sens intime. Elle ne peut offrir que des avantages, si on se garde bien de la prendre pour quelque chose de plus qu'une simple idée.

L'idée cosmologique donne lieu à une antinomie, laquelle à elle seule est une preuve suffisante qu'elle ne doit pas être considérée comme un principe constitutif, mais seulement comme un principe régulateur.

Enfin la dernière et la plus haute des idées de la raison spéculative, celle de Dieu, est en quelque sorte le principe régulateur par excellence, en nous permettant de lier les choses du monde suivant les lois téléologiques, et d'arriver par là à la plus grande unité systématique possible pour nous ; nous allons exposer cela en détail au livre suivant.

LIVRE CENT-TRENTE-TROISIÈME

L'UNITÉ FINALE DES CHOSES NOUS MONTRANT LE PRINCIPE RÉGULATEUR PAR EXCELLENCE DANS L'IDÉE DE DIEU.

CHAPITRE MCCCXLVII

USAGE A FAIRE DU PRINCIPE DE L'UNITÉ FINALE.

L'unité formelle suprême, qui repose exclusivement sur des concepts rationnels, est l'unité finale des choses. L'intérêt spéculatif de la raison nous oblige à regarder toute ordonnance dans le monde comme si elle était sortie des desseins d'une raison suprême.

Un tel principe ouvre en effet des vues toutes nouvelles à notre raison, appliquée au champ des expériences. Il nous fait lier les choses du monde suivant des lois téléologiques. Nous sommes conduits par là à la plus grande unité systématique possible de ces choses.

La supposition d'une intelligence suprême, comme cause unique de l'univers, n'est à la vérité que dans l'idée, mais elle peut toujours être utile à la raison; elle ne peut jamais lui nuire.

Prenons pour exemple la terre et sa figure, qui est ronde, mais quelque peu applatie. Joignons-y celle des montagnes, celle des mers. Admettons d'avance en cela de sages desseins d'un auteur suprême, nous pourrons faire dans cette voie une multitude de découvertes. Nous nous en tiendrons à cette supposition comme à un principe purement régulateur ; à ce point de vue l'erreur même ne saurait nous être nuisible.

CHAPITRE MCCCXLVIII

DES SUITES DE L'ERREUR EN TÉLÉOLOGIE. — D'ABORD, DES CAS OÙ ELLE EST SANS DANGER.

Il ne peut ici résulter de l'erreur rien de plus, sinon que, là où nous attendions un lien téléologique, nous n'en trouvons qu'un purement mécanique ou physique. Cela nous prive bien d'une unité de plus, mais cela ne nous fait pas perdre l'unité rationnelle dans son usage empirique.

Ce contre-temps ne peut pas atteindre la loi même dans son but général et téléologique.

Un anatomiste peut bien être convaincu d'erreur, lorsqu'il rapporte quelque organe du corps d'un animal à une fin qui n'en résulte évidemment pas ; il ne nous en sera pas moins impossible de lui prouver qu'une disposition de la nature, quelle qu'elle soit, n'ait pas du tout de fin.

La connaissance empirique, qu'ont les médecins des fins de la structure d'un corps organique, est en soi une connaissance très-bornée. Ils l'étendent beaucoup au moyen du principe téléologique que seule nous fournit la raison pure. Ce principe consiste à admettre très-hardiment, mais aussi avec l'assentiment de tous les hommes raisonnables, que tout dans l'animal a son utilité et une bonne fin.

Le principe téléologique, — émanation directe du principe théologique, — a donc son utilité incontestable ; mais à condition qu'on ne s'en servira que dans sa sphère, ainsi que nous allons le faire voir.

CHAPITRE MCCCXLIX

DE L'ERREUR EN TÉLÉOLOGIE COMME OFFRANT DES CAS DE DANGER.

L'utilité du principe téléologique consiste donc en ce qu'il est un principe régulateur de la raison. Nous nous en servons pour arriver à l'unité systématique la plus haute. Il consiste dans l'idée de la causalité finale d'une cause suprême du monde ; cette cause aurait tout fait, en tant qu'intelligence suprême, d'après le plan le plus sage.

Mais ce même principe aurait ses dangers si, cessant de nous borner à voir en lui un principe régulateur, nous voulions en faire un principe constitutif. C'est aller beaucoup plus loin que ne le permettent les observations faites jusqu'ici.

Lorsque nous négligeons de restreindre cette idée à un usage purement régulateur, la raison s'égare de diverses manières. Elle abandonne le sol de l'expérience qui cependant doit contenir les jalons de son chemin. Elle s'élance au-delà de ce sol dans l'incompréhensible et dans l'insondable. Elle s'élève à des hauteurs où elle est nécessairement saisie de vertige. En se voyant nécessairement privée de tout usage conforme à l'expérience, elle a perdu pied.

CHAPITRE MCCCL

PREMIER DANGER. — LA RAISON PARESSEUSE.

Il est contre la nature d'une idée, de celle de Dieu comme de tout autre, de cesser d'être régulatrice, pour devenir constitutive. Il en résulte plusieurs inconvénients ; celui qui se présente le premier serait de rendre la raison paresseuse.

On sait que c'est de ce nom *(ignava ratio),* que les anciens dialecticiens appelaient un sophisme qui se formulait en ces termes : Si ton destin le veut, tu guériras de ta maladie, que tu prennes un médecin ou que tu n'en prennes pas. Cicéron dit que cette espèce de raisonnement tire son nom de ce qu'en le suivant, on ne fait plus dans la vie aucun usage de la raison. Tel est le motif pour lequel Kant désigne sous ce même nom l'argument sophistique de la raison pure.

On tombe dans la raison paresseuse, toutes les fois qu'on regarde une investigation de la nature, en quoi que ce soit, comme entièrement achevée ; alors la raison ayant entièrement accompli son œuvre n'aurait plus qu'à se livrer au repos.

Nous allons suivre la paresse de la raison dans quelques uns de ses résultats.

CHAPITRE MCCCLI.

LA RAISON PARESSEUSE EN PSYCHOLOGIE.

Soit par exemple l'idée psychologique. Voulons-nous l'employer comme un principe constitutif? Croirons-nous mieux expliquer par là les phénomènes de notre âme? Pensons-nous par là étendre au delà de toute expérience la connaissance que nous en avons? Cela nous fera-t-il mieux connaître son état après la mort?

Ce serait là sans doute quelque chose de très-commode pour la raison ; mais ce serait corrompre et ruiner tout l'usage naturel qu'on en peut faire, en suivant la direction de l'expérience.

Ce serait faire ce que fait le spiritualisme dogmatique. C'est ainsi qu'il explique l'unité de la personne, qu'il la montre persistant toujours la même à travers tous les changements de ses états. Il croit à l'unité de la substance pensante, il voit cette unité immédiatement dans le moi. Ainsi encore, explique-t-il l'intérêt que nous prenons aux choses qui ne doivent arriver qu'après la mort, par la conscience de la nature immaculée de notre sujet pensant, etc.

Le dogmatisme se dispense ainsi de toute investigation naturelle des causes physiques de ces phénomènes intérieurs. Il le fait en vertu de la décision souveraine de la raison transcendante. Cela lui est certes plus commode. Mais il y perd ses lumières, en cessant de puiser aux sources immanentes de la connaissance expérimentale. Cette conséquence est des plus fâcheuses ; nous ne voudrions pas nous y exposer.

CHAPITRE MCCCLII

LA RAISON PARESSEUSE EN THÉOLOGIE.

Cette conséquence fâcheuse se montre encore plus clairement en théologie. Elle se fait voir dans le dogmatisme de notre idée d'une intelligence suprême et du système théologique et téléologique de la nature, qui s'y fonde faussement.

Toutes les fins que la physico-théologie attribue à la nature ne sont souvent inventée que par nous-mêmes. Mais elle servent merveilleusement notre paresse, elles nous mettent fort à l'aise dans l'investigation des causes. Nous nous abstenons ainsi de les chercher dans les lois générales du mécanisme de la matière. Il nous est plus court et plus commode d'en appeler directement aux insondables décrets de la sagesse suprême.

Nous trouvons agréable de regarder le travail de la raison comme achevé, lorsque nous n'avons fait que nous dispenser de son usage. Celui-ci ne peut trouver de fil conducteur, que là où il nous est donné par l'ordre de la nature, et par la série de ses changements suivant ses lois internes et générales.

Voici un moyen d'éviter cette faute : nous ne considérerons pas seulement du point de vue des fins quelques parties de la nature comme par exemple, la division du continent, sa structure, la nature et la position des montagnes, etc., ou même encore l'organisation dans le règne végétal et dans le règne animal ; mais nous rendrons cette unité systématique tout à fait générale, par rapport à l'idée d'une intelligence suprême.

Alors en effet nous prenons pour fondement une finalité réglée par des lois universelles de la nature. Aucune disposition particulière ne leur fait exception, bien qu'elles ne se montrent pas toujours clairement à nous. Nous avons le principe régulateur de l'unité systématique d'une liaison téléologique, mais nous ne la déterminons pas d'avance. En attendant nous devons poursuivre la liaison physico-mécanique suivant des lois générales.

Ainsi seulement le principe de l'unité finale peut toujours étendre l'usage de la raison par rapport à l'expérience, sans lui faire tort en aucun cas.

CHAPITRE MCCCLIII

DEUXIÈME DANGER. — PERVERSION DE LA RAISON.

Il est un second vice qui résulte d'une fausse interprétation de l'unité systématique, c'est celui de la raison pervertie, ou plutôt renversée *(perversa ratio)*.

L'idée de l'unité systématique ne devrait servir que comme un principe régulateur, pour chercher cette unité dans la liaison des choses, suivant des lois générales de la nature. A mesure que nous aurons trouvé quelque chose par la voie empirique, nous croirons à bon droit nous être approchés de la perfection de son usage, bien que nous ne puissions jamais l'atteindre.

Mais on fait précisément le contraire. On commence par considérer comme hypostatique la réalité d'un principe de l'unité finale. On détermine anthropomorphiquement le concept d'une telle intelligence suprême, parce qu'elle est en soi tout à fait inaccessible. Ensuite on la prend pour fondement. Enfin on s'en sert pour imposer violemment et dictatorialement des fins à la nature. On néglige de les chercher, comme il convient par la voie de l'investigation physique.

La téléologie ne devrait servir que pour compléter l'unité de la nature suivant des lois générales; mais employée de cette façon, elle tend plutôt à les supprimer. La raison manque son but. Elle n'arrive plus à prouver par la nature l'existence d'une telle cause intelligente suprême.

En effet nous ne pouvons pas supposer à priori dans la nature la finalité suprême. Nous ne pouvons pas la considérer comme appartenant à l'essence de la nature. Comment voudrions-nous alors être conduits à la chercher au moyen de cette échelle? Comment croirions-nous approcher par là de la suprême perfection d'un divin auteur? Comment pourrions-nous y voir une perfection absolument nécessaire et pouvant être connue à priori?

Le principe régulateur veut que l'on présuppose absolument, — c'est-à-dire comme résultant de la nature des choses, — l'unité systématique comme une unité naturelle, qui à la vérité ne peut pas être connue d'une manière purement empirique; mais elle est supposée à priori, bien que d'une manière encore indéterminée.

Commençons-nous par poser en principe un être ordonnateur suprême? L'unité de la nature est alors supprimée par le fait.

Elle devient ainsi tout à fait étrangère à la nature des choses, et contingente; elle ne peut plus être connue au moyen des lois générales de cette nature.

De là un cercle vicieux dans la démonstration; on suppose ce qu'il s'agissait précisément de démontrer.

CHAPITRE MCCCLIV

DÉFINITION DES ÉGAREMENTS DE LA RAISON.

Maintenant que nous avons vu de près les égarements de la raison, nous pouvons essayer de nous en donner la définition vraie. Ils consistent à prendre le principe régulateur de l'unité systématique de la nature pour un principe constitutif, et à admettre hypostatiquement, comme cause première anthropomorphite, ce qui ne doit être pris qu'en idée pour fondement de l'usage uniforme de la raison.

L'investigation de la nature va son chemin en suivant uniquement la chaîne des causes naturelles, qui sont soumises aux lois générales de la nature. Elle a bien recours à l'idée d'un auteur suprême, mais ce n'est pas pour en dériver la finalité qu'elle poursuit partout. C'est pour s'assurer si faire se peut, de l'existence de cet auteur sublime de toutes choses, au moyen de cette finalité qu'elle cherche dans l'essence des choses de la nature et même autant que possible, dans celle de toutes les choses en général. On voudrait pouvoir connaître cette existence comme absolument nécessaire. Que nous réussissions ou non dans cette entreprise, l'idée reste toujours exacte et son usage utile. Mais il faut le restreindre aux conditions d'un principe purement régulateur.

CHAPITRE MCCCLV

DE L'IDÉE DE LA PERFECTION.

L'unité finale complète est la perfection, considérée absolument.

Nous ne la trouvons pas dans l'essence des choses qui constituent tout l'objet de l'expérience, c'est-à-dire de toute notre connaissance objective. Nous ne la voyons pas par conséquent dans les lois universelles et nécessaires de la nature. Comment en conclurons-nous l'idée de la perfection suprême et absolument nécessaire d'un être premier, qui soit la source de toute causalité ?

La plus grande unité systématique, — par conséquent aussi la plus grande unité finale, — est l'école et même le fondement qui rend possible le plus grand usage de la raison humaine.

L'idée en est donc inséparablement liée à l'essence de notre raison. Cette même idée a pour nous la valeur d'une loi ; il est donc très-naturel d'admettre une raison législative, un entendement archétype, qui lui corresponde. Toute unité systématique de la nature peut en être dérivée comme d'un objet de notre raison.

Ainsi Kant nous a montré successivement la connaissance humaine commençant par les intuitions sensibles, et s'élevant peu à peu aux concepts de l'entendement et aux idées de la raison. Il nous a montré ces dernières comme ne servant qu'à systématiser l'expérience, au dessus de laquelle il est interdit à l'esprit humain de s'élever vers aucun objet réel.

Néanmoins toutes les questions qu'élève la raison doivent pouvoir être résolues. Kant nous l'a déjà prouvé à propos des antinomies. L'excuse qui se tire des bornes de notre connaissance n'est pas valable à ses yeux. En beaucoup de questions physiques, elle est certes aussi inévitable que juste; mais ici il ne s'agit pas de la nature des choses. Il s'agit de la nature de la raison et de la constitution interne. Il va maintenant, dit-il, confirmer cette assertion, relativement aux deux questions, auxquelles la raison attache son plus grand intérêt. Il complètera ainsi ses considérations sur la critique de la raison pure.

CHAPITRE MCCCLVI

RÉSUMÉ DU LIVRE CENT-TRENTE-TROISIÈME.

Le morceau que nous venons d'analyser dans ce livre est consacré par Kant à la dernière et à la plus haute des idées de la raison spéculative, l'idée de Dieu.

Cette idée est en quelque sorte le principe régulateur par excellence. Elle nous permet de lier les choses du monde suivant des lois téléologiques, et d'arriver par là à la plus grande unité systématique possible pour nous. Elle peut toujours être utile à la raison en lui ouvrant des vues nouvelles dans le champ de l'expérience; elle ne saurait jamais lui nuire, mais à condition que nous ne nous en servirons que comme d'un principe régulateur.

Négligeons-nous de la restreindre à cet usage? Voulons-nous lui attribuer une réalité réellement objective?

Croyons-nous pénétrer avec elle dans un domaine transcendant? Il en résultera de graves inconvénients.

Kant applique au premier le nom du sophisme que ses anciens dialecticiens appelaient la raison paresseuse. Il consiste à engager la raison à se livrer au repos comme si elle avait accompli son œuvre, au lieu de pousser plus avant son investigation de la nature. Nous nous abstenons ainsi de chercher les causes des phénomènes dans les lois générales de la nature. Nous trouvons plus commode d'en appeler directement aux insondables décrets de la sagesse suprême.

Un second inconvénient, désigné par Kant sous le nom de raison renversée, consiste en ce que nous ne cherchons plus à déterminer, comme il convient, les fins de la nature par la voie de l'investigation physique; nous les lui imposons violemment, en nous appuyant sur la réalité d'une intelligence suprême, qui nous est cependant inaccessible.

On ne saurait éviter ces deux inconvénients qu'en considérant simplement l'idée de la cause suprême comme celle d'un principe régulateur. Il ne faut pas prétendre pénétrer par cette idée dans un ordre de choses qui nous est absolument fermé.

Restreinte à cette application, cette idée est aussi utile qu'exacte. En dehors de cet usage, nous nous jetons dans l'incompréhensible et nous nous condamnons nous-même au vertige.

Kant n'en persiste pas moins à croire que tous les problèmes de la raison doivent être résolus. Avant de quitter la plume, il va nous donner de cette assertion une démonstration de plus. Nous remarquerons seulement qu'il regarde les solutions négatives comme de véritables solutions.

LIVRE CENT-TRENTE-QUATRIÈME

EXEMPLES CONFIRMANT LA POSSIBILITÉ D'UNE SOLUTION, POUR TOUTES LES QUESTIONS QU'ÉLÈVE LA RAISON SUR SA PROPRE NATURE.

CHAPITRE MCCCLVII

AVERTISSEMENT.

Malgré ce qu'il vient de nous dire, Kant ne va s'occuper dans ce qui suit que de la question théologique. Seulement il nous rappellera rapidement dans une note ce qu'il a dit précédemment de l'idée psycholgoique, et de sa destination propre comme principe de l'usage purement régulateur de la raison. Il se juge ainsi dispensé de s'arrêter à expliquer encore en particulier l'illusion transcendentale, d'après laquelle cette unité systématique de toute diversité du sens intime est représentée hypostatiquement. Il regarde la question relative à cette illusion comme complètement résolue. D'ailleurs, dans cette question, la méthode est fort semblable à celle que la critique a suivie par rapport à l'idéal théologique. Les quelques mots, qu'avant de déposer la plume il a encore à nous dire, ne porteront directement que sur celui-ci.

CHAPITRE MCCCLVIII

SOLUTION DE LA PREMIÈRE DES QUESTIONS THÉOLOGIQUES DONT ON DEMANDE LA SOLUTION RATIONNELLE.

Dem.— Y a-t-il quelque chose de distinct du monde, qui contienne le principe de l'ordre du monde, et de son enchainement suivant des lois générales.

Rép. — Oui.

Développement de la réponse. — Le monde est une somme de phénomènes. Il doit y avoir pour eux un principe transcendental, c'est-à-dire un principe que l'entendement pur puisse concevoir.

CHAPITRE MCCCLIX

DEUXIÈME QUESTION.

Dem. — Cet être est-il une substance? A-t-il la plus grande réalité? Est-il nécessaire? etc.

Rép. — La question n'a pas de sens.

Dévelop.— Toutes les catégories, au moyen desquelles nous cherchons à nous faire un concept d'un objet de ce genre n'ont plus aucun sens. Elles n'ont point d'autre usage qu'un usage empirique. On ne peut les appliquer qu'à des objets d'expérience possible, c'est-à-dire au monde sensible.

En dehors de ce champ, elles ne sont que des titres de concepts que l'on peut bien accorder, mais par lesquels on ne saurait rien comprendre.

CHAPITRE MCCCLX

TROISIÈME QUESTION.

Dem. — Ne pouvons-nous pas au moins concevoir cet être distinct, par analogie avec les autres objets de l'expérience ?

Rép. — Oui, comme objet en idée. Non, comme objet réel.

Dévelop. — Nous l'admettrons en tant qu'il ne sera pour nous qu'un substratum inconnu de cette unité systématique, de cet ordre et de cette finalité de la constitution du monde, dont la raison doit se faire un principe régulateur dans son investigation de la nature.

Bien plus, nous pouvons dans cette idée accorder hardiment, et sans crainte de blâme, un certain anthropomorphisme, qui est nécessaire au principe régulateur dont il s'agit ici.

Ce n'est toujours qu'une idée. Elle n'est pas directement rapportée à un être distinct du monde. Elle se rapporte au principe régulateur de l'unité systématique du monde. Cela ne peut avoir lieu qu'au moyen d'un schème de cette unité. Ce schème c'est une intelligence suprême, qui soit la cause du monde d'après de sages desseins.

On ne saurait concevoir par là ce qu'est en soi le principe de l'unité du monde, mais on conçoit très-bien comment l'employer. C'est son idée qu'on emploie relativement à l'usage systématique de la raison, par rapport aux choses du monde.

CHAPITRE MCCCLXI

QUATRIÈME QUESTION.

Dem.— Mais, tout au moins comme principe régulateur, pouvons-nous admettre un auteur du monde unique, sage, tout-puissant?

Rép. — Non-seulement nous le pouvons, mais nous le devons.

Dévelop. — Cf. notre théologie tout entière.

CHAPITRE MCCCLXII

CINQUIÈME QUESTION.

Dem. — Étendrons-nous par là notre connaissance au delà du champ de l'expérience possible?

Rép. — Non.

Dévelop. — Nous n'avons fait que supposer un objet purement transcendental, un quelque chose dont aucun concept ne nous fait connaître la nature en soi. Mais, quand nous étudions la nature, nous devons supposer un ordre systématique et final de la construction du monde. Par rapport à lui, nous avons conçu l'être transcendental, de nous tout à fait inconnu, comme analogue avec une intelligence dont le concept est empirique. Par rapport aux fins et à la perfection qui se fondent sur lui, nous l'avons doué précisément des propriétés qui, suivant les conditions de notre raison, peuvent renfermer le principe d'une telle unité systématique.

Cette idée est donc parfaitement fondée relativement à l'usage cosmologique de notre raison.

Mais gardons-nous bien de lui attribuer une valeur absolument objective. N'oublions jamais que c'est simplement un être en idée que nous pensons. Gardons-nous de commencer par un principe qui ne peut être nullement déterminé par la considération du monde. Nous nous mettrions par là hors d'état d'appliquer convenablement ce principe à l'usage empirique de la raison.

CHAPITRE MCCCLXIII

SIXIÈME QUESTION.

Dem. — Sous toutes ces réserves, pouvons-nous faire usage du concept et de la supposition d'un être suprême dans la contemplation rationnelle du monde?

Rép. — Oui.

Dévelop. — C'est proprement pour cela que cette idée a été posée en principe par la raison.

CHAPITRE MCCCLXIV

SEPTIÈME QUESTION.

Dem. — Pouvons-nous regarder comme une finalité réelle une ordonnance analogue à une finalité? Pouvons-nous la dériver de la volonté divine, même en admettant l'intermédiaire de dispositions particulières établies à cet effet dans le monde?

Rép. — Oui, sous certaines conditions.

Dévelop. — Pour que cette question soit susceptible d'être résolue, il faut qu'il nous soit indifférent de prendre parti entre les deux propositions suivantes :

Ou bien la sagesse divine a tout ordonné ainsi pour ses fins suprêmes ;

Ou bien l'idée d'une sagesse suprême est une règle dans l'investigation de la nature ; elle est le principe de son unité systématique et finale, fondée sur des lois physiques générales même là où nous ne les apercevons pas.

Plus brièvement, il vous sera indifférent de dire :

Dieu l'a ainsi voulu dans sa sagesse ;

Ou bien, la nature a ainsi sagement établi cet ordre de fins.

C'est la nécessité où nous sommes de rester dans cette indifférence que nous allons maintenant démontrer.

CHAPITRE MCCCLXV

SUITE DU DÉVELOPPEMENT DE LA RÉPONSE A LA SEPTIÈME QUESTION.

Il est une unité systématique et finale, la plus grande de toutes, que notre raison veut donner pour principe régulateur à toute investigation de la nature. C'est là précisément ce qui nous autorise à prendre l'idée d'une suprême intelligence comme schème de ce principe régulateur. Plus nous trouvons, suivant ce principe, de finalité dans le monde, plus nous voyons se confirmer la légitimité de notre idée.

Le principe dont il est question n'a point d'autre but que de chercher l'unité nécessaire et la plus grande possible de la nature. Nous devons sans doute tout ce que nous pouvons en attendre à l'idée d'un être suprême, mais nous ne nous exposerons pas pour cela à tomber en contradiction avec nous-même. Nous le ferions cependant si nous négligions les lois universelles de la nature, par rapport auxquelles uniquement l'idée a été prise pour fondement. Nous le ferions également, si nous considérions cette finalité de la nature comme contingente et d'origine hyperphysique.

Nous ne sommes pas en effet autorisé à admettre au dessus de la nature un être doué des attributs dont il s'agit. Nous le sommes seulement à prendre pour fondement l'idée d'un tel être. Cela nous suffit pour envisager, par analogie avec une détermination causale, les phénomènes comme systématiquement liés entre eux.

CHAPITRE MCCCLXVI

CONTINUATION DU MÊME SUJET.

Nous sommes aussi autorisés par là à concevoir la cause du monde, suivant un anthropomorphisme subtil; nous ne saurions la concevoir sans cela. Nous la concevons donc comme un être doué d'intelligence, capable de plaisir et de peine, de désir, de volonté, etc. De plus, nous lui attribuons à bon droit une perfection infinie, — ce qui dépasse de beaucoup celle que pourrait nous autoriser à admettre la connaissance empirique de l'ordre du monde.

Que veut le principe régulateur de l'unité systématique? Que nous étudions la nature, comme s'il s'y trouvait partout à l'infini une suite systématique et finale, dans la plus grande variété possible.

Nous ne découvrons et n'atteignons que peu de cette perfection du monde. C'est cependant le propre de la législation de notre raison de la soupçonner et de la chercher partout. Diriger d'après ce principe notre contemplation de la nature ne peut jamais nous être nuisible, et peut quelquefois nous être avantageux.

Quel est l'usage, pour cette recherche, de cette représentation, de cette idée que nous prenons pour fondement? Ce n'est pas l'être correspondant à cette idée qui, soit dans son existence, soit dans sa connaissance, nous est nécessaire pour atteindre le but. C'est son idée qui, seule, nous sert de principe. Nous ne dérivons proprement rien de cet être, mais nous dérivons tout de son idée, c'est-à-dire de la nature des choses du monde envisagée suivant cette idée.

Les philosophes de tous les temps ont toujours eu une certaine conscience, quoique souvent confuse, du véritable usage de ce concept de notre raison. De là la discrétion et la réserve de leur langage. Ils parlent de la sagesse et de la prévoyance de la nature, ou de la sagesse divine, comme si c'étaient des expressions synonymes; ils préfèrent même la première expression, tant qu'ils n'ont affaire qu'à la raison spéculative. Elle modère notre prétention d'affirmer plus que nous n'avons le droit de je faire; en même temps elle ramène la raison à son propre champ, la nature.

CHAPITRE MCCCLXVII

LE DERNIER MOT DE KANT SUR L'ILLUSION TRANSCENDENTALE ET LES MOYENS DE S'EN PRÉSERVER.

Ainsi, la raison pure, vue de loin, semblait ne nous promettre rien de moins que d'étendre notre connaissance au delà des limites de l'expérience. Vue de près et bien comprise, elle ne contient que des principes régulateurs. Ceux-ci à la vérité prescrivent une unité plus grande que celle que peut atteindre l'usage empirique de l'entendement. Par cela même qu'ils reculent si loin le but dont il cherche à se rapprocher, ils portent au plus haut degré l'accord de cet usage avec lui-même, au moyen de l'unité systématique.

Entend-on mal ces principes? Veut-on les prendre pour des principes constitutifs de connaissances transcendantes? Alors une apparence brillante, mais trompeuse, produit une persuasion et un savoir imaginaire; celui-ci à son tour enfante des contradictions et des disputes éternelles.

Tel est le dernier mot de Kant et le sumptum de toute sa doctrine.

CHAPITRE MCCCLXVIII

RÉSUMÉ DU LIVRE CENT-TRENTE-QUATRIÈME.

L'idée d'une cause suprême considérée non comme idée constitutive, mais seulement comme régulatrice, telle est la conclusion à laquelle aboutit toute la critique de la raison pure.

Suivant Kant, cette conclusion confirme une assertion qui pourrait paraître hardie au premier abord, mais qui suivant lui se trouve maintenant pleinement justifiée. Dans les questions soulevées par la raison pure, il ne s'agit pas de la nature des choses, mais de celle de la raison même. Or la raison doit pouvoir se rendre compte de le constitution interne de la raison. Toute question qui la concerne doit pouvoir être résolue.

Cette assertion, dont en cosmologie notre auteur nous a déjà donné la preuve à sa manière, il va la confirmer maintenant par des exemples empruntés à la théologie.

Demande-t-on s'il y a quelque chose qui soit distinct du monde, et qui soit le fondement de l'ordre universel? Kant répondra et il répondra : Oui; le monde phénoménal doit avoir et il a un fondement purement intelligible. Demande-t-on ensuite si cet être est substantiel, nécessaire, etc? Kant répond que cette question n'a pas de sens, puisque la substance, la nécessité, etc., sont des catégories qui ne peuvent s'appliquer qu'aux objets de l'expérience. — Observez que, quoique ici la réponse soit négative, Kant ne la regarde pas moins comme étant une réponse, qui, comme telle, doit satisfaire pleinement à la curiosité du demandeur. — Demande-t-on enfin si du moins il nous est permis de nous représenter cet être d'après son analogie avec les objets de l'expérience? Kant répondra : Oui, mais sous cette condition que nous ne verrons en lui qu'un substratum, de nous inconnu d'ailleurs, de l'unité systématique des choses et de l'ordre universel, mais servant de règle à la raison dans son exploration de la nature.

Nous pouvons concevoir par analogie un auteur sage et tout puissant du monde comme intelligence souveraine, mais notre connaissance ne s'étendra pas pour cela au delà de l'expérience. Cette idée n'a pas pour but de nous dispenser de toute recherche ultérieure. Elle ne nous autorise pas à supposer partout, à priori, de l'ordre, de l'unité, de la sagesse. Elle doit seulement nous pousser à des investigations toujours nouvelles, afin de constater, autant qu'il est possible, qu'il y a en effet dans l'univers un ensemble et une unité qui s'accordent avec cette idée suprême de la raison, sans pouvoir jamais pleinement y atteindre.

Idée régulatrice, mais non constitutive. Telle est la conclusion à laquelle il faut toujours en revenir.

A Kant, comme à tout le monde, il est impossible de nous conduire plus haut que l'idée de Dieu. Ici donc se termine la critique de nos moyens de connaître, ou, comme il dit, de la raison pure. Néanmoins il va encore consacrer un dernier et très-court chapitre à récapituler les résultats auxquels il croit être parvenu.

LIVRE CENT-TRENTE-CINQUIÈME

CONCLUSION GÉNÉRALE DE TOUTE LA CRITIQUE.

CHAPITRE UNIQUE

PORTANT LE NUMÉRO MCCCLXIX DANS L'ORDRE DES CHAPITRES.

Toute connaissance humaine commence par des intuitions, continue par des concepts, et finit par des idées.

Elle a pour ces trois éléments des sources à priori, qui au premier aspect semblent repousser les limites de toute expérience. Une critique complète nous convainc cependant, qu'avec ces éléments toute raison ne peut jamais dépasser le champ de l'expérience possible. La véritable destination de cette suprême faculté de connaître est de ne nous servir des méthodes et de leurs principes que pour mieux étudier la nature. Par là nous la poursuivrons dans ce qu'elle a de plus intime, suivant tous les principes possibles d'unité, dont le principal est celui de l'unité des fins. Nous ne sortirons jamais de ces limites, au delà desquelles il n'y a plus pour nous que le vide.

A la vérité, dans l'analyse transcendentale, nous nous sommes, au dire de Kant, pleinement convaincus d'une chose, par l'examen critique de toutes les propositions qui nous semblaient pouvoir étendre notre connaissance, au delà des bornes de l'expérience réelle. C'est que ces propositions ne nous conduiront jamais à quelque chose de plus qu'à une expérience possible. L'esprit humain se montre défiant pour tous les théorèmes abstraits et généraux, même les plus clairs. Des perspectives attrayantes et apparentes nous entraînent à en rejeter la force. Voilà pourquoi nous n'avons pas pu nous dispenser d'interroger péniblement tous les témoins dialectiques, qu'une raison transcendentale appelle à l'appui de ses prétentions. Nous le savions d'avance avec une parfaite certitude, leurs allégations peuvent partir d'une intention honnête, mais sur notre esprit elles doivent être absolument nulles, parce qu'il s'agit ici d'une connaissance qu'aucun homme ne saurait jamais acquérir.

Mais il n'y a pas de fin aux discours, à moins qu'on ne découvre la véritable cause de l'apparence par laquelle le plus raisonnable même peut être trompé. De plus la résolution de toute connaissance transcendentale en ses éléments n'est pas en soi d'un prix médiocre ; c'est une étude de notre nature intérieure, laquelle est un devoir pour le philosophe. Dès lors il était nécessaire de rechercher en détail, jusques dans ses sources les plus cachées, tout ce travail de la raison spéculative quelque vain qu'il soit. L'apparence dialectique n'est pas ici seulement trompeuse quant au jugement ; elle l'est aussi quant à l'intérêt qu'on prend au jugement, elle est par là aussi attrayante que naturelle ; elle le demeurera en tout temps. Il était donc prudent de rédiger explicitement les actes de ce procès, et de les déposer dans les archives de la raison humaine, afin que l'on puisse à l'avenir éviter de semblables erreurs.

En deux mots, toute connaissance humaine commence par des intuitions sensibles, elle va de là aux concepts, et finit par les idées. Il y a quant à ces trois éléments des sources de connaissances à priori qui semblent pouvoir nous donner des connaissances transcendantes. Néanmoins la critique a prouvé que la raison spéculative ne saurait rien connaître de ce qui est au delà de l'expérience.

Mais l'homme ne pense pas seulement, il agit. Après la critique de la pensée doit venir celle de l'action. Aussi Kant a-t-il fait suivre sa critique de la raison pure, par celle de ce qu'il appelle la raison pratique. Peut-être analyserons-nous celle-ci un jour, comme aujourd'hui nous venons d'analyser la première.

APPENDICE

CE QUE KANT A VOULU FAIRE, ET CE QU'EN RÉALITÉ IL A FAIT

CHAPITRE I

LE RÉVEIL PHILOSOPHIQUE DE KANT.

Jusqu'à l'âge de 57 ans, où il publia sa critique de la raison pure, le professeur Emmanuel Kant, avait vécu à Kœnisberg, sa ville natale, en pleine paix et tranquillité d'âme. Il s'était préoccupé de science et nullement de philosophie. Il resta longues années dans cet état d'esprit, qu'il a appelé lui-même le sommeil dogmatique. Le scepticisme de Hume le réveilla ; il lui apprit à se défier de la portée de l'esprit humain, et de la valeur des spéculations métaphysiques.

Kant se demanda ce qu'il y avait de solide au fond dans ces spéculations, toujours vantées par les uns toujours rabaissées par les autres au rang des chimères, et qui entassent système sur systèmes sans parvenir à satisfaire et à fixer définitivement même les esprits les mieux disposés en leur faveur. Il se demanda si ces spéculations ambitieuses ne porteraient point par hasard sur des objets placés hors des limites de la connaissance humaine.

Mais il se demanda d'un autre côté si l'empirisme n'était pas insuffisant à expliquer cette connaissance, même la connaissance sensible, et si sur une telle base on pouvait fonder la morale et la religion qui conviennent à l'humanité.

On ne reculait pas d'ailleurs devant les conséquences de cette doctrine; on les avouait hautement, et l'âme profondément morale et religieuse de Kant en avait été révoltée.

CHAPITRE II

ORIGINES DE LA CRITIQUE.

Mais comment découvrir le vice de l'empirisme et du scepticisme d'une part, du dogmatisme rationnaliste de l'autre, et trouver la voie que doit suivre la philosophie entre ces deux excès opposés?

Kant répondit : En remontant aux principes de la connaissance humaine pour en découvrir et en discuter l'origine, la valeur et la portée.

Il faut soumettre l'esprit humain tout entier à un examen sévère, afin de reconnaître exactement la nature de sa constitution et les limites dans lesquelles il doit se renfermer. Il faut savoir comment se produit en lui la connaissance, quelle en est la valeur et la portée, ce qu'il a le droit d'affirmer et de croire, et ce qu'il doit savoir ignorer.

Par là on verra clairement, d'un côté, jusqu'à quel point le dogmatisme est légitime, et où il cesse de l'être, et, de l'autre, ce qu'il y a de vrai et ce qu'il y a de faux dans l'empirisme et le scepticisme.

C'est pour avoir manqué à cette condition que la première de ces deux doctrines a si ambitieusement exagéré la portée de l'esprit humain. C'est pour n'avoir pas scruté assez profondément la nature de la connaissance humaine, que la seconde l'a si profondément mutilée et restreinte.

De là ces querelles incessantes dont l'histoire de la philosophie nous donne l'affligeant spectacle, où les uns n'hésitent pas plus à nier ou à douter que les autres à affirmer.

Pour terminer ces querelles, il faut rappeler les uns et les autres à l'étude de l'esprit humain, de sa nature, de ses lois, de ses bornes et de sa portée.

Ainsi l'on fera une juste part à l'expérience et à la raison, au doute et à l'affirmation ou à la croyance; on conciliera ces éléments jusqu'alors en guerre au sein d'une sage philosophie.

C'est du moins ce que Kant veut entreprendre.

CHAPITRE III

LES PRÉCURSEURS DE KANT.

Ce n'est pas à dire que nous pensions que l'idée de remonter aux principes de la connaissance humaine, pour les soumettre à un examen critique, fût à cette époque une idée nouvelle.

Sans parler de la philosophie ancienne c'est par là que débute Descartes, c'est-à-dire la philosophie moderne.

Qu'est-ce en effet que le doute méthodique de Descartes, si non la résolution de soumettre toutes nos connaissances à l'examen? Qu'est-ce que cet examen, sinon celui des principes ou des facultés d'où dérivent ces connaissances, des fondements sur lesquels repose tout l'édifice?

Par là Descartes a proclamé le principe de la liberté d'examen. En affranchissant la pensée, il a fondé la philosophie moderne. Il lui a donné ce caractère critique qui, en se développant de plus en plus, devait préparer et produire la philosophie kantienne.

Locke, tout adversaire qu'il soit du cartésianisme, ne s'en rattache pas moins à ce grand mouvement dont Descartes est l'auteur. Le titre seul de son ouvrage, *Essai sur l'Entendement humain*, en indique assez le caractère.

Dans ce livre, Locke attaquait au nom de l'empirisme, la théorie cartésienne des idées innées. Leibnitz lui opposa au nom du cartésianisme et de sa propre philosophie ses nouveaux essais sur l'entendement humain.

Plus tard l'idéaliste Berckeley publia son traité sur les principes de la connaissance humaine.

Enfin le sceptique Hume, dans ses recherches sur l'entendement humain, expose avec une remarquable précision la nécessité de soumettre à une exacte critique, les facultés de l'intelligence, afin d'en découvrir les lois et les principes, et d'en déterminer la valeur. Voilà bien déjà l'idée de Kant.

CHAPITRE IV

ORIGINALITÉ ET PRINCIPE FONDAMENTAL DE LA CRITIQUE KANTIENNE.

Mais si Kant trouva cette idée dans Hume, qui lui-même ne l'avait pas inventée, il sut l'envisager sous un jour tout à fait nouveau.

Il distingua dans la connaissance deux sortes d'éléments, les uns empiriques, qui viennent des sens extérieurs et du sens intime, les autres que l'esprit tire de lui-même ou qui viennent de la raison.

Il entreprit de dégager les seconds des premiers; il les considéra indépendamment de toute donnée empirique, il en construisit une science pure ou à priori; comme la logique ou les mathématiques. En même temps cette science pure de la raison embrassait tous les principes à priori qui dérivent de cette faculté, elle en marquait la place et déterminait le rôle de chacun dans l'ensemble de la connaissance.

Or, personne avant Kant n'avait eu l'idée de dégager entièrement, dans la connaissance humaine, les éléments purs ou rationnels des éléments empiriques, pour faire exactement la part de la raison dans la connaissance. Ceux-là même, qui avaient le mieux distingué la raison des sens, n'avaient pas songé à faire la science de la raison pure, considérée en elle-même et indépendamment de tout secours étranger.

Aucun philosophe n'avait encore pensé à tracer un tableau complet et systématique des principes à priori de la connaissance, tableau où tous fussent représentés, et chacun à sa place et à son rang.

CHAPITRE V

VALEUR DES PRINCIPES RATIONNELS.

Mais il ne suffit pas d'avoir prouvé l'existence de pareils principes, ni même d'en avoir tracé un tableau systématique et complet. Il faut encore en examiner la valeur et la portée.

C'est là la grande question pour Kant, la question fondamentale de la critique.

Kant ne se met à la recherche des principes à priori de la connaissance, il n'entreprend d'en déterminer la nature et les caractères, que pour en déterminer ensuite la valeur et la portée.

Par ce côté encore la philosophie de Kant est profondément originale. Kant a conçu et traité ce problème avec une précision sans exemple, et il en a donné une solution toute nouvelle.

CHAPITRE VI

DE LA PART FAITE PAR KANT A LA RAISON ET DE CELLE QU'IL ASSIGNE A L'EXPÉRIENCE.

En admettant dans la connaissance des éléments qui ne viennent pas des sens, mais que l'esprit tire de lui-même, Kant se sépare du milieu où se trouvait plongé son siècle, tout dévoué à la philosophie de la sensation. En même temps il en partage l'amour pour l'expérience, et sa crainte de l'hypothèse et des spéculations transcendantes. Toute la métaphysique des siècles passés n'est plus à ses yeux qu'un dogmatisme vermoulu.

Ce n'est pas qu'il admette qu'on puisse être indifférent au sujet des questions qu'agite la métaphysique; il reconnaît qu'il n'y en a pas de plus hautes, ni de plus intéressantes.

Mais il demande aussi ce que, sur ces questions, l'ancienne métaphysique a produit jusqu'ici de solide et de durable.

N'est-ce pas que jusqu'à ce jour elle a bâti dans le vide, et qu'elle a pris des hypothèses pour des réalités?

L'hypothèse, tel est en effet l'écueil de l'ancienne métaphysique ou du dogmatisme sans critique.

L'expérience, telle est l'ancre que la critique propose d'abord à l'esprit humain pour le sauver de cet écueil.

Kant n'entend certes pas l'expérience à la manière de Hume et de Locke. Il reconnaît même qu'elle serait impossible sans les éléments purs et à priori qu'y ajoute la raison. Mais il limite la valeur de ces principes rationnels à cet usage empirique. Selon lui, nous n'en pouvons affirmer autre chose sinon qu'ils servent à rendre l'expérience possible.

Kant limite la connaissance humaine à l'expérience ainsi entendue. Tout ce qui dépasse les limites de l'expérience dépasse pour lui les limites de la connaissance. Nous pouvons bien concevoir des êtres transcendants, tels que l'âme, Dieu, etc. Mais concevoir n'est pas connaître, et encore moins connaître d'une manière déterminée; nous ne sommes pas même fondés à en affirmer l'existence.

Une doctrine aussi étroite conduirait au scepticisme, ou plutôt au nihilisme. Kant s'en est lui-même effrayé, et il a cherché à y remédier dans sa critique de la raison pratique. Mais nous n'avons ici à nous occuper que de celle de la raison pure.

CHAPITRE VII

DES ÉLÉMENTS SENSIBLES ET DES ÉLÉMENTS RATIONNELS

Voilà ce que Kant a voulu faire. Voyons maintenant ce qu'il a fait.

Comment prouve-t-il qu'il y a dans la connaissance des éléments qui ne viennent pas de l'expérience? Comment parvient-il à les découvrir et à les dégager? Comment en établit-il la valeur et la portée?

Kant commence par reconnaître que l'exercice de nos sens est la condition du développement de notre activité intellectuelle. Sans les sens, elle ne serait provoquée par rien, elle n'aurait pas de matière à laquelle elle pût s'appliquer; mais il prétend en même temps que les sens ne suffisent pas à expliquer la connaissance humaine tout entière, pas même cette partie de la connaissance qu'on appelle l'expérience.

En effet que donnent les sens?

Le particulier et le contingent.

Si donc il y a des connaissances universelles et nécessaires elles ne peuvent pas venir des sens ou de l'expérience.

L'universalité et la nécessité sont comme un double criterium, à l'aide duquel on pourra distinguer les connaissances qui viennent de l'expérience ou qui sont à posteriori, de celles qui n'en viennent pas et qui sont à priori.

Il y a des connaissances marquées de ce double caractère ; il suffit pour s'en convaincre de jeter un coup d'œil sur les sciences, particulièrement sur les sciences mathématiques ; il suffit même d'interroger le sens commun.

Que serait l'expérience réduite aux données des sens ? Une collection de représentations partielles, isolées, sans lien et sans unité, quelque chose qui ne mérite pas le nom de connaissance.

Il faut donc que dans cette connaissance même, qu'on appelle l'expérience, il y ait outre les données fournies par les sens, des principes universels et nécessaires ; ceux-ci en s'appliquant à ces données les convertissent en véritables connaissances. Ces principes ne peuvent dériver de l'expérience ; il faut qu'ils existent pour que l'expérience soit possible.

Donc deux sortes d'éléments dans la connaissance, même dans la connaissance sensible :

1º Les éléments empiriques ou à posteriori, les données des sens, ce que l'esprit reçoit des choses avec lesquelles il est en rapport par les sens ;

2º Les éléments rationnels ou à priori, que l'esprit tire de lui-même pour l'ajouter à l'objet sensible.

Les premiers sont appelés la matière, les seconds la forme de la connaissance.

CHAPITRE VIII

MÉTHODE POUR RECONNAÎTRE LES ÉLÉMENTS A PRIORI DE LA CONNAISSANCE.

Cette distinction établie, il s'agit de dégager les éléments purs ou à priori des éléments empiriques avec lesquels ils sont mêlés. Nous tracerons ainsi un tableau des conditions à priori de la connaissance. Par l'examen de ces conditions, nous déterminerons la valeur et la condition de la connaissance elle-même.

Comment opérer ce dégagement?

En éliminant successivement de la connaissance ce qu'elle contient de particulier et de variable. Par là on obtiendra ce qu'elle a d'universel et de constant, on écartera la matière de la connaissance, le reste en sera la forme.

CHAPITRE IX

DES FACULTÉS DE L'INTELLIGENCE.

Telle est la méthode appliquée par Kant aux facultés qui concourent à la formation de la connaissance.

Ces facultés sont d'abord la sensibilité et l'entendement.

La sensibilité est la capacité que nous avons de recevoir des intuitions ou des représentations des objets, au moyen des affections ou sensations qu'ils produisent en nous.

Ces intuitions ou représentations sensibles, les seules dont nous soyons capables, constituent la matière de la connaissance. Mais elles ne constituent pas la connaissance tout entière, car elles sont par elles-mêmes isolées et sans lien. Il faut une faculté qui les coordonne et les réunisse par une puissance qui lui soit propre. Cette faculté, qui n'est plus simplement une réceptivité mais une véritable spontanéité, c'est l'entendement.

La partie de la critique de la raison pure qui traite de la sensibilité se nomme esthétique transcendentale, celle qui traite de l'entendement logique transcendental.

CHAPITRE X

DE L'ESTHÉTIQUE TRANSCENDENTALE.

Dans la sensibilité Kant comprend le sens intime aussi bien que les sens externes. Il fait abstraction, d'une part, de tout ce que l'entendement peut y ajouter; de l'autre de tout ce qu'il peut y avoir de particulier, de variable, ou d'empirique, de tout ce qui a rapport à la sensation. Il ne s'occupe que de ce qu'il y a d'universel et de constant, de tout ce qui réside à priori dans la nature même de la sensibilité. Il trouve ainsi deux concepts purs, ou deux formes de la sensibilité, l'espace et le temps. Le premier est exclusivement la forme des sens extérieurs, le second est d'abord et immédiatement celle du sens intime, ensuite et médiatement celle des sens extérieurs.

D'un côté, nous ne pouvons nous représenter les objets extérieurs, sans nous les représenter dans l'espace. D'un autre côté, nous ne pouvons nous représenter nos propres représentations sans nous les représenter dans le temps. Par suite le temps est également nécessaire à la représentation des phénomènes extérieurs, qui correspondent à ces modifications internes.

Le temps et l'espace sont donc les formes pures de la sensibilité en général, dont les intuitions ou représentations sont la matière.

Celles-ci correspondent à l'objet, avec lequel nous sommes en rapport par le moyen des sens. Celles-là viennent du sujet même, puisqu'elles sont imposées à priori à toute représentation des objets.

CHAPITRE XI

SUBJECTIVITÉ DE L'EXPÉRIENCE.

De là Kant conclut que l'espace et le temps ne sont rien en soi. Nous ne pouvons les considérer que comme les conditions subjectives de notre manière de nous représenter les choses.

Comment en effet attribuer une valeur objective à des formes que l'esprit tire de lui-même à priori, ou antérieurement à la connaissance des objets mêmes?

Supposons un esprit autrement constitué que le nôtre; que seront pour lui l'espace et le temps?

Nous nous représentons les choses comme existant dans l'espace et le temps, d'une manière continue ou successive; il suit de ce qui précède que nous ne pouvons pas nous flatter de les connaître telles qu'elles sont en soi. Nous ne les connaissons que sous certaines conditions, que nous imposent notre constitution sensible et le mode de représentation qui nous est propre; par conséquent, nous ne les voyons que comme elles nous apparaissent en vertu de ces conditions mêmes.

Dans un esprit autrement constitué, cette manière de se représenter les choses disparaîtrait aussi ou changerait de nature.

CHAPITRE XII

DE L'ANALYTIQUE TRANSCENDENTALE.

Les intuitions sensibles, avec leurs formes pures, ne sont pas encore la connaissance. Il faut, avons-nous dit, qu'une faculté les réunisse et les coordonne pour les convertir en connaissances; cette faculté, c'est l'entendement.

Mais l'entendement ne peut remplir ces fonctions, qu'au moyen de certaines lois à priori ou de certains concepts purs, auxquels il ramène la diversité des intuitions que lui fournit la sensibilité, de même que la sensibilité ne peut remplir la sienne que sous certaines conditions, qui sont les formes mêmes de l'intuition.

Il s'agit de découvrir et de déterminer ces lois à priori, ces concepts purs, sous lesquels l'entendement ramène, ou, comme dit Kant, subsume les intuitions de la sensibilité pour les convertir en connaissances.

L'opération par laquelle a lieu ce résultat n'est pas autre chose que le jugement. Nous ferons abstraction dans ceux-ci de toute matière de la connaissance, pour n'en considérer que les formes générales et constantes; nous obtiendrons ainsi les concepts purs, ou, suivant une expression en partie renouvelée d'Aristote, les catégories de l'entendement.

CHAPITRE XIII

DES FORMES DU JUGEMENT.

Le jugement a quatre formes dont chacune en comprend trois :

1º Quantité. Jugements généraux, particuliers, singuliers ;

2º Qualité. Jugements affirmatifs, négatifs, limitatifs ;

3º Relation. Jugements catégoriques, hypothétiques, disjonctifs ;

4º Modalité. Jugements problématiques, assertoriques, apodictiques.

CHAPITRE XIV

TABLE DES CATÉGORIES.

A ces diverses formes du jugement correspondent autant de catégories ou de concepts purs de l'entendement ; en voici la liste :

1º Quantité. Unité, pluralité, totalité (universalité) ;

2º Qualité. Réalité, négation, limitation ;

3º Relation. Inhérence et substance, causalité et dépendance, action réciproque ;

4º Modalité. Possibilité et impossibilité, existence et non-existence, nécessité et contingence.

CHAPITRE XV

VALEUR DES CATÉGORIES.

Kant résout la question de la valeur objective des catégories, comme il a résolu celle de la valeur objective des formes de la sensibilité.

Les catégories de l'entendement sont les conditions à priori de la connaissance des objets sensibles, de même que les formes de la sensibilité sont les conditions à priori de l'intuition de ces objets.

Elles dérivent de la nature même de l'entendement, comme le temps et l'espace de la nature même de la sensibilité.

Elle ne se règlent donc pas sur la nature des choses qu'elles servent à nous faire connaître; par conséquent elles ne peuvent pas être considérées comme des lois objectives.

Elles sont des lois de notre esprit, lois nécessaires sans doute, mais relatives à notre constitution et qui disparaîtraient avec elle.

D'où il suit que nous ne connaissons pas les choses comme elles sont en elles-mêmes, ou, pour parler la langue de Kant, à l'état de noumènes, mais comme elles nous apparaissent sous certaines conditions subjectives déterminées par la nature de notre esprit, c'est-à-dire à l'état de phénomènes.

CHAPITRE XVI

DIALECTIQUE TRANSCENDENTALE.

La connaissance, telle qu'elle résulte du concours de la sensibilité et de l'entendement, n'a pas atteint son unité la plus haute. Elle est constituée, elle n'est pas achevée.

Il faut donc admettre une troisième faculté, dont les principes portent la connaissance à sa plus haute unité, et lui servent de principes régulateurs suprêmes. Cette faculté supérieure Kant la désigne particulièrement sous le nom de raison pure, ce qui ne l'a pas empêché, nous l'avons vu, de désigner déjà sous ce nom l'ensemble de tous les principes, sur lesquels se fonde toute science spéculative.

La raison pure a pour caractère de dépasser les limites de la sensibilité et de l'entendement, c'est-à-dire de l'expérience. Ce n'est pas à dire qu'elle nous fera connaître quelque chose en dehors de ces limites ; mais elle nous fournira des principes, auxquels nous pourrons rattacher l'ensemble de l'expérience même ou de la connaissance sensible. C'est pour cela qu'il donne à ses principes le nom platonicien d'idées.

Kant a déduit les catégories de l'entendement des formes logiques du jugement. Continuant à user du même procédé, il va maintenant entreprendre de déduire les idées des formes logiques du raisonnement. Il obtient ainsi les trois idées du moi, du monde et de Dieu. Il les donne pour fondement à autant de sciences transcendentales, dont il va d'ailleurs ruiner les conclusions, la psychologie rationnelle, la cosmologie rationnelle et la théologie rationnelle.

CHAPITRE XVII

VALEUR DES IDÉES. — DE LA PSYCHOLOGIE TRANSCENDENTALE.

D'abord quelle est la valeur de ces idées? Elles servent de principes régulateurs à la connaissance, en lui prescrivant une unité supérieure à celle que peut atteindre l'entendement.

Mais étendent-elles en effet la connaissance au delà des limites de l'expérience, ou nous font-elles véritablement connaitre quelque chose en dehors de ces limites? Non, répond Kant.

Selon lui, en effet, il n'y a pas de véritable connaissance sans intuitions, et pour nous, il n'y en a pas d'autres que l'intuition sensible.

Les idées de la raison nous font bien concevoir quelque chose de supérieur à l'expérience, mais elles n'en peuvent garantir ni les attributs ni la réalité. Par conséquent toute science qui, au lieu de considérer simplement ces idées comme des principes régulateurs, les érige en principes constitutifs de connaissances, dépasse les limites imposées à l'esprit humain, et n'aboutit qu'à des conceptions sans fondement.

Partant de là, Kant examine successivement les assertions dogmatiques de la psychologie, de la cosmologie et de la théologie rationnelles. Il montre qu'elles reposent sur une illusion naturelle à l'esprit humain, mais que la critique doit dissiper.

Par exemple, la psychologie rationnelle conclut faussement de l'unité transcendentale du sujet à son unité réelle et absolue ; non qu'il ne soit possible que cette unité objective existe en effet, mais ce n'était pas des principes desquels on la conclut qu'il fallait la conclure. Tout ce que la psychologie enseigne sur la distinction de l'âme et du corps, sur la nature et la durée du principe pensant, conçu comme un principe distinct et séparable, n'est qu'un tissu de paralogismes. Nous ne savons rien de la nature intime de l'âme et du corps ; par conséquent nous ne pouvons pas affirmer qu'ils sont réellement distincts, nous ne pouvons pas nier non plus qu'ils ne puissent l'être.

CHAPITRE XVIII

COSMOLOGIE TRANSCENDENTALE.

La cosmologie transcendentale sert à Kant de second exemple. Dans cette science, encore plus que dans toute autre, la raison a besoin d'être éclairée par la critique. Sans cela elle arrive, sur les problèmes qu'elle soulève, à des solutions contradictoires. Elle les démontre avec une égale force et nous laisse à choisir. Kant appelle ces problèmes les antinomies de la raison pure.

Ainsi la raison établit également :

1º Que le monde a des limites dans le temps et dans l'espace, — et qu'il n'en a pas ;

2º Qu'il n'existe dans le monde que le simple et le composé du simple, — et qu'il n'existe rien de simple ;

3º Qu'il faut admettre dans le monde une causalité

libre, — ou que tout dans le monde arrive d'après les lois nécessaires de la nature ;

4° Que pour expliquer le monde, il faut admettre un être absolument nécessaire, qui en fasse partie ou qui en soit la cause, — et qu'il n'existe aucun être absolument nécessaire, soit dans le monde, comme en faisant partie, soit hors du monde comme en étant la cause.

La critique prétend résoudre ces antinomies, en montrant qu'elles naissent toutes d'une illusion qui consiste à prendre des phénomènes pour des choses en soi. Il suffit pour les faire disparaître de dissiper cette illusion.

Pour les deux premières antinomies, si le monde et les choses, en tant que nous nous les représentons dans l'espace et dans le temps, ne sont que des phénomènes, dès lors la thèse et l'antithèse, qui les considèrent comme des choses en soi, sont également fausses ; on ne peut dire ni que le monde est fini ni qu'il est infini. Pareillement on ne peut dire ni que tout est simple ou composé du simple, ni qu'il n'y a rien de simple. Parler du monde et des choses, comme existant dans le temps et dans l'espace, c'est parler suivant notre manière de nous les représenter, et non suivant ce qu'elles sont en soi. Nous ignorons absolument ce qu'en soi elles peuvent être.

Quant aux deux dernières antinomies, la contradiction n'est qu'apparente. Nous ne trouvons contradictoires la thèse et l'antithèse, que quand nous considérons les phénomènes comme des choses en soi, par exemple quand nous regardons la loi de causalité comme une loi de la nature des choses. Mais cette contradiction s'évanouit, dès que nous ne faisons plus cette confusion. Ainsi en nous plaçant à deux points de vue différents, on peut concilier la thèse et l'antithèse.

Par exemple, nous pouvons considérer à la fois nos

actions comme nécessaires et comme libres, comme nécessaires au point de vue phénoménal, comme libres au point de vue d'un monde supérieur, d'un monde intelligible, où la raison détermine par elle-même la volonté et par là constitue la liberté.

Ainsi encore on peut dire à la fois que tout est contingent dans le monde, et que tout y dérive d'un être nécessaire. Dans la première assertion on considère le monde au point de vue phénoménal ; dans la seconde on se place à un point de vue supérieur.

Mais si ces assertions, en apparence contradictoires peuvent fort bien aller ensemble, il est impossible de démontrer la vérité absolue de l'idée de la liberté et de celle de Dieu, au moins par la raison théorétique ou spéculative.

Ces idées nous font concevoir un ordre de choses distinct de celui de la nature, mais elles ne peuvent en garantir la réalité, car tout ce qui sort des limites de l'expérience est pour nous transcendant, c'est-à-dire inaccessible.

CHAPITRE XIX

THÉOLOGIE TRANSCENDENTALE.

C'est à l'aide de ce principe que Kant prétend ruiner tous les arguments de la théologie rationelle et spéculative.

Il ramène toutes les preuves spéculatives de l'existence de Dieu à trois, la preuve ontologique, la preuve cosmologique et la preuve physico-théologique. La première conclut des attributs de l'être premier à son absolue existence ; la deuxième conclut de l'absolue nécessité de l'existence de quelque chose aux attributs de l'être premier ; la dernière conclut de l'ordre et de l'harmonie du monde à une cause intelligente. Cela fait, Kant s'efforce d'établir que les deux premières sont insuffisantes à nous faire passer légitimement de l'idée à l'être, et que la dernière, si respectable et si convaincante qu'elle paraisse, outre qu'elle a le défaut des précédentes, est d'ailleurs insuffisante à établir en nous l'idée d'un être tel que Dieu.

La conclusion comme le principe de toute cette critique des preuves de l'existence de Dieu, c'est que l'idée de Dieu est sans doute un idéal nécessaire à l'achèvement de la connaissance, mais nous n'en pouvons pas affirmer la réalité objective. Nous ne pouvons pas la nier non plus ; tout ce qui est placé en dehors des limites de l'expérience nous échappe absolument.

CHAPITRE XX

RÉSULTATS.

Telle est aussi la conclusion générale de la critique de la raison pure. Le scepticisme universel, tel est le fond et le dernier mot de ce système. Ce scepticisme est radical, quoique fondé sur une autre base que celui de Hume.

Deux éléments, suivant la doctrine de Kant, concourent à la formation des connaissances humaines.

L'un est la sensation, l'impression qui nous vient du dehors, c'est-à-dire d'une autre source que nous même et dans laquelle nous jouons un rôle entièrement passif ; c'est ce que Kant appelle la matière de la connaissance.

L'autre élément au contraire est tiré de notre propre fond ; il est l'action même par laquelle notre esprit recueille et coordonne, afin de les convertir en notions distinctes, les impressions confuses apportées par les sens.

Mais cette action s'exerce suivant certaines lois nécessaires et invariables. Elle ne peut établir, entre les impressions qu'elle doit recueillir, que des rapports déterminés et qui pour ainsi dire sont préparés d'avance. Ils existent dans notre entendement. C'est là ce que Kant appelle la forme de la connaissance.

Cette forme peut s'étendre plus ou moins. Elle peut s'appliquer à des faits particuliers ou à l'ensemble des phénomènes de l'expérience ; nous cherchons par un besoin presque irrésistible à les embrasser tous dans le cadre d'un même système. Mais son caractère ne change pas. Elle n'ajoute rien à ce que nous savons. Elle ne se rapporte à aucun objet dont nous puissions constater l'existence. Elle ne représente que le dessin suivant lequel nous sommes forcés, pour en avoir distinctement conscience, de combiner nos sensations et nos impressions.

Sait-on maintenant ce que l'on entend par cette forme si complétement stérile, si peu faite pour nous éclairer sur la nature et l'existence des choses ?

Ce sont les idées de temps et d'espace, d'être, de substance, de cause, d'unité, en un mot les idées universelles et nécessaires.

Est-il vrai que rien de réel ne corresponde aux idées de ce genre ? Alors, il est clair que nous ne sommes assurés de rien, pas même de notre propre existence.

Ce qui constitue notre personne, ce que nous appelons notre moi, ce ne sont pas les phénomènes, ce ne sont pas les sensations qui se suivent dans notre conscience sans y laisser la moindre trace; c'est véritablement un être dont l'unité et l'identité sont les premiers attributs. C'est une cause parfaitement digne de ce nom ; elle ne saurait se concevoir comme telle sans la liberté.

Or Kant vient de nous dire que les notions de cause, d'unité et d'être n'ont aucune valeur par elles-mêmes et qu'elles ne sont que de pures formes de la pensée.

Quiconque nie avec Kant la réalité objective de l'espace, condition première de l'extériorité et de l'étendue, ne peut plus accorder foi au monde extérieur.

Enfin nous savons déjà ce que pense Kant de l'idée de Dieu; c'est au prix de l'existence de son contenu qu'il l'a sauvée du naufrage.

C'est bien là le scepticisme complet. Le sceptique anglais, Hume, dont Kant ne désavoue pas l'influence, n'est pas arrivé à une autre fin.

Une philosophie qui conduit à de pareils résultats est par cela même une philosophie jugée.

FIN DU TOME III ET DERNIER

TABLE DES MATIÈRES

LIVRE QUATRE-VINGT-DIX-HUITIÈME

COSMOLOGIE DE KANT. — DE L'ANTINOMIE DE LA RAISON PURE.

	Pages
Chapitre CMXXX. But que s'est proposé Kant dans sa cosmologie.....................	5
— CMXXXI. De l'apparence psychologique comparée aux apparences cosmologiques.......................	6
— CMXXXII. Du combat de la raison avec elle-même.......................	7
— CMXXXIII. Un mot sur notre méthode d'exposition.......................	7
— CMXXXIV. Résumé du livre quatre-vingt-dix-huitième....................	8

LIVRE QUATRE-VINGT-DIX-NEUVIÈME

SYSTÈME DES IDÉES COSMOLOGIQUES.

Chapitre CMXXXV. Des idées transcendentales considérées comme autant de catégories sérielles ascendantes, s'élevant progressivement jusqu'à l'absolu.	10

		Pages
Chapitre CMXXXVI. Exemple.....................		12
— CMXXXVII. Des séries régressives et des séries progressives................		12
— CMXXXVIII. Théorème...................		13
— CMXXXIX. Preuves quant au temps.........		14
— CMXL. Preuves quant à l'espace............		14
— CMXLI. Preuves quant à la matière.........		16
— CMXLII. Preuves quant à la cause...........		16
— CMXLIII. Preuves quant à la contingence.....		17
— CMXLIV. Preuves de l'impossibilité de tirer d'autres idées cosmologiques de la table des catégories.............		18
— CMXLV. Table des idées cosmologiques......		18
— CMXLVI. Scolie.........................		19
— CMXLVII. L'inconditionnel dans les séries régressives....................		20
— CMXLVIII. Deux manières de concevoir l'inconditionnel................		21
— CMXLIX. Du véritable sens des mots : Monde, nature, cause, etc..............		22
— CML. Du sens des mots : Idées cosmologiques		23
— CMLI. Résumé du livre quatre-vingt-dix-neuvième.........................		24
— CMLII. Suite du Résumé...................		25
— CMLIII. Fin du résumé....................		27

LIVRE CENTIÈME

INTRODUCTION A L'ANTITHÉTIQUE DE LA RAISON PURE.

Chapitre CMLIV. Définition de l'antithétique transcendentale......................		29
— CMLV. Questions à résoudre................		30

		Pages
Chapitre CMLVI.	Distinction d'une thèse dialectique d'avec une proposition sophistique....	31
— CMLVII.	La doctrine dialectique trop grande pour l'entendement, trop petite pour la raison.................	31
— CMLVIII.	Du combat, de l'arène, des juges....	32
— CMLIX.	De la méthode à suivre à travers ce conflit d'idées................	33
— CMLX.	Du ou des lieux où peut être employée avantageusement la méthode sceptique........................	34
— CMLXI.	Résumé du livre centième..........	35

LIVRE CENT-UNIÈME

SIMPLE EXPOSITION DE LA PREMIÈRE ANTINOMIE MATHÉMATIQUE (COSMIQUE), LAQUELLE EST ÉGALEMENT LA PREMIÈRE DANS L'ORDRE GÉNÉRAL DES ANTINOMIES.

Chapitre CMLXII.	Thèse.........................	38
— CMLXIII.	Preuve de la thèse..............	38
— CMLXIV.	Remarques sur la première partie de la thèse.....................	40
— CMLXV.	Remarques sur la seconde partie de la thèse.....................	42
— CMLXVI.	Antithèse......................	43
— CMLXVII.	Preuve de l'antithèse...........	43
— CMLXVIII.	Scolie........................	44
— CMLXIX.	Remarques sur l'antithèse........	45
— CMLXX.	Suite de la remarque. — L'espace et le temps vides et les limites du monde.....................	47
— CMLXXI.	Résumé du livre cent-unième.....	48

LIVRE CENT-DEUXIÈME

EXPOSITION DE LA DEUXIÈME ANTINOMIE MATHÉMATIQUE, LA DEUXIÈME ÉGALEMENT DANS L'ORDRE GÉNÉRAL DES ANTINOMIES.

	Pages
CHAPITRE CMLXXII. Thèse	51
— CMLXXIII. Preuve de la thèse	51
— CMLXXIV. Remarques sur la thèse	52
— CMLXXV. Antithèse	54
— CMLXXVI. Preuve de la première proposition de l'antithèse	54
— CMLXXVII. Preuves de la seconde proposition de l'antithèse	55
— CMLXXVIII. Scolie	56
— CMLXXIX. Remarque sur la première proposition de l'antithèse	57
— CMLXXX. Remarque sur la seconde proposition de l'antithèse	59
— CMLXXXI. Résumé du livre cent-deuxième	60

LIVRE CENT-TROISIÈME

PREMIÈRE ANTINOMIE PHYSIQUE OU DYNAMIQUE. C'EST LA TROISIÈME DANS L'ORDRE GÉNÉRAL DES ANTINOMIES.

CHAPITRE CMLXXXII. Thèse	62
— CMLXXXIII. Preuve de la thèse	62
— CMLXXXIV. Remarque sur la thèse	64
— CMLXXXV. Scolie	66
— CMLXXXVI. Antithèse	66

			Pages
Chapitre	CMLXXXVII.	Preuve de l'antithèse............	67
—	CMLXXXVIII.	Suite de la preuve...........	68
—	CMLXXXIX.	Remarques sur l'antithèse......	69
—	XM.	Autres développements............	70
—	XMI.	Résumé du livre cent-troisième........	71

LIVRE CENT-QUATRIÈME.

DEUXIÈME ANTINOMIE DYNAMIQUE. C'EST LA QUATRIÈME ET DERNIÈRE DANS L'ORDRE GÉNÉRAL DES ANTINOMIES.

Chapitre	XMII.	Thèse..........................	73
—	XMIII.	Preuve de la première partie de la thèse	73
—	XMIV.	Preuve de la seconde partie de la thèse	74
—	XMV.	Scolie	75
—	XMVI.	Remarque sur la thèse.............	76
—	XMVII.	Continuation et développements......	77
—	XMVIII.	Suite des développements...........	78
—	XMIX.	Antithèse.....................	79
—	M.	Preuve de la première partie de l'antithèse.	79
—	MI.	Preuve de la seconde partie de l'antithèse.	80
—	MII.	Remarque sur l'antithèse.............	81
—	MIII.	Remarque générale sur la quatrième antinomie............................	82
—	MIV.	Résumé du livre cent-quatrième........	83
—	MV.	Suite et fin du résumé............	85

LIVRE CENT-CINQUIÈME

DE L'INTÉRÊT DE LA RAISON DANS LA QUESTION DES ANTINOMIES.

Chapitre	MVI.	Retour sur la nature et le nombre des idées cosmologiques................	86

	Pages
Chapitre MVII. Du degré de dignité propre aux idées cosmologiques et à toute la philosophie	87
— MVIII. De la nécessité pour la raison de mettre un terme au conflit des idées cosmologiques..................................	88
— MIX. Utilité de la recherche du sens, dans lequel l'intérêt de la raison la porte à terminer ce conflit..................	89
— MX. Comparaison des principes d'où partent les deux parties..................	90
— MXI. Des intérêts divers auxquels touche le dogmatisme cosmologique de la raison pure	94
— MXII. De l'intérêt pratique.................	94
— MXIII. De l'intérêt spéculatif...............	92
— MXIV. De l'intérêt de popularité...........	93
— MXV. De l'antithèse ou de l'empirisme cosmologique sous le rapport de l'intérêt pratique........................	93
— MXVI. L'empirisme cosmologique et l'intérêt spéculatif........................	94
— MXVII. Comment la nature sera étudiée par le philosophe empirique	95
— MXVIII. Légitimité de l'empirisme contenu dans de certaines limites..............	96
— MXIX. Illégitimité de l'empirisme voulant sortir de ses limites................	97
— MXX. Scolie	98
— MXXI. Impopularité de l'empirisme..........	99
— MXXII. L'empirisme en lutte avec l'intérêt architectonique de la raison..........	101
— MXXIII. L'intérêt pratique de la raison tranchant les questions cosmologiques, sans pour cela les résoudre.......	102

	Pages
Chapitre MXXIV. Résumé du livre cent-cinquième.....	103
— MXXV. Suite du résumé.................	104
— MXXVI. Seconde suite du résumé............	105
— MXXVII. Fin du résumé.................	105
— MXXVIII. Observations..................	106

LIVRE CENT-SIXIÈME.

DES PROBLÈMES COSMOLOGIQUES, ET EN GÉNÉRAL DES PROBLÈMES TRANSCENDENTAUX DE LA RAISON PURE, ET EN TANT QU'IL DOIT ABSOLUMENT Y EN AVOIR UNE SOLUTION POSSIBLE.

Chapitre MXXIX. De deux classes de problèmes, et des problèmes susceptibles de solution.	108
— MXXX. Des questions cosmologiques. Dans quelle classe convient-il de les faire rentrer................................	109
— MXXXI. Les questions transcendentales, y compris les questions cosmologiques, considérées comme pouvant toujours être résolues..............	110
— MXXXII. Les questions cosmologiques en particulier considérées comme pouvant toujours être résolues............	110
— MXXXIII. Scolie........................	111
— MXXXIV. De la solution des questions cosmologiques. — Suite.............	112
— MXXXV. De la certitude en philosophie transcendentale, en mathématiques, en morale et dans les sciences physiques.......................	113
— MXXXVI. Nécessité d'une solution critique des questions cosmologiques........	114

CHAPITRE MXXXVII. La solution des questions cosmologiques ne se présentant jamais dans l'expérience............ 116

— MXXXVIII. La solution critique et subjective des questions cosmologiques considérée comme étant la seule possible et la seule certaine...... 117

— MXXXIX. Résumé du livre cent-sixième..... 118

LIVRE CENT-SEPTIÈME.

REPRÉSENTATION SCEPTIQUE DES QUESTIONS COSMOLOGIQUES SOULEVÉES PAR LES QUATRE IDÉES TRANSCENDENTALES.

CHAPITRE MXL. Définition et utilité de la manière sceptique d'envisager les questions cosmologiques.. 120

— MXLI. Véritable cause de l'antinomie où se trouve jetée la raison par les concepts cosmologiques........ 121

— MXLII. Première antinomie................. 122

— MXLIII. Seconde partie de la première antinomie...................... 122

— MXLIV. Deuxième antinomie............... 123

— MXLV. Troisième antinomie............... 123

— MXLVI. Quatrième antinomie............. 124

— MXLVII. Des causes qui nous induisent à penser que les idées cosmologiques peuvent très-bien n'être que des êtres de raison................. 125

— MXLVIII. Résumé du livre cent-septième..... 126

LIVRE CENT-HUITIÈME

DE L'IDÉALISME TRANSCENDENTAL COMME ÉTANT LA CLEF DE LA SOLUTION DES QUESTIONS COSMOLOGIQUES.

                                                                                               Pages

CHAPITRE MXLIX. Définition de l'idéalisme transcendental........................ 128

— ML. Retour sur l'idéalisme matériel......... 129

— MLI. L'idéalisme transcendental idéalisant le temps et l'espace, mais réalisant les phénomènes au sein du temps et de l'espace idéalisés.................. 130

— MLII. Du sens dans lequel il faut entendre ce qu'on nomme la réalité des objets de l'expérience......................... 131

— MLIII. Les phénomènes simples représentations. 132

— MLIV. De l'objet transcendental............. 132

— MLV. Où l'on commence à voir comment Kant entend l'application de l'idéalisme transcendental aux phénomènes cosmologiques............................. 134

— MLVI. Résumé du livre cent-huitième........ 136

LIVRE CENT-NEUVIÈME

DÉCISION CRITIQUE DU CONFLIT COSMOLOGIQUE DE LA RAISON AVEC ELLE-MÊME.

CHAPITRE MLVII. De l'argument dialectique sur lequel repose toute l'antinomie de la raison pure......................... 138

	Pages
Chapitre **MLVIII**. De la majeure de l'argument dialectique............................	139
— **MLIX**. De la mineure et de la conclusion de l'argument dialectique..............	139
— **MLX**. Du vice de l'argument dialectique et de sa nature........................	141
— **MLXI**. Nature de l'illusion de la raison dans les questions cosmologiques..............	141
— **MLXII**. Insuffisance de la démonstration du vice de l'argument cosmologique, pour mettre fin à la querelle des deux parties contendantes..................	143
— **MLXIII**. Résumé du livre cent-neuvième.......	144

LIVRE CENT-DIXIÈME

CONFIRMATION DU PRÉCÉDENT AU MOYEN DE LA DISCUSSION D'UN EXEMPLE FOURNI PAR ZÉNON D'ÉLÉE.

Chapitre **MLXIV**. De jugements dont la condition est impossible........................	146
— **MLXV**. Des jugements opposés et des jugements contradictoires....................	147
— **MLXVI**. Définition de l'opposition analytique et de l'opposition dialectique, donnée au moyen d'un exemple, pris dans la première des trois propositions de Zénon que nous avons rapportées plus haut........................	148
— **MLXVII**. Suite de la discussion du même exemple.............................	149
— **MLXVIII**. Kant poursuivant l'opposition dialectique dans toutes les idées cosmologiques	150

Chapitre MLXIX. Preuve nouvelle de l'idéalité transcen-
dentale des phénomènes.......... 151
— MLXX. Importance de la remarque précédente. 152
— MLXXI. Résumé du livre cent-dixième....... 153
— MLXXII. Suite et fin du Résumé............ 154

LIVRE CENT-ONZIEME

DU PRINCIPE RÉGULATEUR DE LA RAISON PURE PAR RAPPORT AUX
IDÉES COSMOLOGIQUES.

Chapitre MLXXIII. Du principe régulateur............ 156
— MLXXIV. Limites de la portée du principe ré-
gulateur...................... 158
— MLXXV. Du progrès à l'infini ou à l'indéfini.. 159
— MLXXVI. De l'infini et de l'indéfini. — Des sé-
ries descendantes............... 159
— MLXXVII. De l'infini et de l'indéfini. — Suite.
— Des séries ascendantes....... 160
— MLXXVIII. De la régression infinie.......... 161
— MLXXIX. De la régression indéfinie.......... 162
— MLXXX. De l'usage à faire des régressions.... 162
— MLXXXI. Résumé du livre cent-onzième...... 164
— MLXXXII. Suite et fin du résumé............ 164

LIVRE CENT-DOUZIÈME

DE L'USAGE EMPIRIQUE DU PRINCIPE RÉGULATEUR DE LA RAISON
PAR RAPPORT AUX IDÉES COSMOLOGIQUES.

Chapitre MLXXXIII. De l'usage empirique de la régression dans les séries........... 166

Chapitre MLXXXIV. De la valeur vraie du principe rationnel 167

— MLXXXV. Résumé du livre cent-douzième... 168

LIVRE CENT-TREIZIÈME

SOLUTION DE LA PREMIÈRE ANTINOMIE.

Chapitre MLXXXVI. Fondement du principe régulateur de la raison 169
— MLXXXVII. Conséquences 169
— MLXXXVIII. Condition à remplir pour la solution de la première antinomie. 170
— MLXXXIX. Le monde ni fini ni infini 170
— MXC. Le monde ni fini ni infini. — Suite..... 171
— MXCI. Continuation du même sujet 172
— MXCII. Première réponse à la première question cosmologique 173
— MXCIII. Deuxième réponse à la première question cosmologique 174
— MXCIV. Des limites dans l'application de la règle de la régression indéfinie........ 175
— MXCV. Le mode de l'existence des phénomènes mis en regard du mode de l'existence du monde 175
— MXCVI. Un dernier mot sur la régression..... 176
— MXCVII. Résumé du livre cent-treizième...... 176

LIVRE CENT-QUATORZIÈME.

SOLUTION DE LA DEUXIÈME ANTINOMIE.

Pages

Chapitre MXCVIII. Où l'on voit que la totalité des parties d'un objet peut être embrassée par une régression infinie, mais que le concept même d'une division, qui ne s'opère que successivement et ne peut jamais être terminée, entraîne avec lui celui d'une régression se comportant comme si elle était indéfinie..... 179

— MXCIX. Première application à l'espace...... 180
— MC. Seconde application aux corps........... 181
— MCI. Du corps comme pouvant ne pas subir nécessairement la loi de divisibilité de l'espace. — De la substance dans le phénomène....................... 181
— MCII. La grandeur continue et la grandeur discontinue mises en regard sous le rapport de leur divisibilité.............. 182
— MCIII. Résumé du livre cent-quatorzième..... 184

LIVRE CENT-QUINZIÈME.

REMARQUE FINALE SUR LA SOLUTION QUE NOUS VENONS DE DONNER DES DEUX ANTINOMIES MATHÉMATIQUES. — REMARQUE PRÉLIMINAIRE SUR CELLE QUE NOUS DONNERONS DES DEUX ANTINOMIES DYNAMIQUES.

Chapitre MCIV. Les idées cosmologiques mathématiques ne reposant que sur des conditions phénoménales....................... 186

Chapitre MCV. Les idées cosmologiques dynamiques pouvant reposer sur des conditions qui ne se rencontrent pas toujours dans l'ordre des phénomènes.................... 487

— MCVI. De la synthèse de l'homogène et de celle de l'hétérogène.................. 488

— MCVII. Des conditions sensibles et des conditions intelligibles................ 489

— MCVIII. Les assertions dynamiques également vraies, soit du côté de la thèse, soit de celui de l'antithèse............ 489

— MCIX. Résumé du livre cent-quinzième....... 491

LIVRE CENT-SEIZIÈME.

INTRODUCTION A LA SOLUTION DE LA TROISIÈME ANTINOMIE.

Chapitre MCX. De deux espèces de causalité........... 492

— MCXI. De la causalité naturelle............ 492

— MCXII. De la causalité libre et de la liberté dans le sens transcendental............ 493

— MCXIII. De la liberté dans le sens pratique.... 494

— MCXIV. Étroitesse du lien entre la liberté transcendentale et la liberté pratique.. 494

— MCXV. Le problème de la liberté problème transcendental.................. 495

— MCXVI. De la possibilité dans les concepts dynamiques de faire abstraction de la grandeur de la série des conditions.. 496

— MCXVII. De la possibilité de la liberté....... 497

— MCXVIII. Examen de deux hypothèses....... 498

— MCXIX. Scolie............................ 499

— MCXX. Résumé du livre cent-seizième....... 499

LIVRE CENT-DIX-SEPTIÈME.

SOLUTION DE LA TROISIÈME ANTINOMIE, LA PREMIÈRE DES DEUX ANTINOMIES DYNAMIQUES.

	Pages
CHAPITRE MCXXI. De la causalité intelligible et de la causalité sensible........	202
— MCXXII. De l'accord des lois de l'entendement avec la double causalité des phénomènes,.......................	203
— MCXXIII. Du double caractère de la cause efficiente......................	203
— MCXXIV. Du caractère intelligible du sujet agissant.....................	204
— MCXXV. Du caractère empirique du même sujet.	205
— MCXXVI. Conditions d'un accord possible entre la nature et la liberté..........	205
— MCXXVII. Résumé du livre cent-dix-septième.	206

LIVRE CENT-DIX-HUITIÈME.

EXPLICATIONS ET APPLICATIONS.

CHAPITRE MCXXVIII. Pourquoi ce livre..............	208
— MCXXIX. La causalité de la nature simple loi de l'entendement.............	208
— MCXXX. La nécessité naturelle peut-elle être un effet de la liberté.............	209
— MCXXXI. Du non commencement des causes phénoménales...............	210

		Pages
Chapitre MCXXXII. De la possibilité d'une cause autre que les causes empiriques......		211
— MCXXXIII. De la réalité de cette causalité intelligible....................		211
— MCXXXIV. Exemple.....................		213
— MCXXXV. La raison source du devoir. — Du devoir dans la nature..........		214
— MCXXXVI. La raison source du devoir. — Suite......................		215
— MCXXXVII. Nécessité pour la raison de montrer un caractère empirique....		216
— MCXXXVIII. Du sens auquel on peut nier la liberté dans l'homme........		217
— MCXXXIX. De la causalité libre des idées rationnelles...................		218
— MCXL. De la causalité de la raison comme inconditionnelle...................		219
— MCXLI. La raison déterminant librement, en vertu de la spontanéïté qui lui est propre, la volonté, dont les effets sont toujours soumis à la condition de se manifester dans le temps.....		221
— MCXLII. Caractère positif de la liberté de la volonté.....................		222
— MCXLIII. Éclaircissement de la théorie précédente par le moyen d'un exemple.		223
— MCXLIV. La raison libre et déterminante. — Un problème insoluble..........		224
— MCXLV. Pourquoi il nous est inutile de chercher à résoudre ce problème.......		226
— MCXLVI. Scolie.......................		227
— MCXLVII. Résumé du livre cent-dix-huitième.		228
— MCXLVIII. Suite du résumé................		228
— MCXLIX. Fin du résumé..................		230

LIVRE CENT-DIX-NEUVIÈME.

SOLUTION DE LA QUATRIÈME ANTINOMIE, LA SECONDE DANS L'ORDRE DES ANTINOMIES DYNAMIQUES.

	Pages
CHAPITRE MCL. Position de la question......................	232
— MCLI. L'existence nécessaire ne pouvant se trouver en aucun lieu de la série des existences dépendantes.................	233
— MCLII. La condition de la régression dynamique ne formant pas nécessairement une série empirique avec le conditionnel...	233
— MCLIII. Possibilité d'une solution de la quatrième antinomie. Distinction de l'existence et de la cause...........	234
— MCLIV. Du principe régulateur de la raison relativement à la solution de la quatrième antinomie................	235
— MCLV. De l'entendement et du monde intelligible........................	236
— MCLVI. Un principe intelligible pouvant être attribué aux phénomènes sans nuire à leur contingence empirique.......	237
— MCLVII. Accord parfait du principe sensible et du principe intelligible..........	238
— MCLVIII. Résumé du livre cent-dix-neuvième..	239

LIVRE CENT-VINGTIÈME.

OBSERVATIONS SUR CE QUI PRÉCÈDE.

CHAPITRE MCLIX. Remarque finale sur toute l'antinomie de la raison pure.................	241

	Pages
Chapitre MCLX. Passage de la cosmologie à la théologie.	242
— MCLXI. Résumé du livre cent-vingtième.....	243

LIVRE CENT-VINGT-UNIÈME

BRIÈVE RÉCAPITULATION DE TOUTE LA COSMOLOGIE.

Chapitre MCLXII. Des idées cosmologiques. (Résumé)..	245
— MCLXIII. Des antinomies. (Résumé).........	246
— MCLXIV. De l'intérêt de la raison dans la question des antinomies. (Résumé)....	247
— MCLXV. Introduction à la solution des antinomies. (Résumé)................	248
— MCLXVI. Solution des antinomies mathématiques. (Résumé)...............	249
— MCLXVII. Solution des antinomies dynamiques. (Résumé)....................	250

LIVRE CENT-VINGT-DEUXIÈME.

THÉOLOGIE DE KANT. — DE L'IDÉAL DE LA RAISON PURE, ET D'ABORD DE L'IDÉAL EN GÉNÉRAL.

Chapitre MCLXVIII. Les idées rationnelles ne pouvant, au rebours des catégories, s'appliquer à des objets d'expérience.	253
— MCLXIX. L'idéal encore bien plus éloigné de l'expérience que les idées rationnelles......................	254
— MCLXX. Définition de l'idéal humain. — De celui de Platon..............	254

		Pages
Chapitre MCLXXI. De l'idéal moral....................		255
— MCLXXII. De l'usage de l'idéal.............		256
— MCLXXIII. Vanité de l'idéal artistique........		257
— MCLXXIV. Du but de la raison dans la conception de l'idéal...............		258
— MCLXXV. Résumé du livre cent-vingt-deuxième.		258

LIVRE CENT-VINGT-TROISIÈME.

DE L'IDÉAL TRANSCENDENTAL.

Chapitre MCLXXVI. Du principe logique de tout concept.		261
— MCLXXVII. Du principe de la possibilité des choses.....................		261
— MCLXXVIII. Ce qu'il faut entendre par la détermination complète d'une chose....................		263
— MCLXXIX. Passage de l'idée à l'idéal........		264
— MCLXXX. De la négation logique et de la négation transcendentale.........		264
— MCLXXXI. Ce qu'il faut pour concevoir une négation...................		265
— MCLXXXII. Du substratum transcendental fondement d'une détermination complète......................		266
— MCLXXXIII. De l'*Ens Realissimum*..........		267
— MCLXXXIV. Où Kant revient sur cette idée singulièrement paradoxale que si l'esprit humain s'élève jusqu'à l'idéal, c'est parce qu'il est capable du raisonnement disjonctif...................		268
— MCLXXXV. L'idéal conçu comme n'existant que dans l'esprit de l'homme.		269

Chapitre MCLXXXVI. L'idéal considéré comme être originaire, être suprême, être des êtres.................... 270

— MCLXXXVII. L'être originaire considéré comme simple................... 271

— MCLXXXVIII. De l'idéal conçu comme substance................... 271

— MCLXXXIX. Origine des recherches théologiques..................... 272

— MCXC. Hypostasier l'idéal n'est nullement une nécessité de la raison............ 273

— MCXCI. Question qui naît de la possibilité des choses....................... 274

— MCXCII. Réponse à la première question...... 274

— MCXCIII. Réponse à la seconde question...... 276

— MCXCIV. Conséquences................. 276

— MCXCV. Résumé du livre cent-vingt-troisième. 277

LIVRE CENT-VINGT-QUATRIÈME.

DES ARGUMENTS DE LA RAISON SPÉCULATIVE EN FAVEUR DE L'EXISTENCE OBJECTIVE D'UN ÊTRE SUPRÊME.

Chapitre MCXCVI. Un mot sur la marche naturelle de l'esprit humain du conditionnel à l'inconditionnel................... 279

— MCXCVII. Du fondement de la progression de la raison vers l'être nécessaire...... 280

— MCXCVIII. Pourquoi le concept de la nécessité absolue..................... 281

— MCXCIX. De l'être à qui convient l'absolue nécessité....................... 281

— MCC. De la réalité suprême comme attribut de l'être absolument nécessaire......... 282

	Pages
Chapitre MCCI. Autre coup-d'œil sur l'ensemble de toute la marche naturelle de la raison humaine...........	283
— MCCII. Le concept d'un être suprême et nécessaire n'emportant pas avec lui la nécessité de la réalité objective d'un tel être...........	283
— MCCIII. Des êtres conditionnels et de la réalité absolue...........	284
— MCCIV. De l'importance et de l'autorité relatives de cet argument...........	285
— MCCV. Popularité de cet argument...........	286
— MCCVI. Du nombre et de la valeur des prétendues preuves apportées par la raison spéculative pour tenter de démontrer l'existence de Dieu...........	287
— MCCVII. Résumé du livre cent-vingt-quatrième.	289
MCCVIII. Suite et fin du résumé...........	290

LIVRE CENT-VINGT-CINQUIÈME.

DE LA PREUVE ONTOLOGIQUE.

Chapitre MCCIX. D'un paradoxe auquel donne lieu le concept d'un être absolument nécessaire...........	292
— MCCX. Qu'est-ce que le concept d'une chose absolument nécessaire ?...........	293
— MCCXI. Des prétendus exemples qu'on a donnés de la réalité de l'objet de ce concept.	294
— MCCXII. De l'illusion inévitable qui provient de ce que l'on prend en ceci des jugements pour des choses...........	294

		Pages
Chapitre MCCXIII.	Des cas de contradiction dans le jugement d'une existence nécessaire...	295
— MCCXIV.	De sujets considérés comme nécessaires...	297
— MCCXV.	Développement de l'objection contenue au précédent chapitre...	297
— MCCXVI.	Réponse...	298
— MCCXVII.	Suite de la réponse...	299
— MCCXVIII.	Des inconvénients de la confusion du prédicat logique avec le prédicat réel...	300
— MCCXIX.	Du verbe être comme copule, ou lien logique, entre le sujet d'un jugement et ses prédicats...	301
— MCCXX.	De l'objet par rapport au concept...	301
— MCCXXI.	Le fait de l'existence de Dieu ne résultant pas nécessairement du simple concept de Dieu...	303
— MCCXXII.	Preuves...	304
— MCCXXIII.	L'existence des objets de la pensée pure considérée comme n'étant qu'une simple supposition théorétique...	305
— MCCXXIV.	Du concept de l'être suprême et de la possibilité...	305
— MCCXXV.	Résumé du livre cent-vingt-cinquième.	307
— MCCXXVI.	Suite du résumé...	307
— MCCXXVII.	Fin du résumé...	308

LIVRE CENT-VINGT-SIXIÈME.

DE LA PREUVE COSMOLOGIQUE.

	Pages
Chapitre MCCXXVIII. Retour vers la preuve ontologique.	310
— MCCXXIX. Supériorité logique de la preuve cosmologique..............	311
— MCCXXX. Formule de la preuve cosmologique.	312
— MCCXXXI. Scolie.....................	312
— MCCXXXII. La preuve cosmologique et la preuve ontologique	313
— MCCXXXIII. La preuve cosmologique et la preuve ontologique. — Suite	316
— MCCXXXIV. Des sophismes de la preuve cosmologique..................	317
— MCCXXXV. Premier sophisme...............	317
— MCCXXXVI. Deuxième sophisme	318
— MCCXXXVII. Troisième sophisme...........	318
— MCCXXXVIII. Quatrième sophisme...........	319
— MCCXXXIX. But des artifices de la preuve cosmologique................	319
— MCCXL. Hypothèse donnée pour une réalité. . .	321
— MCCXLI. Circonscription du problème de l'idéal transcendental	321
— MCCXLII. La nécessité absolue abîme de la raison...................	322
— MCCXLIII. En quel sens l'idéal est pénétrable à la raison	323
— MCCXLIV. Résumé du livre cent-vingt-sixième.	324
— MCCXLV. Suite du résumé..............	324
— MCCXLVI. Fin du résumé............,....	325

LIVRE CENT-VINGT-SEPTIÈME.

DÉCOUVERTE ET EXPLICATION DE L'APPARENCE DIALECTIQUE DANS TOUTES LES PREUVES TRANSCENDENTALES DE L'EXISTENCE D'UN ÊTRE NÉCESSAIRE.

                                                            Pages

CHAPITRE MCCXLVII. Question à résoudre. 327
— MCCXLVIII. Du rôle de l'être nécessaire dans les conditions de l'existence. 328
— MCCXLIX. L'être nécessaire conçu comme n'étant qu'un principe régulateur. 329
— MCCL. Du lieu de l'être nécessaire. 331
— MCCLI. De la matière. 331
— MCCLII. Personnification de l'être suprême. . . . 333
— MCCLIII. Résumé du livre cent-vingt-septième. 334

LIVRE CENT-VINGT-HUITIÈME.

DE LA PREUVE PHYSICO-THÉOLOGIQUE.

CHAPITRE MCCLIV. Position de la question. 336
— MCCLV. De l'expérience dans ses rapports avec l'idée. 337
— MCCLVI. L'être suprême et la série des êtres. . 338
— MCCLVII. Exposition de la preuve des causes finales. 339
— MCCLVIII. Du degré de grandeur que la preuve par les causes finales nous permet d'attribuer à l'être nécessaire. . . . 340
— MCCLIX. De l'attitude à prendre vis-à-vis de cet argument. 341

	Pages
CHAPITRE MCCLX. Suite. — Autorité de cette preuve...	341
— MCCLXI. Premiers soupçons d'un côté faible à cette preuve..................	342
— MCCLXII. Les quatre moments de la preuve physico-théologique..........	343
— MCCLXIII. L'être nécessaire considéré comme doué d'intelligence et de volonté.	344
— MCCLXIV. D'un architecte du monde........	345
— MCCLXV. Impuissance de la preuve physico-théologique à nous donner un concept déterminé de Dieu......	346
— MCCLXVI. La preuve physico-théologique considérée comme une simple introduction aux preuves cosmologique et ontologique...........	348
— MCCLXVII. Du dédain de la preuve ontologique affecté par les partisans des causes finales................	349
— MCCLXVIII. De la seule preuve possible de l'existence d'un être suprême.	350
— MCCLXIX. Résumé du livre cent-vingt-huitième	350
— MCCLXX. Suite et fin du résumé............	354

LIVRE CENT-VINGT-NEUVIÈME.

CRITIQUE DE TOUTE THÉOLOGIE FONDÉE SUR LES PRINCIPES SPÉCULATIFS DE LA RAISON.

CHAPITRE MCCLXXI. Déisme et théisme..............	354
— MCCLXXII. Cosmothéologie ou ontothéologie	355
— MCCLXXIII. Théologie physique et théologie morale....................	356
— MCCLXXIV. Scolie......................	356

	Pages
Chapitre MCCLXXV. De la connaissance théorétique et de la connaissance pratique....	357
— MCCLXXVI. De la possibilité de la connaissance théorétique............	358
— MCCLXXVII. De la connaissance spéculative.	359
— MCCLXXVIII. Où l'on se demande si le principe en vertu duquel on conclut de l'effet à sa cause est un principe de la connaissance spéculative................	360
— MCCLXXIX. Où l'on montre que soit de la substance, soit de l'ordre du monde, on ne peut conclure que spéculativement à une cause hors du monde.....................	360
— MCCLXXX. Les lois morales véritable fondement de la théologie..........	361
— MCCLXXXI. Preuves de la vanité de toutes théologies autres que la théologie morale.................	362
— MCCLXXXII. Vanité de la méthode transcendentale en théologie..........	363
— MCCLXXXIII. Sorte de défi jeté par Kant aux théologiens dogmatistes.....	364
— MCCLXXXIV. Usage rectificateur de la raison en théologie...............	366
— MCCLXXXV. Utilité de la théologie transcendentale sous le rapport négatif.	366
— MCCLXXXVI. L'être suprême, idéal de la raison pure.....................	367
— MCCLXXXVII. Résumé du livre cent-vingt-neuvième...................	368
— MCCLXXXVIII. Suite et fin du résumé........	369

LIVRE CENT-TRENTIÈME.

DE L'USAGE RÉGULATEUR DES IDÉES DE LA RAISON PURE.

 |Pages
---|---
Chapitre MCCLXXXIX. Du penchant de la raison humaine à dépasser les limites de l'expérience | 371
— MCCXC. D'un bon usage possible des idées transcendentales | 372
— MCCXCI. L'entendement objet de la raison | 372
— MCCXCII. De l'usage constitutif et de l'usage régulateur des idées de l'entendement. | 373
— MCCXCIII. La raison constitutive du caractère systématique de nos connaissances | 374
— MCCXCIV. Origine des concepts purs | 375
— MCCXCV. De l'usage apodictique et de l'usage hypothétique de la raison | 376
— MCCXCVI. De la véritable portée de l'usage hypothétique de la raison. | 377
— MCCXCVII. De l'objet de l'usage hypothétique de la raison | 378
— MCCXCVIII. De l'unité systématique de la raison comme subjective et comme objective | 378
— MCCXCIX. Exemple tiré du concept de force | 379
— MCCC. Suite. — L'unité fondamentale des forces considérée d'abord comme hypothétique. | 380
— MCCCI. L'unité fondamentale des forces considérée comme douée d'une réalité objective. | 381

	Pages
Chapitre MCCCII. L'unité rationnelle des règles reposant sur un principe transcendental....	382
— MCCCIII. L'unité transcendentale et les philosophes.	383
— MCCCIV. *Entia non sunt multiplicanda præter necessitatem*.................	383
— MCCCV. De l'homogénéité.................	384
— MCCCVI. De la spécification...............	385
— MCCCVII. De la spécification sous le rapport logique	386
— MCCCVIII. De la spécification sous le rapport transcendental...............	387
— MCCCIX. De la spécification et de l'expérience.	388
— MCCCX. Des trois lois de la raison dans ses rapports avec l'entendement.........	389
— MCCCXI. Unité systématique des trois principes logiques	390
— MCCCXII. De la continuité des formes comme lien entre l'homogénéité et la spécification	391
— MCCCXIII. Usage des trois lois de la raison...	392
— MCCCXIV. De la continuité transcendentale...	392
— MCCCXV. La continuité n'étant qu'une simple idée.........................	393
— MCCCXVI. L'unité rationnelle dépassant de beaucoup la sphère de l'expérience	394
— MCCCXVII. De l'espèce d'objectivité propre aux trois lois de la raison..........	396
— MCCCXVIII. Les lois de la raison pure ne pouvant jamais avoir un usage constitutif	396
— MCCCXIX. De la raison opérant sur l'entendement........................	397
— MCCCXX. Des maximes de la raison.........	399
— MCCCXXI. De l'usage des maximes..........	399
— MCCCXXII. Développements................	400

Chapitre MCCCXXIII. Suite des développements...... 401
— MCCCXXIV. Résumé du livre cent-trentième... 402

LIVRE CENT-TRENTE-UNIÈME.

DU BUT FINAL DE LA DIALECTIQUE NATURELLE DE LA RAISON HUMAINE.

Chapitre MCCCXXV. Les idées de la raison pure conçues comme devant avoir une destination bonne et utile......... 404
— MCCCXXVI. Nécessité d'une déduction transcendentale des idées de la raison. 405
— MCCCXXVII. Définition de la déduction transcendentale 405
— MCCCXXVIII. Éclaircissements 407
— MCCCXXIX. Des idées transcendentales au point de vue hypostatique 409
— MCCCXXX. De la véritable portée des idées spéculatives 410
— MCCCXXXI. Du concept déiste, comme du seul concept transcendental déterminé de Dieu, que puisse fournir la raison spéculative.......... 411
— MCCCXXXII. Conséquences de l'admission d'un être divin.................. 412
— MCCCXXXIII. L'admission relative de certaines idées transcendentales n'entraînant pas nécessairement leur admission absolue.......... 412
— MCCCXXXIV. Continuation du même sujet... 414
— MCCCXXXV. L'être suprême ne pouvant être affirmé que relativement au besoin qu'en à notre intelligence. 416

	Pages
Chapitre MCCCXXXVI. Résumé du livre cent-trente-unième............	416
— MCCCXXXVII. Suite du résumé............	418
— MCCCXXXVIII. Fin du résumé............	419

LIVRE CENT-TRENTE-DEUXIÈME

Résultat, d'après Kant, de toute la dialectique transcendentale.

Chapitre MCCCXXXIX La raison pure ne s'occupant que d'elle-même	420
— MCCCXL. L'unité systématique n'étant qu'un être de raison, et ne pouvant être prise pour fondement que d'une manière problématique............	421
— MCCCXLI. Nécessité de laisser tout à fait indécise la nature du principe transcendental............	422
— MCCCXLII. Déduction de l'idée psychologique.	423
— MCCCXLIII. Continuation du même sujet	424
— MCCCXLIV. Déduction de l'idée cosmologique.	425
— MCCCXLV. Déduction de l'idée théologique...	427
— MCCCXLVI. Résumé du livre cent-trente-deuxième............	428

LIVRE CENT-TRENTE-TROISIÈME

L'UNITÉ FINALE DES CHOSES NOUS MONTRANT LE PRINCIPE RÉGULATEUR PAR EXCELLENCE DANS L'IDÉE DE DIEU.

                                                                  Pages

CHAPITRE MCCCXLVII. Usage à faire du principe de l'unité finale........................ 430

— MCCCXLVIII. Des suites de l'erreur en téléologie.— D'abord, des cas où elle est sans danger..................... 431

— MCCCXLIX. De l'erreur en téléologie comme offrant des cas de danger...... 432

— MCCCL. Premier danger. — La raison paresseuse........................ 433

— MCCCLI. La raison paresseuse en psychologie..................... 434

— MCCCLII. La raison paresseuse en théologie... 435

— MCCCLIII. Deuxième danger. — Perversion de la raison................... 436

— MCCCLIV. Définition des égarements de la raison..................... 438

— MCCCLV. De l'idée de la perfection.......... 439

— MCCCLVI. Résumé du livre cent-trente-troisième..................... 440

LIVRE CENT-TRENTE-QUATRIÈME

EXEMPLE CONFIRMANT LA POSSIBILITÉ D'UNE SOLUTION POUR TOUTES LES QUESTIONS QU'ÉLÈVE LA RAISON SUR SA PROPRE NATURE.

CHAPITRE MCCCLVII. Avertissement................. 442

	Pages
Chapitre MCCCLVIII. Solution de la première des questions théologiques dont on demande la solution rationnelle ...	443
— MCCCLIX. Deuxième question.............	443
— MCCCLX. Troisième question..............	444
— MCCCLXI. Quatrième question	445
— MCCCLXII. Cinquième question...........	445
— MCCCLXIII. Sixième question..............	446
— MCCCLXIV. Septième question	446
— MCCCLXV. Suite du développement de la réponse à la septième question ...	447
— MCCCLVI. Continuation du même sujet......	448
— MCCCLVII. Le dernier mot de Kant sur l'illusion transcendentale et les moyens de s'en préserver	450
— MCCCLXVIII. Résumé du livre cent-trente-quatrième.........................	450

LIVRE CENT-TRENTE-CINQUIÈME

CONCLUSION GÉNÉRALE DE TOUTE LA CRITIQUE.

Chapitre UNIQUE. Portant le numéro MCCCLXIX dans l'ordre des chapitres............	453

APPENDICE

CE QUE KANT A VOULU FAIRE, ET CE QU'EN RÉALITÉ IL A FAIT.

Chapitre I. Le réveil philosophique de Kant..........	457
II. Origines de la critique..................	458

	Pages
CHAPITRE III. Les précurseurs de Kant	459
— IV. Originalité et principe fondamental de la critique kantienne.....................	461
— V. Valeur des principes rationnels..........	462
— VI. De la part faite par Kant à la raison et de celle qu'il assigne à l'expérience.........	462
— VII. Des éléments sensibles et des éléments rationnels.........	464
— VIII. Méthode pour reconnaître les éléments à priori de la connaissance............	465
— IX. Des facultés de l'intelligence...........	466
— X. De l'esthétique transcendantale..........	467
— XI. Subjectivité de l'expérience...........	468
— XII. De l'analytique transcendantale........	469
— XIII. Des formes du jugement.............	470
— XIV. Table des catégories.................	470
— XV. Valeur des catégories................	471
— XVI. Dialectique transcendantale...........	472
— XVII. Valeur des idées. — De la psychologie transcendantale.....................	473
— XVIII. Cosmologie transcendantale..........	474
— XIX. Théologie transcendantale............	476
— XX. Résultats........................	477

www.ingramcontent.com/pod-product-compliance
Lightning Source LLC
Chambersburg PA
CBHW051134230426
43670CB00007B/800